中国—意大利教育丛书

The Italian Education System—A Study

意大利教育制度研究

[意大利] 古列尔莫·马利泽亚　卡罗·南尼　著

瞿姗姗　成沫　周滢　译
邬银兰　单中惠　佛朝晖　校

ZHEJIANG UNIVERSITY PRESS
浙江大学出版社

图书在版编目(CIP)数据

意大利教育制度研究/(意)马利泽亚,(意)南尼著;瞿姗姗等译. —杭州:浙江大学出版社,2012.5
ISBN 978-7-308-09739-0

Ⅰ.①意… Ⅱ.①马… ②南… ③瞿… Ⅲ.①教育制度—研究—意大利 Ⅳ.①G554.62

中国版本图书馆 CIP 数据核字(2012)第 040604 号

浙江省版权局著作权合同登记图字:11-2012-83
Simplified Chinese Copyright © 2012 by Zhejiang University Press.
All Rights Reserved.
本作品中文简体版权由浙江大学出版社所有。
未经许可,不得翻印。

The Italian Education System—A Study
意大利教育制度研究

[意]古列尔莫·马利泽亚 卡罗·南尼 著
瞿姗姗 成 沫 周 滢 译
邬银兰 单中惠 佛朝晖 校

责任编辑	李玲如	
封面设计	续设计	
出版发行	浙江大学出版社	
	(杭州市天目山路 148 号 邮政编码 310007)	
	(网址:http://www.zjupress.com)	
排　版	杭州大漠照排印刷有限公司	
印　刷	杭州杭新印务有限公司	
开　本	710mm×1000mm　1/16	
印　张	15	
字　数	269 千	
版 印 次	2012 年 5 月第 1 版　2012 年 5 月第 1 次印刷	
书　号	ISBN 978-7-308-09739 -0	
定　价	39.00 元	

序　一

教育是人类之永恒事业，它伴随着我们生命中的每一天，它抚育出高尚的灵魂，为人们提供不竭的能量。教育是全球的福音，唯有通过教育，个人、社会和国家才能得到健康与和谐发展。教育是无疆界的事业，它使不同国度的人聚集一起，共话的改革方略，共商发展大计，共绘未来蓝图。我们或许可以断言，借鉴历史、关注当下，应对全球化和知识社会挑战，没有比相信教育是一个更美好社会的核心与动力来得更令人振奋和意义深远的了。

中国和意大利皆为文明古国，教育在国家与民族兴旺中发挥了不可替代的卓越功能。深入了解彼此的成功经验、积极反思存在的问题、共同应对未来的挑战，乃两国教育学者之重要使命。承蒙中国和意大利教育学者，尤其是浙江大学教育学院、意大利慈幼会大学教育科学学院的鼎力支持，浙江大学思高教育研究中心组织编写了"中国—意大利教育"丛书。本丛书试图通过阐析两国教育制度、政策、各级各类教育，以英文、中文、意文等多国文字出版，为各国人民了解意大利和中国教育提供便利，尤其是促进意、中两国人民对彼此教育的深入了解，为两国教育、文化的进一步合作与交流提供广泛的认识基础；通过总结意大利和中国教育发展的经验，剖析其中存在的挑战与问题，探讨两国新时期教育发展策略，为彼此的教育改革与发展建言献策；为意大利和中国高等院校教育及相关专业提供诠释两国教育的参考书，推动两国教育研究的深入开展。丛书所包含的各卷体现了作者对两国教育的见地，值得人们阅览与深思。

意大利慈幼会大学教育学系古列尔莫·马利泽亚（Guglielmo Malizia）教授和卡罗·南尼（Carlo Nanni）教授撰写的《意大利教育制度研究》不仅凝聚了作者几十年研究心血，也倾注了作者对教育事业的无限热爱。全书共分三个部分，深入介绍 1861 年意大利统一以来的教育发展历程。

该书第一部分在介绍欧洲教育时代背景与发展趋势的基础上，阐述意大利统一到 20 世纪末教育制度的演进过程。第二部分介绍了 21 世纪以来意大利教育体制改革,尤其是贝林格改革(2000)、莫拉蒂改革(2003)、费奥尼洛(2006)和吉尔米尼(2008)的实用主义改革、意大利高等教育体制变革等对当代意大利教育发展影响颇深的重要改革举措。第三部分总结意大利教育改革与发展的重要特征,并从宏观角度剖析意大利教育体制中存在的"两党制"等现象。

该书力图全面、系统地介绍意大利教育体制中各级各类学校,并附有意大利现行和重要历史转折时期教育体制设置图表及最近十年教育发展的一些重要数据,以帮助读者全面了解意大利教育概貌,认识意大利教育制度变革的特点,思考其教育发展中值得人们汲取的经验与教训。

该书由上海同济大学出国培训学院意大利语专业瞿姗姗、成沫和周滢老师翻译,单中惠教授、邬银兰博士和佛朝晖博士校对。翻译与校对工作认真、细致,力求译文与原意一致,文字流畅、通俗易懂。其翻译质量得到意大利驻上海领事馆文化处的充分肯定。

浙江大学思高教育研究中心

徐小洲　苏国怡(Carlo Socol)

2011 年 8 月 6 日

序　二

教育学(pedagogia)这个词汇来自于希腊语中的 $\pi\alpha\iota\delta o\varsigma$(小孩)和 $\alpha\gamma\omega$（指导），很早之前这个领域就吸引着大思想家和整个社会的思考。柏拉图在其对话集《枚农篇》中研究过，圣托马斯·阿奎那从基督教的角度诠释过，近代的伊曼努尔·康德也在《论教育学》中深刻阐述其教育理念。从古至今，教育这一现象被来自各领域的专家观察、解释并重新定义。

和词源解释不同，教育实践并不仅仅针对青少年，而是培养各个年龄段人群良好品行和正确观念的途径。少年自动自发地加入到这个过程中并不令人惊讶：智力的茁壮成长，各个知识领域的涉及，这些都是教育学需要面向年轻人的目的。这种未经修饰的灵丹妙药包括(只纯粹谈论它的影响力)收纳了所有的理想主体：博学者就在这里寻找到了宽阔的移植和修正空间。

一种学术用如此紧密的方法将"公共"和"私人"联系在一起其实是不可避免的，教育学向来是众多文化学习的对象，中国文化也是如此。我们注意到，儒家学术深深地影响了中国哲学的发展。在帝国时期，个人总是被放在集体的范围中对待的：教育是作为降低个人自发性的正式机制。因此在过去，个体总是屈从于人云亦云的文化，而这种文化最初正是皇帝本身而创立的：君主独权，单边主义，不能冲突。在当代，中国教育学保存了这种痕迹，不过同时它也有慢慢和国际接轨的趋势。这种表面上的自相矛盾也反映了一个高度竞争的背景：当今中国处在一个高度西方化的时期。努力、超群的记忆力和注意力的集中都是中国学生的特点：同时，这样的共性也突出地反映到了一些出色的个体上，并为他们打开了未来之路。

在当今中国，教育家的形象也产生了一些变化，更好地适应了社会的趋势和要求。其中一个很重要的表现是个人和集体不再不可避免地被联系在一起；相反，个人机构和形象越来越清晰。也由此一些严于教育的"虎妈"式人物诞生，他们将"努力"、"持久"、"认真"、"行动"、"方法"这些教育理念传给他们的下一代；这些伴随的是"实用型教育"和一些通过严格的训练培养人才的教育方法。毫无疑问，这种实用性的教育方式可以从实际的角度激发出被忽视的才华。

在这些各式各样主义和教条中，我们还要再推荐这样一本由浙江大学教育学院编辑的书。多年以来，我们一直和浙大教育学院保持了良好的合作关系，并产生了累累硕果。

在此我预祝这本书可以在继中国教育启发意大利文明之后，再一次给中国教育界带来一次突破传统的复兴。

意大利驻上海总领事馆文化处处长

倪波路（Paolo Sabbatini） 博士

2011 年 8 月 10 日

目 录
CONTENTS

序一 ·· 1

序二 ·· 1

缩略语 ·· 1

第一部分　社会时代和教育历史背景

第一章　欧洲的时代背景 ························ 3

  第一节　欧盟教育培训所面临的新的时代背景 ···· 4

  第二节　欧盟教育的发展趋势 ·················· 12

第二章　意大利教育和培训体制：一个半世纪的历史 ······ 27

  第一节　意大利统一后及两次大战时期(1861—1945) ···· 27

  第二节　择优录取模式的经济腾飞时期(1958—1963) ···· 30

  第三节　经济危机及社会—文化批判时期(1968—1972) ···· 33

  第四节　教育发展的新趋势时期(20世纪70—90年代) ···· 35

  结　语 ·· 56

第二部分　教育改革的十年

第三章　贝林格改革 ···························· 59

  第一节　改革的紧迫性 ························ 59

  第二节　自主权的提出 ························ 68

  第三节　学校的平等地位和法律的模糊性 ········ 73

  第四节　关于教育阶段的重组 ·················· 76

第五节　关于逐步实施的五年计划 ……………………………… 79

第六节　关于教师的初期培养和继续培训 ……………………… 85

第七节　一些横向的总结性思考 ………………………………… 89

　结　语 …………………………………………………………… 92

第四章　莫拉蒂改革 ………………………………………………… 93

第一节　莫拉蒂委任法案概述 …………………………………… 94

第二节　全新的教育蓝图 ………………………………………… 96

第三节　从教育部计划向个性化学习方案的过渡 ……………… 99

第四节　莫拉蒂改革的现行法令 ………………………………… 103

第五节　一些总结性评价 ………………………………………… 108

　结　语 …………………………………………………………… 115

第五章　通往改革的实用主义之路

　　　　——费奥洛尼和吉尔米尼部长的改革行动 …………… 117

第一节　费奥洛尼部长的"螺丝刀"政策 ……………………… 117

第二节　吉尔米尼部长的艰难起步 ……………………………… 133

　结　语 …………………………………………………………… 150

第六章　博洛尼亚进程中的大学改革 …………………………… 151

第一节　对过去、尤其是近几年大学教育历史的回顾 ………… 151

第二节　意大利大学的新背景 …………………………………… 154

第三节　意大利大学的改革 ……………………………………… 159

　结　语 …………………………………………………………… 169

第三部分　总结

第七章　意大利教育改革趋势 …………………………………… 175

附　录 ……………………………………………………………… 183

参考文献 …………………………………………………………… 198

缩 略 语

DPR　Decreto del Presidente della Repubblica 共和国总统法令

Articolo 条款

CCNL　Contratto Collettivo Nazionale di Lavoro 全国集体劳动合同

CFP　Centro/i di Formazione Professionale 职业培训中心

Dlgs　Decreto Legislativo 立法法令

FP　Formazione Professionale 职业培训

Larsa　Laboratorio di recupero e sviluppo degli apprendimenti 学习补习和发展实验室

Ocse　Organizzazione per la Cooperazioni e lo Sviluppo Economico 世界经济合作和发展组织

Pei　Progetto educativo di istituto 学校教育计划

Pof　Piano dell'offerta formativa 学校教育方案

UE　Unione Europea 欧盟

第一部分　社会时代和教育历史背景

第一章 欧洲的时代背景[*]

21世纪初期,在工业化国家中,无论人们的个人生活还是社会生活都发生了显著的变化。在生活中,下列现象所留下的印记愈加明显:企业的国际化和市场的全球化;以计算机和网络信息为特征的科学技术的飞速发展;对人权、自身权益、集体权利以及生态问题的关注;生活方式和文化方式的多样化;日渐普及的世俗化和新的宗教形式的产生(新纪元运动、后新纪元运动、非宗教教派、神秘主义教派),与那些传统意义上的教派相比,它们更加强调成员主体的渴望与需求(Melucci,1994;Giddens,2000)。有人曾经这样说过:"无论是现在还是将来,经济的竞争力(如解决就业问题)和欧洲公民个人价值的实现都不再主要依赖于物质财富的产生。真正的财富是与知识的普及和发展紧密联系在一起的,这种财富的获得不仅仅取决于我们推动信息技术的能力,更取决于教育和研究领域的科研成果。"(《为了一个有知识的欧洲》,1998)

我们不得不承认,在当今世界所面临的经济危机面前,这些愿景本身是否能实现受到了强烈的质疑。

毋庸置疑的是,这些变化对教育培训产生了巨大的影响,同时对教育培训提出了进行彻底改革的要求。在这个复杂多变并不断更新的环境中,矛盾和对立的现象不断出现。它们主要表现在以下几方面:全球与地方、全体与个人、保守与创新、现代与后现代、对效率的追求与对人的尊重、物质生活与上层建筑、物质与精神、理性与感性、理想与现实、传统与时尚、过去与将来。在这些矛盾面前,人们讨论的不仅仅是社会角色的竞争力(即完成社会工作或生产活动的能力),更是一种涵义更为宽泛的人类竞争力,这种竞争力能使人们在有尊严的生活中实现自身的价值(A. Nanni,1998)。不断加剧的复杂性所要

---

[*]本章是对马利泽亚(G. Malizia)和南尼(C. Nanni)所著《教育与培训:欧洲背景》的改写和补充,见意大利鲍斯高慈幼会女性事业中心——职业培训(Ciofs/Fp)和国家鲍斯高慈幼会事业中心——职业培训(Cnos-Fap)类目下的文章《从义务教育到全民培训权:职业培训的新目标》,罗马:2002,pp. 15 - 42。

求的不仅是技术的专业化,而且还包括知道如何解决问题的能力(know how)、过程控制和管理的能力、能抓住潮流趋势的智慧、企业的创造力和发明的能力,以及不断更新知识和不断创新的能力(OECD,1998)。这些要求与现实和时间的关系由于电视、网络和其他社会交流方式的大众化而发生了深刻的变革,这也就是我们所说的"虚拟显现于现实"(Levy,1996;Levy,1997)。

在这个时代背景下,本章内容将分成两个主要部分来阐述。欧盟教育培训政策的主要趋势将在本章第二部分中进行具体的阐述。但是,如果不对这个处在变革中的社会的经济和劳动状况及特点进行分析的话,那么对教育培训的战略和政策的阐述就会显得生涩难懂。因此,本章的第一部分将着重阐述社会经济和劳动的特点。

第一节　欧盟教育培训所面临的新的时代背景

在过去的十年中,由于以计算机和网络为代表的信息科技在整个社会中造成了新的生活方式和新的社会组织形式的急剧变革,因而提出了"知识社会"这一口号(Cresson e Flynn,1995;Margiotta,1997;Nanni,2000;Malizia e Nanni,2002、2004;Malizia,2005)。计算机在我们的眼皮底下掀起了一场"全球革命"(Breton,1995),而这场革命的结局仍未明朗且难以预料。这些变革不仅影响了社会生产和交流,而且也影响了人们的生活和个人、家庭、社会甚至全球的生存形式(Maragliano,1997)。一方面,计算机使得人们接触信息和知识的机会大大增加;另一方面,它也对人们的能力和适应性提出了新的要求,如果不具备这些能力,那将有可能被边缘化或被排除在社会之外。

一、经济系统结构因素

概括地说,在经济层面上占有主导地位的主要发展方向大体有六个:由比率经济向灵活经济的逐渐转变、生产过程的逐渐分流、新技术的应用、生产的全球化、整体质量概念的出现以及组织管理体系由机械性向有机性的转变(Carnoy et alii,1993;欧洲理事会《主席卸任报告》,里斯本:2000 - 03 - 23 - 24;Nanni,2000;Malizia e Nanni,2002;Malizia,2005)。

灵活经济尽管保留了比率经济的主要方面,但经济的中心已经完全改变。在灵活经济中,处于首位的是市场,而不是生产。具体来说,生产成本的减少仍占重要地位,但适时、适地并用适当的方式来满足市场需求的能力才是最重要的。因此,劳动的组织便表现出以下特色:技术和结构的灵活、严格按照既定目标达到最好的结果以及组织机构简化的重要性。

在这一背景下，为企业生产和市场而准备的各种服务应运而生，特别是催生了专门提供服务的企业和机构（外部第三产业化）以及大企业内部专门负责服务的部门（内部第三产业化）。这一现象还与另外两个趋势有关：一是职能结构不断分化，二是一体化进程。根据资料显示，高科技非物质服务在产品中占据着越来越重要的地位，因此，便有了物质生产过程和信息生产过程的分离，在现实经济生活中则表现为市场调研、推广和开发工作的出现。同时，物质和信息的传递与协调、维持、创新工作之间的界限也愈加明显。这种分离现象所导致的最终结果，将是组织结构的专业化和分工化。目前，管理和监控机构之间的整合与重组已经成为一种趋势，那些符合求同存异理念的形象、功能、结构和文化日渐突出。

还要提及的是新兴信息科技的到来。这些新兴信息科技改变了生产本身，使其不再仅仅是生产一个零件或打一封信那么简单，而是一种更具智力含量的行为，例如，对生产过程的监控和对科技的革新。但是新兴信息科技给传统的就业市场带来了新的问题，它可以完成人们的工作，同时却因此减少了人们的工作机会。从长远和肯定的角度来看，新兴信息科技将人类带入了全球交流的时代：一方面，人们在地球上的任何地方都可以得到并使用信息；另一方面，互动交流可以使人们突破时间和地域的阻隔，无障碍地进行对话和交换知识。

与此同时，其负面效应同样存在（至少有出现负面效应的危险）。信息系统设备目前仍然昂贵，因此，一些国家无法接触到新兴信息科技，这就导致了世界上仍有相当一部分人与其他国家相比而处于弱势，并被极大地排除在科技发展之外。

企业的国际化带来了企业集团的集中以及劳动和消费的全球化。经济大权日渐聚集到少数人手中，明显地影响了人们的生活和国家的政治，使得各个国家的优势以及各个地区的生产特色越来越不明显（Rifkin，1999）。市场的全球化不得不向国际贸易敞开大门，将信息和消费品与全世界共享，也使得人们在国与国之间，甚至是洲与洲之间的流动性显著提高。但与此同时，它也要求不同人、不同文化之间建立起不带任何歧视的接触和交流，因而导致了不同国家、地区或民族之间特色的消融和文化的认同现象。事实上，目前信息企业和社会交流系统所处的买方市场和垄断现象将会导致文化的彻底消融。从个人层面上看，它会煽动起对"社会达尔文主义"（即优胜劣汰）的期盼；导致人类个性的缺失；增加人类的不安全感（在精神上失去希望与期盼，持怀疑论和相对论,有压力,害怕他人,渴望一种确定性,膜拜团体领袖、教旨主义和种族主义,等等)(La Fay,1998)。

这样,用人类学和价值论的经济学观点来看待世界的危险性便大大增加。因为这种经济学观点强调成功、效率、生产力、占有和紧跟潮流(即对市场和时尚的动态了如指掌),所以,它会使人沦为"经济之人"(即其所见所想局限于生存的物质和经济层面)。为了避免这种"负效应",必须从教育层面上,通过加强对高尚品质、批判眼光、对所谓"高价值"的关注态度以及合作和团结的品质的培养,来平衡竞争力、执行力和效率之间的关系(Mantovani e Turuthil,2000)。

到那时,以顾客满意度为中心而不是以盈利为中心的理念,将会成为企业生产在整体质量上最重要的追求。换句话说,顾客所体会到的质量才是起决定作用的。决定如何生产的标准是由商业上的成功提供的。在这一理念出现之前,至少对人类生产活动目的的再思考会成为时代的焦点;但具体来看,人们所考虑的首先仍然是一个"卖"字。无论如何,其结果都是显而易见的。在企业对外层面上,能否认清客户的需求成为中心议题;而在企业内部层面上,在组织管理上使每个部门都权责分明也是必不可少的。

上面所提到的几点是组织机构从机械性向有机性转化的根源。所谓的"有机性",就是指企业的组织机构就像一个有机体一样,它高度复杂,各个部门和成员都以一种开放系统的形态出现并在独立环境下自主运行,同时在信息交换和经济交往的网络以及在其自身影响下的游戏规则中互相联系。回到劳动的具体内容中看,新的成分包括:过程控制(工业生产和行政工作中)、交流和思考(创新和合作活动中)、决策(所有活动中)。这并不表示不需要具体的劳动操作,劳动仍然占重要地位,我们要对其进行分类、准备,并给予合理的报酬。因此,工作的新定义是个人角色的集合,它不仅包括具体的劳动和任务的执行,而且包括对过程的控制、协调、维持和创新。

复杂、动荡、多变、不定和难以预料的环境催生了组织结构从机械性向有机体性的转变。如果原先机械的组织结构的管理哲学是依赖和执行命令的话,那么有机的组织结构所要求的是对意料之外和多变的情况的把握、解决问题的能力和人际交流的能力。自然而然地,在工作的简介中,对结果的定义取代了对任务的描述,强调更多的是质量,而不仅仅是效率。机械的组织结构所参照的是工作中的科学组织原则,它强调组织的形式和结构性:结构、职责、监控、程序。所有的一切都在一个条理分明的工作分类、控制系统的详尽描述之中。从这种机械的组织结构向有机的组织结构的转变不仅仅是社会和文化的选择,更是一种适应不同环境条件的必然选择。

有机的组织结构减少了绝对理性的分量和重要性,引入了灵活性和有限理性的概念。这种概念认为不存在绝对的组织、专业活动或能力,组织结构中的每个成员都需要具备掌控未知变数和应对变化的卓越能力。适应环境、预料结果、创新与冒险的能力或许会成为一种"普遍"能力,也就是一种个体和组织生存的文化工具。这一情况具有易变性和不确定性,一方面它是危机产生的根源,另一方面它又为我们提供了一条获得机遇的途径。

换句话说,经济的形态正在从工业型迈向"后工业型"。前者强调的是量的增长("多付出多得到")、生产规模以及工作组织上的一致性、单一中心、等级制、相对独立和掌控性;而后者则着重于发展的质量和密度("少付出多得到")、生产的价值以及工作和组织结构上的独特性、交流、共存、参与、自主和智慧。在"后工业型"经济形态中,规模小而灵活性强、具有知识资源、能够生产出很多非物质财富的企业将会占据主导地位。

但是,这将会带来一些"负面"效应。大企业不得不削减它们的生产活动:只保留基础生产,因而支持服务就要由外部的企业或个人来完成。正是由于这个原因,大企业需要大幅削减劳动力。在迈向"后工业型"的道路上,工作不稳定和缺乏法律保障的问题日渐出现,使得传统的社会关系系统陷入危机。与此同时,全球化和信息化的浪潮使得失业和人才使用不合理的现象更为严重。与第一、第二次工业革命时期相比,这一问题无法通过新兴产业的产生而解决(所谓的"发达的第三产业")。这一切导致不平等现象和职业削减现象加剧,以"科技人员"身份出现的少数精英和从事大大低于自身能力工作的多数群众之间存在的不平等更为明显。这似乎表明,我们的社会系统无法向所有人提供平等的发展机会、平等的民主决策方式和平等的个人社会文化发展。(欧盟理事会,2001)其中,最易受到打击的群体无疑是学习有障碍人群和社会中的弱势群体(残疾人、女性、青年、农村人口,等等)。

现在回到就业问题上来看,概括地说,迈向知识型社会的过程改变了工作的含义和方式:新的职业出现,同时旧的职业则改头换面甚至完全消失。职业的分工更加明显,职业种类和劳动关系也被加以细化。毫无疑问,工作正在不断被"智力化"。就业的灵活性和多变性以及职业文化的多种职能日渐被提到重要的地位(Avallone,1995)。

总之,与就业市场的变化息息相关的重要信息如下:

——科技创新需要新的和不断增长的竞争力。

——职业稳定性的减少和挑战的增加。

——技术专业性不断增长的复杂性和必要性。

——更多机会留给有胆识的人。

——工种和劳动关系的细化。

——对创造性工作、高度责任性工作和独立工作的强调。

——新兴技术用语的发展和对语言能力的要求。

——劳动普遍智力化。

——职业变动、组织结构变动和工作地点变动逐渐成为一种文化。

——工作和学习交替进行。

——以职能多样化为基础的文化占据重要的地位。

——强调"知其然"的文化以及不断强调人的基本行为举止和交际能力。

——工作时间和地点的灵活性。

——更着重于生活质量和根据个人的喜好需要选择工作的权利。

——"新贫穷"现象以及缺乏知识、技术和专业的人群被边缘化现象的出现。

要尽可能完美地应对就业市场对我们的要求,我们就需要勾勒一个全新的劳动者的形象:他不仅具备技术知识,而且也具备基本的"新知识"(计算机技术、英语、经济学、组织学)、个人能力(交际能力、合作能力、终身学习能力)和真正意义上的职业美德(应对未知、解决问题、创新能力)。

最后要提及的是人口问题,这也与移民问题有关(欧盟理事会,2001)。在欧盟国家中,至今仍有一批老年人未被登记在案。另外,与过去相比,当今移民人口的组成更加多样化,因此,今后的教育和培训将会面对一个更加多元并说着不同语言的学生群体。

二、文化发展方向

微处理器悄无声息的革命在知识社会的文化中烙下了深深的印记(Pellerey et Alii, 1997; Nanni e Rivoltella, 2006; Malizia e Nanni, 2002; Botta, 2003; Malizia, 2006)。新兴信息科技的到来给社会带来了相互矛盾的刺激作用:一方面,通过大众传媒和新兴网络传媒传播的语言和文化促进了文化的融合;另一方面,它打破了传统观念和统治阶级的主导地位,推动了各种亚文化以及兴趣与能力各异的群体的产生和发展。与此同时,它也使得普遍而固定的文化形态退出历史舞台,对相对主义的伦理—文化观的发展产生了巨大的影响。另外,有线电视、计算机、电子游戏、多功能影碟和多媒体使得人们不再是信息被动的接受者和享有者,而是能够主动参与互动、自主选择信息、亲身参与试验,甚至成为信息和文化的创造者。因此,信息的传递不再仅仅是自上而下、由生产者至消费者、由中心到边缘。但是,在知识被传递和被需求的过程中,也造成了以下一系列矛盾:信息与培训机会的倍增和新文盲与新边缘化现象的出现;虽然进入劳动市场的人们的整体素质和能力水平有所提高,但由于其专业过于细化因而阻碍了专业在不同工作之间的转换以及无法对文化进行总体概括和存在能力分散的现象;潜在的个性化,但也使得社会弱势群体处于被动消费的局面;多元化现象的产生,同时也是民族与价值的怀疑论与相对论出现的根源。

在这种情况下,许多人开始担心,在年轻一代中,普遍的和单一的文化、思维的缜密性和导向性以及个人和集体行为将不复存在,取而代之的将是一种"碎片文化"(cultura del frammento)。这种文化使得膜拜过去以及当今的一些重大意识形态的教条主义陷入了危机。不管怎样,与传统文化相比,它使得人们难以系统地、有组织地地看待现实,但这恰恰是人们基于过去和着眼未来而制订生活计划时所需要的,也便于人们形成统一的、有机的、一致的参照背景。所以,"碎片文化"使得继往开来的意识变得模糊,为谋共同福利的努力以及对人权持久和普遍的关注变得越来越少。

(一)新兴文化形态——从现代到后现代、从世俗化到宗教的回归

第二次世界大战的结束给西方国家带来了对民主生活理想的高度赞扬(尽管在各个国家间的程度有所不同),即西方启蒙主义所期盼的、人民大众心目中所认为的"现代化":私人生活和公共生活被烙下了科学技术发展的印记(Nanni, 2000;Malizia e Nanni, 2004)。所有的一切都被放在科学技术的光环下进行价值评估,甚至连宗教都难以幸免。工业产品(收音机、电视机、汽车、洗衣机、冰箱、洗碗机、计算机、手机)在世界范围内的生产和作为消费品在市场上的销售,改变了全世界人民的日常生活和家庭夫妻关系。无论穷人还是富人,无论西方国家还是世界其他国家和地区的人民,都渴望着拥有这些消费品。

然而,从 20 世纪 70 年代起,这些理想开始显露出它们的局限性(Vattimo,1985;Taylor, 1994)。在那个时期出现了从政治到个人、从理想主义到人类学的转变。在 80 年代,还出现了对生态因素的考虑。无论是无限制发展的模式,还是通过改革国家政治—组织形式进行发展的模式,都陷入了危机:继法西斯主义和纳粹主义之后,西方的国家社会主义也走向了末路(柏林墙的倒塌和苏联的解体就是两个很好的例证)。对于资本主义来说,虽然它看

似最能适应历史的变化,但也难免陷入周期性的危机和引起周期性的否定。另外,资本主义的发展不得不建立在将大部分地区排除在外、贫富差距明显、全球南北差距(也包括发达国家内部南北差距)拉大的基础之上。

正如莱奥塔德(J. F. Lyotard)所说,西方伟大的"形而上学"故事和伟大神话已不能满足他们对绝对权利和真正霸权的渴望,也就是对真正地领导世界所有人民的渴望(1981)。

用分析的眼光、逻辑的思维以及证明的手段来阐释问题的方法将会被一种叙述性、阐释性的思维替代;与宏观概念相对的是多样的自传体文学、探究性评论,这些作品往往更注重文字的细腻程度、认识的拼凑,其中不仅充满了文字游戏,而且各种观点混杂。科学的绝对性使人们无论看待事物还是表达见解都变得更富有"注释性"(也就是更加带有主观、解释和理解的色彩)。正是由于这一点,20世纪80年代出现了对"弱化思维"的讨论(Vattimo e Rovatti,1983)。在一些重大的意识形态和现代思潮之后,出现了许多叙述性著作,成为最令人失望的提供认识和知识的来源。其结果往往是有意义的、总体性的缺失。在通常情况下,碎片不会拼凑出整体,而只会以互不相干的碎片告终(Augé,1993;Pera,1994;Mari,1995)。

宗教的世俗化(即无宗教的社会生活)作为科学技术发展"自然而然的产物",现今已成为现实,也就是说,人们的意识、思维和心灵已经转向了消费主义、物质财富和娱乐消遣。但是,这一现象同时也导致了一种宗教回归现象,或者说是被其所平衡,其中包括对新的宗教形式中的神圣、魔力和仪式的热情的不断增长,以及主观的、普遍的宗教不断发展的趋势,这种趋势无论在发达国家还是发展中国家都存在,新纪元运动、后新纪元运动、"古儒"(guru)[①]的再现以及介于信仰宗教和保护自身之间的一些实际的宗教形式的回归都是很好的佐证。这在西方被称为新异教主义(neopaganesimo)和后基督教多神论;另外,还有"神圣市场"、"神秘市场"[②]、宗教新进程和某一宗教中的新教派(Volli,1992;Terrin,1992)。

宗教的世俗化不仅给传统的正式宗教带来了问题,而且也表明了它十分注重对生活质量和情感世界的关注,因为它既没有被传统的意识派别(教会、党派、政党、科学、技术)所允许,也没有被所谓的"科技的希望"所允许(Nanni,2002)。

---

① 古儒,指印度教中个人的宗教教师。——译者注
② 神圣市场、神秘市场,西方宗教中出现的新思潮,主张将宗教中的"神圣性"和"神秘性"这两大概念看成消费市场中的商店进行推销。——译者注

毫无疑问,知识的章程已经被改写。除了对思维和逻辑的研究之外,还产生了对情感、需要和欲望的研究。在这种情况下,对每一种肯定的片面性以及其受文化历史背景影响的认识与人们在认识过程中对真相和确定性的必然要求互相制衡。个性的问题与多样性、复杂性相"融合",但却没有造成相对主义、对"无秩序"混乱的不肯定(这将会导致怀疑论)或是人类和民族文化特性在理论与实践上的消亡(Morin, 1995; Nanni, 2000; Malizia e Nanni, 2004)。

上述的所有一切都会在教育培训上有所反映。

(二)多元文化和跨文化动力

在西方历史进程中,这些运动与人口的迁徙紧密相关,而人口迁徙的原因也逐渐多样化,除了已经提及的经济原因之外,还包括政治、文化、旅游等原因,从而使得多元文化现象(或多元文化社会)得以产生(Nanni, 2000; Malizia, Pieroni e Santos Fermino)。这一现象无论在一国国内还是在国际舞台上都愈发明显(尽管民族主义、地方主义、教派斗争仍层出不穷,甚至演变为以恐怖主义为形式的抵抗和可能对宗教多元性的实际否定)。

事实上,在同一片土地上,不仅有不同种族的人民和群体共同生活,而且不同的文化、宗教和生活方式也得以共存。一股"虚拟旋风"正在步步逼近,社交系统和新的通信方式(互联网、电子邮件)快速地传递着各种信息与事件,使得上述共存融合的现象得到了显著的发展。

很快,这种"共存融合"的现象就不仅仅局限于种族层面,而延伸到民族、文化和宗教层面,从而在国内和国际上带来巨大的文化和社会整合的问题。

在"多元化"的具体概念尚未产生之前,所有的社会都允许多元化这一现象的存在,但它同时却往往会将人类、文化和发展的传统模式推入危机之中。当今的政治经济难关使得跨文化交流也出现了问题。在避免文化和价值相对论的情况下,跨文化交流不仅能为种族之间的充实和创新提供平台,而且也能促进文化、价值观以及宗教方面的发展。

当然,这从新的角度提出了"公民身份"的问题、对社会、国家、宗教的归属感问题以及是否对人类发展作出努力和积极参与推动世界发展的问题(Orsi, 1998; Niemi, 1999; Birzea, 2000; Chistolini, 2006)。

许多人都希望,人权(尽管对它界定的论述多种多样,有时也存在着国际历史和政治妥协因素)能够成为解决跨文化交流问题的"金钥匙";也就是说,在被广泛认可的前提下,能够成为连接人与人、群体与群体、一国人民与另一国人民、本国与他国的共性和特性交流的桥梁,以求建立一个求同存异的人类世界。但是,除了横向的跨文化现象,即不同民族、文化、宗教背景的社会群体的交融,还必须着力推动一种纵向的跨文化现象,即一代人与另一代人的交融,目的在于通过几代人之间的对话来缩小代沟。除外,还需要考虑的是长期的、可持续发展的方式,而不是仅仅着眼于当今(当今的成年一代似乎正在将世界上所有的其他人都拉入他们的危机之中)。

第二节　欧盟教育的发展趋势

21世纪国际教育委员会在提交给联合国教科文组织的题为《教育——财富蕴藏其中》的报告(Jacques Delors[①],1997,p. 11)中提出:"在未来将会面临的诸多挑战面前,教育成为了一种使和平、自由和社会正义的共同理想成为现实的珍贵且不可或缺的方法。"该报告还认为,教育"应当在个人和社会的发展中扮演基础角色"。这里的教育其实是指广义的教育,即包括了扫盲、学校教育、职业培训、学习认知和维持高质量的个人、集体、社会生活。尽管21世纪国际教育委员会没有将教育的功能神奇化,但它确信教育能够成为推动社会在各个生活层面上向有机、和谐、独立方向发展的"决胜牌",或者至少是一个"必需的乌托邦式理想国"。21世纪国际教育委员会认为,教育能够消除贫困以及组织和社会的边缘化现象,避免不同民族和国家之间的冲突,并作为一种消除矛盾和满足发展的方式与压迫、霸权和战争作斗争。

在同一个问题上,欧盟委员会关于教育培训的白皮书《教与学》(Cresson e Flynn,1995)认为,"学校仍是个人发展和融入社会的不可替代的工具",这是因为"教育培训的质量已经成为保证欧盟竞争力以及保持其社会形态的必要条件"(Cresson e Flynn,1995,pp. 49-51)。

欧盟委员会的白皮书对欧洲的学校和培训机构提出了"五个必须完成的任务":

——鼓励获取新知;

——促进校企合作;

——抵制社会的边缘化现象;

---

① 雅克·德洛尔,法国政治家、经济学家和教育活动家,曾担任欧洲共同体及后来的欧盟委员会主席达10年之久(1985—1995),有"欧盟之父"之称。其任主席的21世纪国际教育委员会提交的题为《教育——财富蕴藏其中》的报告,一般称为《德洛尔报告》——译者注

——推动三种通用语的普及；

——平等推进教育物资和培训的投入(Cresson e Flynn ,1995)。

这份文件从以下方面扩展了欧洲发展趋势的涵义：

——推行超越"纯学校教育"模式的培训—工作交替政策；

——推动形成包括学校、培训机构、企业、国家、地方团体教育企业、国家教育政策以及国际教育政策各方面的综合体系；

——在发展基础教育的同时推动继续教育的发展，使接受继续教育者能获得中等教育或相当于中等教育的学历，并能够获得之后的专业进修机会；

——推进培训与地方、国家、国际发展政策的协调。

但是在另一份于 1997 年末由让·路易斯·雷弗斯(Jeans-Louis Reiffers)撰写的但因未发表而不为人们熟知的题为《通过教育、培训实现欧洲价值》的报告(Scanzio,1998)中，教育的概念超越了工作准备、专业进修和职业培训的简单层面，而被提升到处于认识和技术之上的主导地位，认识和技术正是这份白皮书所强调的主导方面。雷弗斯的报告强调尊重教育基础的重要性，旨在形成一个高于实用主义的目标，即最终实现人类自身价值、使人们达到在当今竞争环境下所需的高知识水平并能提供各种使个人融入社会的手段。

一、欧盟面对的挑战和教育目标

欧盟面对的挑战可以概括为四个方面(欧盟理事会,2001；欧共体委员会,2001 - 11 - 21；Malizia, 2005)：第一方面挑战，正如本章上一节所述，当今的工作性质变化发展很快，因而带来了对从事工作所需要的知识、能力、态度的新要求；第二方面挑战来自于人口趋势，即欧洲人口的老龄化和不断增加的多元化移民群体；第三方面挑战是社会的边缘化现象，在这些被边缘化的人群中也有欧盟国家的人民；第四方面挑战是欧盟的扩大化给欧盟国家、尤其是后加入欧盟国家的教育系统带来的问题。

面对这些挑战，欧盟理事会基于教育和培训是"个人发展和融入社会的不可替代的工具"(Cresson e Flynn, 1995, p. 49)，具体实施了为期十年的战略目标计划。

首先，要着手提高教育培训的质量和效率，以便使所有人都能实现他们作为个人和公民所享有的教育和所具备的价值，并使社会教育系统更加富有竞争力和活力。具体来说，要防止社会的边缘化就必须清醒地认识到这一任务的重要性，因为缺乏教育的人群被边缘化的概率要明显高于受教育的人群。

第二，欧盟理事会认为，学习的过程应该以使公民积极参与社会生活并享有平等权利为目标,即站在就业的角度上推动各个社会、经济阶层的公民参与到学习中来。到那个时候,全体公民都能掌握知识,同时能具有促进自身发展和国家进步的能力。

第三,促进终身学习系统的完善,营造一个开放的学习环境。这样的学习系统必须是一个互相衔接、老少皆宜的整体,同时必须突破传统的障碍,采取正式教育与非正式教育并行的战略。此外,必须保证面向所有人的、从幼儿时期就开始的、高质量的基础教育和培训。

与上述几点紧密相连的是提高早期教育的质量和加强教师、培训师的素质培训,欧盟将这两点列为第一步战略。早期教育和教师的素质在提高学生学习兴趣和培养学生获得成功方面起着关键作用。但是,随着社会构成和组织形式的不断变化和细化,教师的知识和能力也必须根据社会的需求、期待与培训要求而不断更新。

但是,正如前面所述,工作的重中之重是要把注意力集中在信息和交流技术对生活愈加明显的影响上。由于这些信息和交流使人们思考、工作和生活的方式都发生了变化,因此,欧盟提出的第四个目标是:要让新的技术走进所有人的生活。具体来说,就是要给学校配备相应的设备,要激励教师积极参与学习新的技术,要让所有人都能用上网络和现有资源。

第五,发展和巩固全民的自身能力,以面对知识社会日渐临近所带来的挑战。也就是说,要加强基础扫盲工作,并使所有人都具备一定的应用新的计算机技术的能力。与此同时,也要求适时地对基础能力(包括职业能力、技术水平、社交能力、个人学习能力)进行更新,以便应对不断发展的情况。在这些基础能力中,学习能力(知道怎么学)首当其冲,因为它在终身学习的过程中起着决定性作用。因此,在下面将要阐述的几个目标中就有"使学习过程更有趣"这一项。

欧盟将鼓励把科学技术研究列为未来任务之一。如果有一个宏观因素将会对即将迈入的知识社会产生重大影响的话,那一定是科学技术的发展,因为科学技术的发展要求全民具备数学和科学的基础知识,并能促进社会科学文化整体水平的提高。但是,实现这项任务还有一个令人担忧的原因,即在一些国家里因为对数学和科学研究的热情日益减少,所以,这些国家的发展也就会愈发不尽如人意。

尽管所面临的课程环境不一样,但在完善外语学习方面各国还是达成了共识。外语不仅是个人文化水平发展的需要,而且是欧洲多语言环境下必然的要求,同时也是欧洲不同国家之间人员流动的要求。虽然学习外语和巩固母语并不是提高竞争力的方式,但如果能熟练掌握母语,那么再学会一门外语将会显示出它的优势所在。

上述目标针对了教育系统的封闭现象。教育必须面向外部世界,受地方、国内、国际社会方方面面的影响。当今,个人的职业和地点的流动性不断增加,甚至超越了国家的界限;同时,国家和社会也逐渐朝着文化多元化的方向发展。具体来说,教育必须加强与工作的联系,必须想尽办法抓住激励学生学习和提高教学效率的机会。在这一层面上,"企业精神"的发展尤为重要,也就是说,教育的责任是传递个人参与和推动企业发展所必需的能力。

联系到前面所提到的大环境,教育的另两个目标便是提高灵活性与加强国际合作。国际交流有助于外语的实践、学生和教师的能力与积极性的提高、与外界交流的增强和教育方法实践的共享。因此,需要为公民和学校创造一个实实在在的合作空间。

这便勾勒出一个很远大的目标:充分利用人力和财政资源。具体来说,必须完善质量保障体系,保障对现有机会的充分利用。另外,还必须推动社会文化向"责任分工明确、社会责任清晰、合资条例完备、公立与私立共同参与"的方向发展(欧盟理事会,2001,p. 448)。

二、教育宏观结构战略

具体来说,教育最重要的根本战略是:实行教育与工作交替的政策、系统的整合与细化、继续教育的实施、学校和培训的自主化与教育自由的实现、与地方发展和国际合作的协调(Malizia e Nanni,2002;Malizia,2005)。

(一)教育、培训与工作的交替

实现教育与工作交替进行的先决条件是教育过程的可分性,也就是说人们能够在青少年时期教育完成之后的某个时候再开始新的学习,并且受教育阶段与工作阶段能够被分开。这一点有别于 20 世纪 60 年代之前以从少年时期开始接受连续教育为特征的教育系统。在 60 年代之前的教育系统中,教育和培训是一个完整的、渐进的、连续的、不被打断的过程,这是基于一次教育便能满足终身需求的前提而制定的。而教育与工作交替的政策则面向人生不同阶段的不同诉求,并能更好地适应生活、工作、职业上的革新和变化。

实现这一交替所需的具体战略有哪些呢?在内容上,不仅要培养特定的工作能力,而且要进行多种能力的培养,以便受教育者既能从事自己专业领域内的工作,也能适应工作技术和组织的快速变动。从根本上来说,这种教育要建立在如下的教育学基础上：使受教育者能够在企业工作中发挥出潜能、积极地参与到教学过程中去，同时教育本身也要做到目标设计明确、实行以单元为基础的课程组织形式以及体现教育进程灵活化的特点。

企业的参与是工作－学习交替过程中不可或缺的一环。如果没有企业的参与，工作－学习交替便失去了具体的可操作性。近年来，教育系统与企业之间的联系越来越紧密：一方面，教育为就业做准备；另一方面，教育的中心地位和培训对企业发展的重要性越来越为众多企业所认可。具体来说，教育被认为是一种战略投资，其目标是在新兴信息技术的崛起和企业市场国际化的环境下提高人力资源的竞争力。从这个角度来看，主要的问题在于如何将企业本身转化为一个真正的培训型机构，因为事实上并不是所有的企业工作经验都具有教育价值。

（二）教育系统的整合与细化：新兴的职业培训

直到 20 世纪 60 年代，许多欧洲国家教育发展的主导模式是"学校中心"模式，也就是说，从 20 世纪初起步的漫长的教育改革中，相对于其他教育环境，学校在教育过程中占据着主导地位。从 70 年代开始，一种新的宏观结构战略——教育"多中心化"被提出。人类的综合发展要求人们在整个人生历程中都要接受教育，这里所说的教育不仅来自学校，而且也包括地位平等的其他教育机构，这些教育机构因其性质、教育方式和方法的不同而在人生的不同阶段发挥作用。另外，除了国家，所有的团体、协会、工会、地方政府和中间机构都要担负起自身的教育责任。

由此可见，以学校为中心的教育系统正逐渐向"多中心化"转变（这也是后工业时代的明显特征）。在工业化国家，教育系统不再仅仅由学校构成，而是一个由不同机构组成的完整的有机系统。除了学校所保证的教育计划外，不同的机构还能提供其他类型的培训，尤其是针对工作和就业以及怎样融入成人社会和职业社会的培训。

这一整合对教育的灵活性提出了很高的要求。教育培训系统必须保证公民在从出生开始的任何一个阶段都能获得受教育的机会，并且为学生横向和纵向的发展（在同一机构内晋升、从一个机构到另一个机构、从教育到培训、从一种教育形式到另一种教育形式、从工作生活到学习研究或从学习研究到走上工作岗位）提供便捷的道路。另外，所有的学习过程都必须保证学生有继续学习和深造的机会。

需要强调的是，我们所说的教育整合并不意味着单一化，而是将不同的教育形式整合到一个互相联系、互相协调的框架之中。因此,在大部分欧洲国家中,职业培训不再仅仅是对手工技能的训练,教育和培训的分界线也不再是获取对具体知识的抽象认识(＝教育)和获取实现就业所需的能力(＝职业培训)的不同了。教育和职业培训都要使学生对工作文化(cultura del lavoro)产生兴趣。另外需要强调的是,职业培训并不是次要的或是最终的教育形式,其目标是使学生能够在现实经验和对工作实践反思的条件下更好地实现自身最大价值、塑造自我个性。但是,这与教育的概念又有所不同:学会行动、建设和生产不能同学会认识自己并为自身的学习混为一谈。

(三)继续教育的发展

除了上述的几个趋势之外,也出现了很多关于继续教育和继续培训的规定。它们不仅包括受教育的社会权利范围的扩大(针对至今仍被排除在教育系统之外的人群),而且包括不断跟上经济和科技竞争的步伐以及满足其产生的新能力的需求。从这个角度来看,当今教育系统的一个不足之处便是对继续教育和终身教育的发展还远远不够。正是这一不足,导致了劳动者由于自身知识水平的落后而失业,这一现象在当今科学技术飞速发展的时代显得尤为突出。

在企业中,人力资源取代物质资源占据主导地位这一发展方向已经成为共识。在后工业时代,企业的面貌不再是人只占据从属地位,而是技术、经济和组织占据主导地位的整体。其注意的中心转向了人力资源、员工的期待和满意度、能否得到有意义的工作经验以及财富的创造上。基于企业本身也是一个学习系统这一原则,组织结构和人员发展成为了与企业成长同等重要的组成部分。

(四)学校培训自主化与教育自由

21世纪,尤其是在欧洲,国家的角色正在从各个层面的管理者向保障推动者转变,这一转变在教育和职业培训领域表现得尤为突出。原先的教育模式被教育的多元化、市场经济的逻辑模式以及创建开放、多民族、多文化社会的理想所替代。在这一背景下,"公立"一词的定义也发生了变化,它所强调的是不断扩展的、为公共利益服务的职能。具体来说,"公立"被理解为对所处的制度进行决定的具有真正自主权的主体。

新的国家角色是全民的基本需要得到满足的保障者。换句话说,这一永恒且不可改变的角色将被放置在公众决定权之下进行观察和衡量,国家将成为公民以及那些接近民众的地方组织能够自主运作、积极创新和承担责任的保障推动者(Ruini，2000；Malizia e Cicatelli，2008)。同时，社会福利的实现也不能仅仅依靠国家及其机构直接提供资金或服务，而应该有可能在国家的支持帮助下由公民个人或团体以自我组织、自我管理的方式实现。

国家的这一新角色为教育培训系统自主权的扩大提供了坚实的基础。这种自主权的实质在教育学层面上也是完全合乎法律规定的。事实上，教育的自主权允许允许一所学校或整个学校系统能够在教育主体(教师、家长、学生)都享有充分自由的基础上运作，并且能有效地面对年轻人的需求。另外，教育的自主权还有助于教育培训结构更好地面对地方需求，使之对当地的需求更为敏锐，同时也能根据现实需求提供相应的培训。教育培训质量的提高究竟有多大的潜力作为当今所有系统中最根本的问题，在教育拥有充分自主权的环境下，将会在创新精神的引领下走出关键的一步。

同样，个人和家庭对于教育拥有自由选择权也是我们必须认识到的一点(Malizia e Cicatelli，2008)。事实上，(自主权和自由选择权)这两点都是基于公民和社会高于国家这一观点之上的。还有，自主权和自由选择权的实现还有一个重要的前提，即教育主体的自由。还有，享有平等地位的非公立教育机构，即那些由公民个人或社会团体独立自由开办和管理的培训机构，必须能够提供符合教育质量要求的培训，这也是欧洲当今关于教育培训的中心的话题。

教育的自主权以把学校和培训机构看成一个教育团体为基础。为了将它们与特殊的家庭或群体培训等其他教育社团区分开来，人们也将其称为"学习团体"。这个团体享有充分的教学、教育、组织、财政和研究自主权。另外，自主权的中心在于团体中的"教育策划能力"：每所学校和培训中心都要具备根据自身特点制订教学计划和内容的能力。

(五) 教育培训与地方发展和国际合作的联系

近年来，教育培训作为一种地方、国家和国际发展工具的作用逐渐成为共识。发达国家不断提高的教育水平和继续教育的不断推进，使得教育政策和工业发展之间的关系越来越明显。这种在 20 世纪下半叶往往被否认和忽视的关系在全新的国际竞争环境下显露出其重要性，因为在新的环境下新兴职业的崛起往往与越来越复杂的社会现象相伴。例如福特式生产方式(主要基于流水线生产)的被超越、培训和工作出现了不同的时间关系、劳动市场中女性比例的增加，等等。

这使得欧洲国家更需要针对不断扩展的企业活动和高新技术的推进采取相应的行动，但是，日本的例子告诉我们，这意味着对大多数新生劳动力提出更高的职业资格门槛(或者说是培训门槛)。为了实现这一点,大区还要提供发展的教育政治政策作为支持,这样才能把地方经济的具体情况和不同劳动市场的动态都考虑在内。

地方的发展必须与加强国际合作联系在一起。"这必须以广泛的跨国合作、培训机构的系统网络化、学分体系的发展和发达的学位证书认定政策为基础。"(欧盟理事会,2001,p.451)

三、教育微观结构战略

上文所提到的创新的迫切性在微观层面上也引起了不小的反响。从教育本身来看,无论是教育的组织结构还是目的、内容和方式方法都受其影响。(Malizia e Nanni,2002;Malizia,2005)

(一)教育结构的调整

在这一方面,可以观察到几个新的趋势:全民享有继续教育培训权、中等学校的整合与多样化、非大学教育的中等后教育形式的普及(高等职业培训或服务业培训)。

1. 面向全体年轻人的继续教育培训权

在欧盟国家中,义务教育阶段有延伸至18周岁的趋势(之前为16周岁);与此同时,完成义务教育后继续深造的学生数量不断增多。另外,人们发现了一个有趣的趋势——"超越学校的义务教育"。毋庸置疑,用历史的眼光来看,学校义务教育在把教育从少数人的特权发展为全民享有的权利的过程中扮演了不可或缺的角色,然而今天,它却在某种程度上成为了公民个人权利充分实现的障碍。在复杂的当今社会中,专注于学校教育已经失去了意义,因为教育的关键在于结果与质量,而获得这一结果和质量的过程可以是多种多样的(不必局限于学校教育)。与此同时,职业教育培训在成为一种义务之前,更是公民的一项权利,必须得到充分的保障。因此,各种职业教育培训机构应该组成一个庞大的网络,以相互合作的姿态独立运营,而不是双方势不两立。

这样就不难理解为什么欧盟各国都在努力保证年轻人享有继续接受职业教育培训的权利,而且这也是推进《人权宣言》第26条与推动实现《儿童权利公约》第28条的基础。最主要的原因在于:要融入当今社会,在任何领域优于过去的知识和能力都是不可或缺的。教育培训权的实现途径的多元化和多样化能够保证年轻人获得适当且广泛的基础知识储备,以促进个人成长、帮助个人定位、推进继续学习,并为参加工作和有责任地参与民主生活打下基础。

具体来说,那些在结束义务教育之后想立即开始工作的年轻人在寻找工作的过程中能够得到签署实习生合同的机会,而在他们工作的过程中则能享受业余的文化和职业培训。

2. 中等教育培训的整合与多样化

如果我们从结构层面上来解读面向全体年轻人的继续教育培训权,那么,它意味着中等学校的一系列根本定位问题。中等学校必须向全体公民开放,使每个人都有获得知识的机会;必须保证公民在完成学业后能继续深造;必须保持基本要素的一致性,以便使各个学校在实际运行中能调整自己的选择,并能提供连接不同培养方向的桥梁和单元化的课程。另外需要强调的是,中等学校必须保证其结构的透明度和简单性;对其自身的选择和出路的特点赋予一个清晰的定义;对完成学业后的实际前景和出路提供充分的指导。

其中,最为棘手的问题是整合与多样化的程度和比例。关于整合,我们需要进行两个类型的整合:首先是教育系统不同层次的整合,具体来说,就是中等教育培训和大学之间的整合。其次是中等学校内部的整合,包括年级周期、部门和班级的调整,通过对知识和能力的共同领域的定义,并确保共存的方式和统一培训的计划,以对付各种教育碎片的问题。从这个角度来看,中等学校教育计划的创新非常重要,它必须使理论与实践紧密地联系在一起。

与此同时,多样化应该是更加广泛的,也就是说,教育培训可以是全日制或是业余的,可以是普通的、技术的或职业的(尽管这一分类的意义正在逐渐丧失),可以包括学校、职业培训机构和各种有兴趣从事教育的社会组织团体。这种多样化形式旨在保证一个适当的"便桥"系统的存在,即连接各种教育机构的桥梁。

在这一方面,欧洲许多国家都面临着一个问题,即未能完成中等学校学习的学生百分比问题。在一些国家、尤其是拥有大量移民的国家中,未能完成中等学校学习的学生占总数的三分之一。由于并不是所有的年轻人都有接受长期普通教育的兴趣,因此教育多样化也许是从结构层面解决这个问题的唯一方法。

换句话说,继续教育培训和终身教育是根本目标,但目前实现这一根本目标的形式可以多种多样。重要的是,不能忽略个人能力和期盼,而对所有人实行完全相同的教育标准、目标、内容和方法。

3. 非大学教育的中等后教育形式的普及(高等职业培训或服务业培训)

非大学教育的中等后教育培训形式普及的原因在于,中等学校越来越注重对基础职业素质的培养,而社会却有大量的专业职业培训需求,这正是许多国家的中等教育所不能提供的。这一趋势的发展受到知识和技术爆炸以及生产和生活中的社会关系不断复杂化的影响。

（二）教育学与组织上的创新

在文化、教育和教学层面上存在着以下几个基本的发展方向：教师的新角色；普通文化（cultura generale）重登舞台；职业的培训；新兴信息技术的普及；课程与培训计划的修订；教学的个性化；学习和就业的指导（Malizia，2005）。

1. 教师的新角色

在知识社会中,由于新兴信息科技的出现,教师在传播知识的过程中已经失去了主导地位,而扮演着一个在学生和信息之间的协调者和激发者的角色,帮助学生用系统的、批判的眼光去整合他们所获得的信息。教师的工作从传播基础知识转向了塑造学生人格、帮助学生打开连接现实世界的窗户,教师自身也从知识的来源转变为引导学生学习的引路人。德洛尔的报告对教师的形象进行了鲜明的描述：在保留原有价值的基础上,他不再是一个"独舞者",而是一个"陪伴者"；他的主要职责不再是传播知识,而是帮助学生寻找、组织和应用知识,是引导学生而不是按照标准去塑造他们（Delors,1997）。

教师的工作应该分成以下几个主要部分：课程的规划,教学计划的制订,教学的实施,针对学生个体和群体的教导,对教学过程的监控和评估,对教育计划和方法的充分执行与运用,以及参与"行动研究"活动。教师必须深入地、广泛地参与非教学的引导工作,在地方社会的发展与变革中扮演越来越重要的角色。在教学活动中,教师必须负责与其他教师、学生、家长以及团体内的其他成员建立交流合作关系。确切地说,教师的身份正在向一个包含目标、角色、人物和内容的复杂系统转变,而这种身份需要用全新的职业形象和工作性质去定义（教师、协调者、辅导员、引路人、计划负责人、学校代表、教育顾问,等等）。

由于具备协调者和学习的激发者（也是教育者和引路人）的双重身份,教师在整个学校教育系统中的中心地位仍是不可动摇的,因此,教师的职业培训、招聘、进修及其公共形象、法律－经济地位也是一个重要的问题。具体来说,欧盟理事会一直强调教师培训面向未来的必要性（2002 - 10 - 18）。另外,如果教师和培训师扮演的是在学生自身发展过程中的引路人角色的话,那么,他们不仅要懂得激发学生获取在社会生活和工作中所需的知识、能力和态度,而且要引导学生树立对自己的学习负责的态度。

2. 普通文化重登舞台

如果说是新型信息技术带来了碎片文化,那么,知识社会则对普遍文化提出了强烈的要求。在我们正迈进的新的社会状态时,人们必须具备应对发展中不可预见的突发状况的能力。人们必须面对不断增长的社会状况、地理和文化内涵、客观事物和技术手段的变化。可以预见,人们将会时时刻刻处于不连贯的信息碎片轰炸之中,在这些信息碎片的轰炸下,对信息的解读和片面的分析也会越来越多。

因此,对普通文化的重视变得极其重要。普通文化能够打开通向世界智慧的大门,提供抓住现实的意义并创造性地理解和评判现实的可能性;同时也是为瞬息万变的经济和工作状况做好充分准备的首要工具。在这种情况下,普通文化教育成为了教育培训的根本任务。这一任务必须被充分认识:事实上,学校和职业培训的根本作用并不是将个人变成一种经济工具,而是帮助人们充分挖掘自身的潜能,"知识和能力的获取必须与个性教育、开放文化和对社会责任的重视紧密相连"(Cresson e Flynn,1995,p. 27)。

一个坚实的普通文化基础必须能向公民提供理解事物意义的能力。正如我们多次提到的欧盟委员会白皮书所指出的,普通文化的另一个根本点在于发展理解和创造的能力(Cresson e Flynn,1995)。此外,普通文化还要塑造人们的价值评估和决策能力。2001 年欧盟理事会还针对欧洲一些国家内部社会矛盾的尖锐化问题就普通文化教育做出了重要的阐释:教育和培训必须教导人们与种族主义、排他主义以及任何形式的性别、宗教、人种和民族的歧视作斗争。

3. 职业的培训

职业的培训趋势主要是由人们对教育必须"发展工作和活动能力"的要求所决定的,这一要求与上面所述的对普通文化的需求密切相关。为了实现这一目标,教育需要向年轻人提供基础知识、技术能力和社会态度三方面互相均衡的知识体系,使他们能够跟上社会的进步,并具备终身学习的能力。

基础知识是职业培训的基石。基础教育在传播知识的同时必须使学生获得学习的方法,以便他们日后能独立地学习,这正是我们当今必须加倍重视的一点。另外,读写和计算能力也必须受到重视,因为这些能力是保证学生能完成学业的重中之重。从这一点来看,学前教育也是非常重要的。不管在什么情况下,识字已经不能被看作学校教育或培训中一次学习便能终身受用的能力。如果不时常练习和实践,这一能力很快就会退化,然后随着时间的流逝直至完全消失。同时,终身教育不同阶段的特定教育也是非常重要的。2010年,欧盟理事会的白皮书指出,语言的教学必须从幼儿园开始,并在整个学校教育阶段完成至少两门外语的学习(Cresson e Flynn,1995)。

新兴信息技术深入地影响了对技术能力的要求,在一些行业中技术能力已经成为所谓的关键能力。从这个角度来看,引进新兴信息技术成为了一种必需。但是,不能抛弃一些高品质的能力,因为尽管它与尖端行业的联系并不紧密,但在传统的工业部门仍然非常有用。技术能力的学习可以来自学校、来自职业培训,也可以在企业中实现。

当今社会对社会能力的要求主要反映在以下方面:人际关系处理能力,良好、正确和健康地处理工作的能力,合作能力和团队精神,创造力,以及对质量的追求。这些能力的获取不可能在学校培训系统中全部完成,而必须在企业内部通过具体的工作经验慢慢地进行磨炼。最后,必须指出的是,主体自身的角色在工作态度的构成中占据中心地位。主角就是主体自身,而不是其所接受的普通培养和针对工作的专门培养,因为将由主体把各个组成部分联合起来并使它们得到发展。另外,他还必须学会将学校中所学到的知识与工作和社会生活中积累的经验、知识进行有效的整合。

4. 新兴信息技术的普及

技术革命的产物——"知识社会"的出现正在创造着全新的社会交往形式以及对个人和群体个性的定义,正是由于这个原因,教育和培训面临着许多全新的特定课题。同时,我们也需要在信息技术方面进行扫盲,培养人们对它的敏感度(Nanni e Rivoltella,2006;Malizia,2006)。由于义务教育是构成终身教育的基础,义务教育的创新就不能不将技术革新和之后的文化、社会变革考虑在内:关于怎样运用新兴技术的教育是必需的,它能使所有人成为经济、社会和政治发展舞台上的主角。

如果学校不想与现实生活脱节的话,那就必须对年轻人进行信息文化教育。另外,必须指出的是,信息技术在教学中的运用能帮助学生培养各种能力,例如,联想记忆、观察、比较、归类、简化、抽象、逻辑思维,而这些能力的培养正是教育一直所追求的。电信领域的影响也是不容忽视的,正是电信的发展将我们带入了信息社会。在信息社会中,个人必须掌握查找、选择、处理和运用信息的方法。

无论如何,即使信息教育还不能成为一门独立的学科,我们在整个教学过程中也必须对它给予高度的重视和发展。"网络教育"的目的可以分为以下几个方面:缩小媒体的生产者和使用者之间的差别,培养解构文本的能力,通过研究培养学生独立批评的眼光,帮助学生辨别身边的各种价值观和现象。

5. 课程与培训计划的修订

总之,重新审视学校课程与培训计划的紧迫性和必要性是近期才提出的。

具体来说,在职业培训的课程和计划方面,多元化是必须坚持的一个原则。这一选择建立在对就业市场变革的研究之上:一方面,工作岗位对能力的要求越来越广泛;另一方面,狭窄的职业能力是生产劳动过程中的一大劣势,在当今高失业率的环境下,这会使劳动者的职业流动性降低。

在这种情况下,以单元为基础的课程组织模式就显示出了它的优势。以单元为基础的课程组织模式不仅强调对教学结构的精心制定,而且注重教学中的具体组成部分和培训任务,以便实现不同类型的学习。这种学习方式具备多重的优势。

首先,它将整个学习过程分拆成几个单元并对学习各个阶段的效果进行系统的检验,以便在问题出现的时候及时补救和解决。这种学习方式针对不同起点、不同目标和不同职业发展方向进行相应的教学,同时在教育培训过程中也能实现非连续性的教学。

第二,它可以在短时间内、在多元化教育的基础上,实现对某一岗位所需的特定能力的培养。另外,这种以单元为基础的课程组织模式可以利用职业培训班的形式让学生不断跟上科技变化的快节奏步伐。

第三,要强调的是,对"能力"的教学已经成为大势所趋。能力教学的中心不再是对具体知识的程式化传播,也不是建立在教学目标基础上的课程设置,而是强调培养学生再现知识的能力,包括在实践中构建和运用知识的能力。

从更专业的意义上来说,能力教学是指一种旨在培养人们独立地面对现实任务和所承担的角色,即具体的职业特点的培训。

6. 教学的个性化

不考虑在中学的前几年是否采用综合学校的模式,我们一直试图希望能通过在校内和校外开展的个性化教育过程以及职业教育来解决学生辍学、留级等现象,这些个性化教育和职业教育除由全国统一规定来规范外,由教师团体直接负责组织。我们观察到,教学的决定性因素在于班级气氛、班级规模和教师质量。在教学层面上,个性化教学处于中心地位,而新兴信息科技带来的开放式培训和远程培训也为教学提供了更多的机会。

在这种情况下,我们必须通过分析学生无法完成学业的原因并采取适当的介入方式,通过寻找替代方式的途径来减少无法完成学业的学生人数,帮助他们找到适合自己的学习方法。个性化教学的根本任务在于培养学生个体的学习兴趣,并为他们提供各种不同的学习机会。我们要为学生提供支持手段并给予他们鼓励,让他们认识到学习除了是工作的替代手段外,还会对他们个人将来的发展提供帮助。对于那些离开工作岗位参与学习培训的学生来说,如何将他们的工作经验与学习过程结合起来也是一个需要进一步考虑的问题。

7. 就业指导

面对教育培训与就业市场脱节的问题,许多国家尝试将就业指导作为连接两者的桥梁。过去,就业指导主要是与生产系统的需要挂钩,是根据劳动力市场的供需比例和培训、岗位的情况进行分类指导的工具。然而,在今天,就业指导的定义逐渐向通过文化培训和职业角色的加强来培养人的个性这一方向发展。对于成年人来说,在选择变换职业和面对人生重大抉择时,就业指导被看作是一种辅助和支持手段,有时候就业指导甚至是通过自我诊断(如进行能力权衡)来完成的。

就业指导工作必须将不同主体、工作人员、企业和家庭都涵盖在内,旨在使整个教育系统打成这样的共识就业指导必须被整合在培训过程之中,而不仅仅是少数专业人士的工作。

因此,为了使职业教育成为一项长期的、面向大众的服务,我们必须引进新的方法,不再将学校教育、职业教育和个人教育分割开来,而是使其面向更广泛的受教育者。在知识社会中生活和工作的个人必须能够自主地管理自己的个人和职业生涯。这就意味着,就业指导服务的中心不再是提供信息,而是要根据用户的需求来给予帮助。就业指导师的角色也转变成了人们生命旅程中的陪伴者,必须对他们进行不断的鼓励、为他们提供具体的信息、帮助他们做出选择(欧共体委员会,2000 - 10 - 30)。

四、结语

在当今复杂多变和不断创新的环境下,在经济衰退梦魇的笼罩下,协调各种矛盾、解决各种问题并不是一件容易的事情。从教育学的角度来看,问题的解决还需要通过对教育价值的重视来实现,即重视以个人为中心的选择和贯穿整个人生的自我定位、自我学习。举例来说,在年轻人的教育上,不仅要将学生的需求与教育培训系统、就业市场提供的机会联系起来,而且更要培养学生成熟的人格和各种能力。在这一过程中,学生能够逐渐认识到自己的兴趣、态度、价值观、能力、知识、个人竞争力和劳动市场的需求,更好地制定自己想要达到的人生目标。更确切地说,所有这一切都存在于这样的发展前景之中,即在共同参与、相互对照和批判性区分的过程中,既考虑地方、国家和国际的普遍利益及政治经济的持续发展,又考虑所有人和每个人的尊严。

第二章　意大利教育和培训体制：
一个半世纪的历史

意大利的教育培训体制可以追溯到 19 世纪，这个历史不可忽视。因此我们需要简短地回忆一下这个教育培训体制在演进过程中一些重要的时刻[1]。事实上，若没有对此历史进行适当的研究，我们也无法去理解我们现在正在进行的改革措施究竟要解决哪些问题。

第一节　意大利统一后及两次大战时期(1861—1945)

1861 年，意大利实现了政治上的统一。1859 年的《卡萨蒂法案》(Legge Casati,1859)[2]是 19 世纪意大利实行的领导阶级教育政策计划的重要体现。它的主要目标体现在以下几个方面：初等教育应教导大众阶级服从和跟随国家的领导；中等教育应使中层阶级担负起传达中央政府的思想和需求的工作；而高等教育应选拔和培养出数量很少的精英阶级，这一阶级价值观和行为模式都与现存的统治阶级相符合(Bellerate e Novacco，1973；Ricuperati, 1973；Barbagli，1974；Malizia，1977；Rapporto di base... 1998；Di Pol，2002；Nanni，2003；Decollanz，2005；Malinverno，2006；Scotto di Luzio，2007)。

---

① 本章参考以下著作：G. Malizia (1977), Verso quale scuola ci muoviamo? La riforma della secondaria superiore tra modello cooptativo e educazione ricorrente, Istituto di Catechetica dell'Università Salesiana (Roma), Insegnare religione oggi. Vol. 2-nella scuola secondaria, Leumann (Torino), Elle Di Ci, pp. 45 - 72；Idem (1988), Scuola e strategie educative, in C. Bissoli e Z. Trenti,Insegnamento della religione e professionalità docente, Leumann (Torino), Elle Di Ci, pp. 47 - 81。

② 该法案根据时任公共教育部长的加布里奥·卡萨蒂伯爵(Gabrio Casati, 1798—1873)命名。法案希望国家可以与教会一起、并最终取代教会担任起领导公共教育的重任，此项重任几个世纪以来一直都是由天主教会承担。该法案经过多次修订，效力一直延续到 1923 年秦梯利改革(Riforma Gentile)开始之际。

毫无疑问,这样的目标分类也是与当时的社会和经济状况分不开的:当时的意大利是一个传统、陈旧和以农业为主的国家,社会等级制度森严,工业化进程处于起步状态。这种社会制度无法对学校提出变革和创新的需求。职业培养只限于培养一个数量有限的领导阶层,以及一定数量的理论方面和农业技术方面的工作者。

教育体制直接或间接地遵循了《卡萨蒂法案》的内容,通过下面的这些手段,尽量满足上述提到的各种需求。例如,实行小学义务教育体制,但义务教育只限于前两年,而且由于政府遇到巨大的资金问题,大部分地区并没有实现;以及进行过早的选拔,使得年轻人中的大多数在结束小学前两年的学习后便被排斥在教育体制之外。对领导阶层的培养与对普通阶层的培养过程的分离,是通过带有歧视性的和用文科知识来进行的区分以及建立两种主要类型的中学来实现的:一种是具有职业性质的中等教育,培养公共服务业、工业、商业、农业和学校内的中级人才;另一种是名副其实的中等教育,由高中或文科高中(为进入大学提供预备性基础知识教育的高中)构成,旨在培养享有特权的社会精英。需要补充的是,根据计划,在技术学校内也设有物理—数学学科,学生可继续进入理科院系进行学习。这样的计划也确实得到了实行。此外,在其他领域里,高中毕业后也可以进入一些高等学院进行学习。

在中等教育体制的形成中,另一个重要的阶段就是 1923 年的“秦梯利改革”(Riforma Gentile,1923)。第一次世界大战后,严重的经济危机导致了知识分子失业率的大幅增长:中等学校好像变成了一个工厂,专门制造错位的人群,他们既无法找到对应自己知识和能力的工作,又无法重新回到维持家庭生活的最普通工作中去。这对执政党造成了一个危险的境况,他们有可能失去知识分子的支持。除此之外,随之产生的需求还包括延长年轻人政治社会化的时间,以便更好地适应当时已经开始形成的法西斯主义体制,以及中央集权统治意义上的社会重整。

秦梯利改革的主要目标是巩固政府部门的权力,取消国立或地方学校的自主权。然而,改革的首要目标是建立一种教育体制,防止中等和高等教育机构涌入太多的人。其具体措施有:

——为所有中学开设入学考试,设置人文课程,体现大学预科课程性质。

——将技术学校改成补习学校,其学生无法进入高中和大学学习,进而将大众阶层的唯一流动渠道彻底关闭。

——开设女子高中,将出身高贵家庭的女学生从文科高中里分流出来。

——只有文科高中的毕业生才可以进入所有的大学专业学习,而理科高中、技术学校、师范学校的出路被逐渐的限制。

与此同时，秦梯利改革保证了补习学校的广大年轻人接受广泛的政治社会化教育。由于受到了那些本应该把孩子送入补习学校学习的家长们的无声反对，因此，这一改革计划只获得了部分的成功。因多数人不愿进入补习学校学习而引发了一个两难问题：补习学校究竟应该满足政治社会化的需求还是选拔人才的需求。最终，法西斯政权选择了政治社会化，并用职业学校代替了补习学校，这些职业学校可以提供一些进入技术学校或师范学校学习的机会。

在 20 世纪 30 年代，法西斯制度在意大利社会中建立了一套网络结构，使其无需通过教育体制，就可以保证新一代对于这种制度的忠诚。他们所使用的手段主要是进行彻底的思维固化，采取排他性的吸收入党制度，例如，母狼之子、巴里拉青年团、青年意大利法西斯、先锋党、法西斯大学青年团、意大利女性儿童团、意大利女性青年团、女性青年法西斯以及其他包含农村妇女、女性工人及居家工作者等的女性组织。此外，还进行对于各种组织意识形态的控制和固化，例如，体育、社会传媒、电影、报刊及全国性文学组织等。这些做法遭到了教会的极大反对，他们认为"天主教运动"（Azione Cattolica）中的天主教社团以及天主教童子军的自由都受到了影响。法西斯与传统政党的关系也十分紧张，因为这些传统政党所有的组织和宣传方式（尤其是文化教育方面）都受到了巨大的阻碍。除外，随着工作岗位数量超过实际需求，人们开始考虑加强中学期间的人才选拔，并认为这是必要的。因此，《学校章程》（la Carta della Scuola, 1939）出台，在这一点上本应重新采取秦梯利改革的体制，将以就业为导向的学校替换成高质量的职业学校，但完全没有高等进修的可能。然而，这样的提议，与整个计划的绝大部分一样，因为第二次世界大战的缘故，并没有得到真正的实施。1940 年，意大利与德国和日本结盟，加入轴心国集团。

那么，第二次世界大战后（直到 20 世纪 40 年代末）的意大利教育体制到底是什么样子的呢（Fadiga Zanatta, 1976；Barbagli, 1974；Malizia, 1977；Rapporto di base... 1998；Di Pol, 2002；Nanni, 2003；Decollanz, 2005；Malinverno, 2006；Scotto di Luzio, 2007）。

幼儿教育被理解为具有典型的辅助和慈善性质的教育。初等教育的功能就是对大部分学生进行社会化教育，培养他们对于社会体制的忠诚度；同时为一小部分学生的继续学习进行准备。

中等教育采取了严格的两分法：一类是文科中学，通向培养领导人才的大学；另一类是各种类型的职业—技术学校（包括工业、农业、管理、财务、航海、航天、城市规划、旅游、纺织、服装等领域),它们有的受到通向高等教育的限制,有的没有这种限制。这类学校的目的是以培养小资产阶级以及大众中的高素质层次人群为主,能从业于中小型企业以及专业技术岗位。可以说,每一个社会阶层都有学校与其相对应,其重要性取决于个人地位所对应的工作及学习的机会。这种个人地位与社会等级中个人所处的阶层是相互对应的。

教育体制的总体特点是通过严格的考试进行过早的人才选拔,以及使用文科知识来从大众中选拔人才。

学校管理方面表现出明显的中央集权化倾向,即在很大程度上取决于唯一的中央政府,由此给地方留下了非常有限的自主决策空间。

这样的学校体制是十分符合意大利严格的社会等级制度和落后的经济基础(Barbagli,1974;Cesareo,1974 e 1976;Dei,2007)。早期的人才选拔可以保证对于未来社会精英培养的控制,限制其数量并保证文化知识相一致。在那个时期,经济发展模式的主要特点表现为农业占经济的主体。与其他欧洲国家相比,工业化进程明显落后,特别是存在知识分子失业的现象,北部和南部之间存在巨大的不平衡。对于工业领域的熟练劳动力需求总是受到限制,而且总体上说这个领域的劳动力水平还未达标。生产制造业无法独立推进社会流动性和创新性的发展,也无法动摇严格的社会分层以及学校等级制度。

第二节　择优录取模式的经济腾飞时期(1958—1963)

20 世纪 50 年代,制造业的"工业化"进程已进行完成。这个进程经过了资产积累的过程,并为经济结构带来了的显著变化。具体来说,农业生产的比例被减小,工业得到了显著发展,服务业则发生了缩减(Cesareo,1974 e 1976;Malizia,1977;Censis,1983;Dei,2007)。总之,这些转型引发出了一系列的重要现象。例如,大量人口从落后地区迁移到企业集聚的先进地区、南部地区和北部地区的差距加大,对于个人消费的需求也得到了提高。这不仅是由于经济水平的增长,还由于受到了由大众媒体(尤其是电视)所传播的新的价值观念的影响,此外还由于受到如退休制度、医疗辅助和免费就医等显著的社会化进程的影响。由于 50 年代所特有的工业化进程,一种对于生活水平、社会水平的提升以及复杂工作类型的需求逐渐显现出来。这种工作需求是学校提供的教育所无法满足的。一种严重的家庭危机由此产生,即家庭作为一个统一生产单位的定义被逐渐推翻,而家庭成员逐渐"核心化"(也就是说,"家长制"的大家庭被弱化,家庭成员逐渐以小家庭为核心,各自分散、自主地生活)。

同时,在这样的家庭内部关系里,家庭成员可以自由行动(而取代了传统的家长专制),人们更加关注每个家庭成员的自我实现(一般来说,孩子的数量被降至一个或两个)。从整体来看,在工业化社会背景下,在个人和社会生活的范畴内产生了新的价值观念—个人主义,即对于个人成功的渴求以及效率和竞争力的提高。这些都使得乡村和城市的邻里关系等社会居住关系陷入了危机,而城镇的特征消失和孤立现象也愈发明显。

到了 20 世纪 60 年代,人们将关注的焦点放在了经济的发展和扩张上。这个时期被称为"意大利奇迹"。生产发展的加速进一步抑制了农业的发展,因而成倍以上地促进了工业生产,使个人服务业也得到了发展。与此同时,社会的不平衡现象继续加重,并形成了这样的社会经济状况:南部和北部间的差距以及个人和公共消费之间的差距继续扩大。除此之外,当人口中一部分人的消费水平已经达到了经济社会小康水平的同时,也相应产生了贫困的城市无业游民地区以及偏远落后的农业地区。

与此同时,学校的"效率化观念"也慢慢地开始流行。这种观念将教育视为个人和家庭的投资,视为国家发展的首要前提。这也使得教育的经济目的被置于首要地位。人们认为,生产力的发展取决于一个具有高的教育水平和创新精神的劳动力团体(Cesareo,1974;Malizia,1977;Dei,2007)。因此,有人认为,意大利学校应该走出将自我封闭在高墙之内的生存状态,关注工业的需求,与经济社会紧密结合。学校发展计划当时被视为国家经济计划的一个重要部分。由于当时预计到在之后的五年中,随着技术的发展,将面临缺乏能够胜任工作的劳动力的局面,因此,学校应该保质保量地发展,提供适宜的技术教育,使每个人都能够胜任其工作。

通过学校来实现社会宣传的目的并没有被遗忘,只是从实现教育的经济目的这一视角来进行。扩大学校招生的理由是为了回应日益增长的技术和社会教育需求以及生产力提高。随着经济的腾飞,对于合格劳动力的需求空前巨大,经济富裕群体范围的增大也使得大量家庭开始重视自己子女的学习和深造。尤其需要指出的是,学校被视为社会等级上升的必要通道。人才选拔的缩减和高等院校的自由入学政策得到了支持,这不仅是出于社会等级上升机会平等的民主思想,而且还出于最大限度利用人才和资源的社会经济角度的考虑。大量的教育心理和社会学研究表明,很多出生于中层阶级的年轻人由于曾经受到了过早的以及过于严厉的考试限制,因此在进入高等学校的考试中得到了很高的成绩。总之,每个城镇都存在着一个"人才资源库"有待发掘利用,为整个国家的发展做出有益的贡献。最后,对于辍学(即没有完成学业的学生)现象的研究,揭露了严重的不理性行为以及学校组织和课程缺乏有效性的问题。在人的培养方面,暴露出了推进真正的民主思想的失败,以及对社会的不安及不满。在经济方面,暴露出经济上的大量损失:辍学和留级现象事实上反映了学校的政策以及经济计划、乃至整个社会计划的不足和错误。

用一个社会学术语来说,在这个时代被广为接受的是一种充满竞争的社会流动性的"择优录取"模式(Cesareo,1974;Dei,2007)。学校和生活就像是一场比赛,很多人在平等的基础上为了很少的奖品而竞争。上层社会地位的获得凭借的是个人努力,而不是精英阶层对于拥有某些天赋的个人的善意赠予。因为如果是这样的话,地位的获得便与其个人成就毫无关联。因此,人们产生了这样的观点:应该避免过早地评判某些人或者对于在这场比赛的某一时刻处于领先地位的人给予特殊的照顾,因为出发比较晚的人也许会在长时间的成长中渐渐取得优势。这样的策略也可以加强不占优势的社会阶层对于体制的满意度。他们无法获得为数本来就不多的上层社会地位,但如果不去考虑那实际存在的不可逆转的选拔时间的话,每个人都可以把自己想象成置身于一场比赛中,自己并没有被排除在提升社会地位、获得个人成功这场竞赛之外,因此,他们便不会去想象或希望进行一次彻底的反抗和革命性的变革。

如果从理论的阐述转化到实际的操作方面,所需预算并不是很巨大的。唯一的例外便是 1962 年对于"统一中学"(scuola media unificata)的引入,并由此形成八年制的义务教育,面向所有 6～14 岁的年轻人,结构统一,旨在为每个公民提供基本的文化教育并起到指导作用(Bellerate e Novacco,1973;Fadiga Zanatta,1976;Malizia,1977;Rapporto di base... 1998;Di Pol,2002;Nanni,2003;Decollanz,2005;Malinverno,2006;Scotto di Luzio,2007)。在初等和统一中等教育下,实际是社会宣传的需求大于效率需求,而对于高中来说应保持其作为选拔工具的角色。以此为目标,人们提出了很多可行的提议:进入社会精英阶层并不由所属的社会等级决定,而是由表现出色的个人成就决定;通过理性手段降低高中阶段过度的碎片现象;对教学培训的计划和方法进行现代化调整,并因此提议重新考虑教师职能及相应教育方法的培训;制订培训计划,为培养合格的中等和高等技术人员提供职业培训途径。由此,人们希望将陈旧保守的领导层更换为一个更激进的领导层,能够领导和满足这个建立在民主基础上的发达工业社会的需求。

第三节　经济危机及社会—文化批判时期(1968—1972)

在 1963—1965 年间,经济危机开始出现,所有体制中蕴含的矛盾都迅速地显露了出来。这个体制的扩张主要建立在低人工费的基础之上(Saba e Brichetti, 1972; Scarpati, 1973; Malizia, 1977; Lodigiani, 1999; Dei, 2007),并且很少考虑到提高市民、也就是劳动者的文化层次。工人不愿意其薪水的提高由对生产能力的需求来决定。为了对抗经济萧条以及人工费的增长,大型企业转而致力于加强技术的发展以及科学的工作管理体制。这些措施在劳动市场里的影响也非常大,并引起了结构性失业:由于薪水问题,企业努力将新工作岗位的数量控制到最小,经济系统也倾向于减少固定工人的比例。

工作需求的减少严重影响到了劳动市场里历来不是很强势的群体,例如,年轻人。年轻人失业人数达到了 50 万人,并以每年 2 万人的速度增长,其中还包括年龄较大并已具有中学和大学毕业证书的年轻人(Scarpati, 1973; Malizia, 1977; Dei, 2007)。在缺少就业可能性的情况下,教育培训机构变成了"停车场",也就是说,年轻人通过接受教育来延长学习或培训的时间,使自己保持在学生状态。因此,注册进入高中学习的人数大大增加。在 1959—1960 学年及 1966—1967 学年间,高中注册人数的百分比由青年人口中的 24%增长到了 51%,并且在 1962—1967 年间,实际总人数由 907081 人增长至 1439292 人(Scarpati, 1973; Reguzzoni, 1970; Malizia, 1977; Dei, 2007)。很遗憾的是,学校似乎并不能够提供必需的教育,使学生可以有效地投入生产制造业的工作:着重于技术过程的教学,以及由此引发的知识技能过时现象,加上无限制重复增加的专业,都导致了学校提供的单一式职业教育变得越来越没有用处,也无法提供相应的基本文化教育来促进职业之间的交流和交换。因此,教育的效率化理念被打破了。这种理念强调教育与经济之间有一种正面的联系;社会发展沿着一条上升的道路前进;学校教育可以满足社会对于合格劳动力日益增长的需求。

基于竞争基础上的社会流动性模式,也受到了人们的讨论。提供基础教育的学校无法保证所有人的受教育权利。

国家统计院(ISTAT)1967 年的一项调查显示:学生入学率和在学校的表现很大程度上取决于(同时也受限于)家庭收入、父母的职业和社会地位,尤其是父母的教育背景。同样,这也是学生留级、辍学以及延误学习的主要原因。

这些现象在高中期间出现得比较频繁（Saba e Brichetti，1972；Fadiga Zanatta，1976；Malizia，1977；Rapporto di base... 1998；Di Pol，2002；Nanni，2003；Decollanz，2005；Malinverno，2006；Scotto di Luzio，2007）。很明显，充满竞争的社会流动性的缺乏，不仅是由于在意大利没有完整落实人们所提出的实践条件，而且是源于一些根本性的错误，尤其是错误地提出所有孩子的学习起始条件以及学习过程中的条件都是相同的这一假设，以及忽略了学校倾向于只赋予中等阶层的孩子一些特权而不是照顾其他社会底层的孩子这一现象。

在这一时期，1968 年的"青年人的反抗运动"拒绝效率化的模式，并控诉学校屈从于资本主义世界的需求。这既是从职业结构的实用性角度，也是从现存社会分层再生产角度来评价的（Scarpati，1973；Saba e Brichetti，1972；Mion，2007）。在国内，在强烈的反抗声中，出现了一个社会平等化以及让社会底层人民参与进来的呼声。这既与择优录取制度和人才选拔理念相冲突，也与专家治国论相悖。

与此同时，在一些进步的地区，人们艰难地开拓了一条新的教育道路。学校，与其说是创造平等的工具，不如说是为社会服务的机构（Cesareo，1974；Malizia，1977；Decollanz，2005；Malinverno，2006；Scotto di Luzio，2007）。所有屈服于生产制造业的枷锁被打破，人们参加工作的时间被推迟，以追求完善的个人发展，并致力于消灭在享有不同教育机会的不同社会阶层之间所存在的文化上和社会上的不平等。在这个框架下，高中改革的构想逐渐成形，改革需采用"综合教育模式（modello comprensivo）"。这种模式将废除上流社会阶层在教育上的各种特权，创建统一的总体制度，在课程上设置一个公共课程领域以及多种不仅仅是局限于职业教育的专业方向，并提供多种可自由选择的课程。与公共课程相比，选修课程在从学习开始到结束的几年间将会逐渐增加。教学将以灵活的形式进行组织，使学生能够选择和更换专业方向，同时学校也会帮助学生确定自己的专业方向。

这一系列学校改革的前景带来了一系列的立法措施和提议：

——《自由进入大学法案》（1969 年）。这个法案规定，所有大学院系必须向所有中学毕业生敞开，包括师范生、艺术生，以及只需补充一个或几个综合学年学习的职业学校学生。这不仅颠覆了传统的三种趋势：即入大学深造、从事中等技术职业和成为合格职业工人，而且形成了不同种类高中的绝对平等。

——《弗拉斯卡蒂报告》（Rapporto di Frascati）"（亦称为"弗拉斯卡蒂十分

制"）。这是专家组于 1970 年 5 月在罗马省弗拉斯卡蒂市的教学研究和创新中心举办的会议上提交的报告。这个教学研究和创新中心之后变为欧洲教育中心（Cede），最后变为国家教育培训系统评估院（Invalsi）。这次会议是由意大利政府发起的，讨论关于"中等教育的新方向"这一议题，并一致提议采用"综合教育模式"作为高中改革的具体目标。

——1970 年夏天，开始两年制课程的综合教育实验。

——比阿西尼委员会[1] 1971—1972 学年的最终报告指出了中等教育实验的具体方向，其方向与《弗拉斯卡蒂报告》所提出的方向相符，即依照一个学校高度统一的模式进行中等教育改革，并作为以后的教育改革的基础。（Bellerate e Novacco，1973；Fadiga Zanatta，1976；Malizia，1977；Rapporto di base... 1998；Di Pol，2002；Nanni，2003；Decollanz，2005；Malinverno，2006；Scotto di Luzio，2007）。

尽管提出了所有这些重要的提议，高中改革并没有顺利达到目标。

第四节 教育发展的新趋势时期（20 世纪 70—90 年代）

根据 1983 年的《意大利社会投资研究中心报告》（Rapporto Censis），在 20 世纪 70 年代，意大利的教育系统经历了一个在线性和综合性这两种教育发展的趋势之间过渡的阶段（Censis，1983）。在随后的两节里，我们将评析教育发展的总体方向以及教育体制内每一个层面的重点。

一、两种教育发展趋势的交锋：线性和综合性

在 20 世纪 50—70 年代，"一种线性、简单的发展模式渐渐占据主流地位……这是基于在保证数量、统一性以及中央化的前提之上的"（Censis，1983，164；Malizia，1988；Decollanz，2005；Malinverno，2006；Scotto di Luzio，2007；Dei，2007）。在这一期间，人们见证了对于学习需求的爆炸性增长，并经历了从精英学校到大众学校的阶段，政府努力使教育体制适应于社会需求，并将重点放在年轻人身上。但是，这并不能完全和及时地满足正在出现的各种社会需求。根据社会的普通逻辑，教育和学校体现出相同的地位，但公共教育部提供的国家服务及财政职能与其他公共机构和个人组织的培训相

---

[1] 比阿希西委员会，因其主席、教育部副部长比阿西尼（Biasini）而得此名。

比,却占据了中心地位。为了回应社会的普遍需求,教育表现得更加统一,同时也更加趋于稳定。

在 20 世纪 70 年代,尤其是 70 年代末,意大利教育体制对第二次世界大战后以来开始的大规模的数量增长渐渐进行了一些"限制",发展的模式既无法预期,也不能解决社会中出现的新需求。经济体系中出现了新的职业需求(尤其是在第三产业中出现的职业需求),以及对于迅速转产的职业需求。个人和家庭的需求被融入寻求自我实现的培训计划、进行个人化教育并最终获得个人成就之中。在质量和数量之间的不平衡问题也由于各种原因而显现出来。例如,与多样化的需求相比,教育显得过分的单一化,学校和教学质量严重下降(其包括因无法达到所期望的职业成就以及无法获得所对应的良好生活而感到的失落心情)。

在学校中,一种明显的不满情绪开始出现。这是因为学生们对于教育进程的迷茫以及对未来进入社会、踏上工作岗位的前途而感到的困扰;而教师们面对学校环境的恶化,采取了被动的和消极的态度,甚至放弃教学工作;众多家庭感到无法真正地融入到学校体系中去。此外,还缺少一种评估体系,以便认真而严肃地评价教育系统的质量。人们越来越感到缺少对公共教育的以专业为特点的干预,迫切地需要有一种行动能满足"间断性"或过渡性的需求,比如从学校生活到主动的社会生活的过渡。教育机会的不平等问题仍旧存在,尤其是在中北部地区和南部地区之间。学生辍学、留级等现象的影响仍然很大,尤其是在高中二年级阶段,在 70 年代末,出现高一、高二注册学生中几乎一半学生留级或辍学现象。

20 世纪 70 年代在教育发展上已经出现的新趋势看起来正在朝着"一个新的整体模式(或者更确切地说,一个新模式的立足点)"发展,而"这个新的模式是基于保证教学质量、教育服务多样化及个性化、教育资源多样化以及教育行政管理分散化的前提之上的"(Censis,1983,164;Malizia,1997;Decollanz,2005;Malinverno,2006;Scotto di Luzio,2007;Dei,2007)。当公共教育机会仍然与传统需求相挂钩时,社会需求在不放弃获得极少的政府保障的同时,把目标转向了教育培训的质量和个性化,并且与以掌握知识为目的的教学法(Mastery Learning)以及制定符合个人情况的、灵活的和个性化的学习计划相一致。平等性不再由统一性体现出来,而是体现为如何满足个人的需求。人们开始认同流动性、过渡性以及从一个学习方向转向另一个学习方向所带来的美好前景。渐渐地,学习和工作开始出现相互交替,尤其是在刚刚进入职场的时候,学习培训和工作相互交融,同时成年人也开始踏上继续学习的道路。教育机会得到了扩充，不仅仅局限于正规的教育，而且也包括公立性质以外的教育机构。人们意识到必须打破中央化和地方化对立的局面，并设想在政府协调教育机制、进行中央控制的同时，也让拥有较大权力的地方获得一定的主动权。

教育不应该由政府和公共教育部进行垄断性控制，而应该被视为一个扩大化、多样化的体系，除了接受国家的干预外，还要整合各种在教育领域内活动的企业和产业资源。人们开始强调"扩大化的教育体制"这一理念，包容介入教育和培训领域内的各个主体，例如，国家、大区政府、地方机构以及其他公共或个人机构等。在这些主体之间，应该实现相互协调和整合，或者至少要相互依靠；教育机会及相关过程因个人学习方向的需求不同而进行区别对待；为了达到所确定的多种学习目的，除了采用一些新的方式，还要采用合适的和被认证过的方法对学习进行评估；实现与教育有关的各个领域间多样化的连接模式，这些领域包括家庭、工作、业余时间、社会活动、社会媒体、教会活动等。

在这样的前景下，公众权利并没有被忽视，而是转化为了一种社会的推进力、评判力和支持力，而不仅仅是扮演社会和法律的保障角色。

总之，可以说，在那些年里出现了一种多样化的教育全景。其中，一方面包括落后的和呆板的情景，另一方面也包括了创新的和先进的情景。这一切可以在同样的地区、学校、乃至班级中体现出来，而不仅仅是在传统的南北差异关系或城镇、城乡关系中体现出来。

现在我们对几个具体的方面进行深入的剖析。

首先，我们分析社会发展与学校之间的关系。

在那些年里，随着年轻人个人以及社会的发展，人们可以在家庭中看到一种对于"学校重要性"的重新认识。毫无疑问，没有人再像20世纪60年代时那样认为教育和经济增长、找工作（尤其是好工作）之间存在一种正面的、直接的和自然的关系。但是，在家庭的思想中，学校仍然是一种必要的机构，来实现个人培养并提供最基本的教育，人们并且相信，这项功能是其他的机构所无法替代的，尽管学校应当去和这些机构寻找合作和交融的焦点。同样，在学校方面，其各个组成部分有重拾"自身定位"意识的趋势。教师们开始意识到各自的社会价值，并对此表示满意，尽管他们仍在抱怨国家和公众观念中缺少对于他们的认同。此外，教师们并未因学生的反抗或对那些还未到来的教育改革的急切盼望而产生挫折感。而学生的反抗，正如我们下面会提到的那样，也具备了一些新的特点。当然，在这些让人放心的信号后面，还隐藏着"教师问题"的根本原因，也就是教师社会地位的不明确以及在教师群体中各种类型的教师团体分类的分散性。

其次,值得思考的是已经发生变化的青年与学校的关系。

年轻人与正式教育之间的关系不再是一种完全的对抗关系,就像1968年学生反抗运动期间那样,而渐渐呈现出适应性。学校变为一个最重要的教育阵地,学生在那里得到全面的教育,最终步入社会。然而,教学的具体内容被放在了讨论的议题之上。除了满足主观的需求外,这些教学内容看来并不能满足社会变化和技术革新的需求,也无法回应那些拥有单独院校的地方社区的一些特别的要求。对于教师的职业培训以及与此相关的能力,年轻人作出了正面的评价,而对于教师的教学能力还是表现出一些不满。

1985年的学生抗议与1968年的反抗有着根本的不同。1968年的学生反抗运动的主要意义在于,要求社会的全面转型,而对教育体制改革的需求则在其后。其特点还包括学校在社会中的重要性丧失,年轻人与成年人(教师、家长)的正面冲突。而1985年的学生抗议将学校在社会中的地位这一议题重新纳入讨论之中,并强调学校在社会中的重要性以及认同度。但是,这些并不是由于社会变革、平等化和经济发展所导致的,而是教学质量提升的结果。在公共学校服务领域里,人们提出并希望发扬创新精神:为了克服学校的局限性,人们并不满足于在学校体系外通过自行组织的而活动而找到的解决方法,而是要求公共教育体制提供有组织和有系统的帮助。除外,在学生抗议中并没有出现不同时代人之间的大规模冲突。事实上,大部分教师和家长都完全或者在某些方面认为学生的抗议是有道理的。特别是家长,他们认为学校对于其子女的教育来说是非常有意义的,并且从根本上认同教师的能力。当学校提供更有效的服务时,家庭也很乐意在学校上投入资金。实际上,很多人的批评意见都是针对教学设施和设备的,也有一些人要求对教学方法进行更新。

第三,需要深入阐述的是关于教学的开展和内容。

在这个问题上,也存在着优劣共存的情况。20世纪80年代初,意大利通过了提高教学质量的总体决策,包括实施初中和高中改革以及重新进行教师的资格认定。这些决策并没有被转化成相关的法律规定,而只是被实行了一小部分。因此,一些充满野心且颇具规模的计划被抛弃了,反而是那些从最底层(也有从中央)开始、并不那么显眼却更可行的计划在摸索中逐渐开展起来。

在关于全面改革的讨论无疾而终之后,"变革"的力量又找到了另外的出路。它存在于所有教育体制层面的正规教育实验中(这已经得到了广泛的普及);在非正规的创新活动中,也就是说在大量的地方性行为中,这些行为由企业、地方机构、行政区、教师个人或教师团体在学习和工作领域以及与当地的关系领域中交替开展；在由一个个微小的成就所构成的发展中，这样的自主行动由个人或多家公司联合发起。

此外，对课本也进行了明显的更新，提供给教师使用的教材大量增加，出现了更加适应教学并具有可操作性的课本。数量可观的电脑被引进学校，尽管这项引进工作是在一种有点杂乱、自发且取决于教师个人或学校领导意愿的模式下进行的。

教育过程表现出越来越个性化的趋势。在学习的起始和中间阶段，学生面临着很多的选择机会，他们需要对这些机会进行分辨，并考虑各种因素，例如，综合课程时间、普通课程时间、实验性课程、外语课、教师质量，等等。与此同时，校外的培训机会也大量增加。就连从学校向工作岗位过渡的阶段，因为"铁饭碗"性质的工作机会越来越少，还出现了一些通向临时职位、新阶段的学习以及自主创业的道路的培训机会。

但是，在职业培训体系内，除了大量私立机构提供的教育机会开始出现外，在公共领域内却显现出一定的停滞状态。除外，尽管学校重新开始对学生的学习方向指导产生兴趣，但在这方面的相关服务还有很多问题，因此，年轻人和家长不得不在缺乏足够的信息和咨询的条件下做出选择。

我们列举出的这些正面因素并不足以明确呈现出一种创新的"潮流"，但是，它们可以呈现出这样一个正在发生的趋势，尽管它并不占据主流地位，也遇到了很多的反对意见和行动。对之前所提到的负面情况，我们还可以继续对其进行一些补充。例如，学校机构的概念正在逐渐消失，被随意产生的教师团体所替代；个别学校缺乏自身的特点，或者缺乏特别的教育项目；同时，严格的职业法律也限制了对教师职业的适当分级，阻碍了对教师的灵活使用；学习的标准在很多地区和学校里表现出强烈的不平等性。由于缺少一个真正能够得到实施的、严格的评估标准，各个地区教育的最终结果大相径庭，因此，也无法有效地采取补偿性措施，特别是针对基础教育阶段的措施。除外，在整个教育体制内，获得成功的重要实验和实践经验缺乏得到推广和采纳的渠道。评估工作主要局限于对法律有关规定的遵守，并没有深入到对实质的教育过程及其获得的教育结果进行分析的阶段，也没有扩展到将教育结果进行社会化的层面。另外，教育实验主要面临以下几种情况：或者自给自足的情况被无限扩大，或者计划由于缺乏经济条件和个人兴趣的支持而被终止，又或者因为计划的封闭性而无法与教育体制的实际变化相联系。

教育体制的另一个缺陷在于"两班制"和"三班制"现象以及对于临时教学点的使用，这些情况主要存在于个别地区。需要补充的是，留级和辍学的现象开始扩大,从中北部地区向南部地区蔓延。尽管在个人对知识和文化的需求方面出现了一些改变和重新平衡的迹象,但对南方地区的不平等现象仍然在延续。南方地区各省的教育以不同的速度发展,其中某些省在某些特定的指标方面甚至超过了北方地区。然而,中央政府基本上只扮演了一个"公证人"的角色,在满足本地区对于实验或创新的需求方面,只是履行了检查和鉴定的职责,在当时多样复杂的情况下,并没有参与其中。换句话说,那就是在不发达地区缺少一种真正的政策支持,而从全局范围来看,仍需要一个整体改革的总设计师,为个人经验以及地方性实验指引方向,为有需要的领域提供帮助并传播有用的经验。

同时,另一种不平等现象正处于消失的边缘,那就是,整体改革趋势渐渐地废除了性别之间的不平等现象。

二、教育体制内的各个层面

在讨论过这个时期教育发展的总体方向之后,我们还应深入研究一下在意大利教育培训体制内各个层面的问题。研究的方式仍然是比较概括性的。

(一) 幼儿教育

在这一时期,可以断言,幼儿教育成为了意大利教育体制里最重要的一个层面。一方面是由于儿童的入学率非常高,另一方面是由于幼儿教育在教育学上的重要性和特性(Bertolini, 1984; Frabboni, Maragliano e Vertecchi, 1986; Mencarelli, 1987; Malizia, 1988; Nanni, 2003)。

20 世纪 80 年代,公立幼儿园与私立幼儿园之间的差异基本被消除。在1981—1982 学年间,私立幼儿园在数量上比公立幼儿园少 11.5%。3~5 岁儿童的入学率从 1970—1971 学年的 56.9%增加到了 1980—1981 学年的79.1%,并在 1990—1991 学年升至 91.4%。而总注册入学人数由于人口下降的原因降低了 12.3%,从 1981—1982 学年的 1804708 人(这一年注册入学人数达到了所在时期的最大值),减少到 1990—1991 学年的 1575234 人。

无论如何,最有意义的突破发生在教育学层面上,体现在当时已被认可的幼儿权利上。对于幼儿来说,他们有权接受各具特色的教育,并沿着不同的道路得到发展;学校与家庭一起教育培养幼儿,使他们更加成熟。此外,幼儿园教育和教学的总体表现合格并且有效。这方面的进展随着第 139/1991 号法令《公立幼儿园教育活动方向》的生效,获得了进一步的新突破。这项法令完全考虑到了当今人们对于幼儿及其权利的具体关注,同时它还努力使幼儿园成为一个真正的教育和传播知识的机构,而不仅仅是辅助和看管幼儿的机构。

这与上世纪最好的教育传统相符合，也包括意大利学者、教育家对此作出的突出贡献，而这些人中最为突出的就是玛丽亚·蒙台梭利（Maria Montessori，1870—1952）[①]。实际上，《公立幼儿园教育活动方向》试图增进儿童对于各种能力的获得，包括交往、表达、逻辑和操作能力，通过一个均衡发展的成熟过程，掌握对认知、情感、社会及道德人格等方面的组织协调能力。人们开始关注于儿童的人生及人格发展的综合前景，同时也相信幼儿时期对于人类和公民教育来说无疑是一个非常重要的阶段，它蕴含了终身所受教育的基础，对于社会中所有人以及每个人的高品质生活来说是必不可少的。

在《公立幼儿园教育活动方向》实施期间，学前教育的发展令人满意地突破了数量上的指标。尽管它仍需要更广泛地普及以及在不同地域更平等地推进，但这尤其有利于意大利南部和岛屿地区，例如，西西里岛和撒丁岛。

然而，我们还需要面对的一个问题就是幼儿园教育制度问题。因为第444/1968 号法令虽然建立了公立幼儿园，但仍需要将其补充完整以及对学前教育的法律规范化和管理化进行认可，尤其需要认可公立幼儿园与地方及其他自主管理的幼儿园之间的平等性。

除外，这项法令还需要一个总体的评估，特别在增强平等性方面需要作出改变，减少来自于不同社会经济、文化区域的儿童受到的不平等对待。

我们还需要注意的是在小学一年级注册学生中的留级率（1989—1990 学年为 1％），这也说明了在学生转换环境时会出现的问题。他们从一种自发性的教学环境突然转换到了一种强调掌握知识的学习环境，也就是说，他们进入了一个过早的系统化、正式的和标准化的学习环境。所以，无论从经验的角度出发，还是从教学方法的角度出发，都需要重新考虑幼儿园与小学之间的联系。

（二）义务教育

在 1980—1990 年这一时期，实行义务教育学校的入学人数呈递减趋势，因为这一时期意大利的出生率不断下降。在 1981—1982 学年以及 1990—1991 学年间，入学总人数降低的幅度达到了 27.4％，而在小学阶段降低的幅度更大，达到 29.2％，入学人数从 4332584 人缩减到 3069767 人。在中学阶段，降低的幅度相对较小，为 24.7％，入学人数从 2856441 人缩减到 2150767 人。在 6～13 岁这一年龄段，入学率趋于稳定：1970—1971 学年为 102.1％，

---

① 蒙台梭利，意大利著名幼儿教育家。1907 年在罗马创办"儿童之家"而闻名于世。——译者注

1980—1981 学年为 103.5％，1990—1991 学年为 103％。这里出现高于 100％的百分比的原因是不属于这一年龄段的学生重新回到学校学习，而这一比例的略微降低则反映了留级和辍学现象正在消失，这是令人高兴的现象。

留级和辍学现象尽管像前面所说的那样有所好转，但问题仍然比较严峻。在小学阶段，如同其他阶段的情况一样，一年级学生留级率正在缩减，从 1981—1982 学年的 1.6％下降到 1989—1990 学年的 1％。但是，留级和辍学现象往往在各学习阶段的初期出现，而无法完成学业的现象主要出现后期以及结业考试中。除外，在小学阶段，不同地区的留级率有所差异，由北向南呈增长趋势。在中学阶段，同样的留级率呈递减趋势，但下降的比率并不那么明显，同时也没有持续性。例如，1981—1982 学年一年级学生留级率为 12.2％；1988—1989 学年，为 11.7％；1989—1990 学年，为 12.1％。但是，实际情况表明，南部地区的学生在这一阶段学习中所表现出的劣势更为明显。

小学阶段的辍学情况较轻，但中学阶段的辍学率较高。1984—1985 学年，一年级为 3.6％，二年级为 3.4％，三年级为 2.7％；1987—1988 学年，各为 2.9％、1.7％及 1.2％。同时，中学阶段的辍学率随地域的变化而不同。最终的调查结果是，1989—1990 学年，约 40000 名学生没有初中毕业离开了学校。而在那个时候，进入意大利社会生活的公认的最基本要求是初中毕业。

需要注意的是，在意大利共和国历史的前四十年里，意大利的基础教育经历了数次重要的改革，超过了其他的教育层面。如同我们之前所看到的，最重要的一次改革就是 1962 年的"统一中学"。统一中学被视为提供给所有人和每个人的学校，既是中学又是少年学校，既是统一的学校而同时又能够符合每个人的需求，最后它还是一所对学生的发展方向给予指导的学校。为了达到此项具有创新性的改革目的，政府在 11～14 岁间采取了义务、免费的教育机制，并且计划使用统一的教育结构替代中学和职业学校间的双轨制模式。这样，便可以避免在学习或从事职业之间过早做出选择，因为该选择实际上取决于家庭的社会、经济和文化条件（Fadiga Zanatta，1977；Bellerate e Novacco，1973；Livolsi，Porro e Schizzerotto，1980；Malizia，1988；Rapporto di base... 1998；Di Pol，2002；Nanni，2003；Decollanz，2005；Malinverno，2006；Scotto di Luzio，2007）。除外，人们还引进了课后学习概念，以此来进行辅助教育以及补充课程学习。处于学校管理层的校务委员会被赋予了新的职责，其中占重要地位的便是"班级委员会"，即每个班级委员会由教师和家长代表组成，在高中阶段还包括学生代表。班级委员会的主要职责是通过制订统一的计划，对教师的工作、上午的课程和下午的活动进行协调。为了便于确立学习方向和发展不同的能力，还在一个很大的范围内对必修和选修课程作出了规范；同时，针对学习有困难的学生，还设立了补习班和特别班对他们提供帮助。

在 1962 年教育法令实施期间，也暴露出了一些实践层面上的不足。例如，由于组织管理原因以及教师准备不足，对于新的学科不够重视；由于缺少教师以及时间安排的困难，选修课程的方向指导功能并没有得到体现；在上午的学校学习和课后学习之间缺乏足够的联系或者甚至完全没有连接；在补习班和特别班里的学生感到在文化上和社会上的孤立；社会的选拔仍在进行，只是借助了考试不及格或辍学等隐蔽的形式；最后，在中学很多课程领域里，教师表现出一种特权意识。

为了弥补上面所提到的这些不足，1977 年又通过第 348/1977 号及第 517/1977 号法案，开始了一项针对义务教育的小型改革。中学所有的科目都改为必修科目，具有相同的价值和重要性，并且作为三年级结业考试中跨学科口试的科目。三年级的拉丁语教学被取消，也不再像以前那样作为一门选修课程出现，虽然通常认为意大利语教学应包括其语言的源头——拉丁语。另外，在语言、科学和技术教学方面也出现了相当多的创新。

在义务教育的两个层面上，教育和教学规划的中央集权化特性仍然得以保持；同时，每个学校的高度自主性也得到了认可。为了削弱社会选拔现象，补考被废除，取而代之的是更具指导和教育特色的新的评估方法。除外，具有综合性和广泛性特点的创新型补偿措施被采纳，随之被采纳的还有让残疾学生融入学习环境的特殊措施（随着这项措施的采纳，取消了补习班和特殊班的设置）。

1979 年，中学的"新教学大纲"得以公布，取代了之前 1963 年的教学大纲（Agazzi et alii, 1984; I nuovi programmi, 1984; Malizia, 1988; Rapporto di base... 1998; Nanni, 2003）。新教学大纲具有六个根本的特点：强调文化教育的科学性；废除选择性；对教学大纲所规范的内容进行划分；凸现所有教学方法的平等性；设置四个综合性学科（语言学、人类学、科学及表达学）；将教学大纲内每个科目分为四个方面（学科目的、学科概念、教学方法和学科内容）。

1985 年，新的小学教学大纲也得以公布。这个教学大纲旨在创造一种学校模式，目的在于"培养一个人和一位公民，既提供最基本的人格培养，也进行最初的文化启蒙"（Calidoni e Calidoni, 1985, p. 39）。与满足儿童教育这一需要相结合的，还有努力实施统一的教学以及分阶段的教学方式，前期主要关注于认知领域，之后渐渐向各门不同学科的学习过渡。为了实现教学大纲，教师要参与制定集体的教学计划和个人的教学计划工作。尤其在第一阶段（小学教育前三年),课堂教学还被赋予了一些特殊任务;而在第二阶段(小学教育最后两年),则涉及更多的教师参与到活动中来(Calidoni e Calidoni,1985;Mencarelli,1985;Scurati e Calidoni,1985;Parente,1987;Rapporto di base...1998;Nanni,2003)。

以儿童为中心、关注其与计算机技术的接触、在民主的公民教育框架下儿童个人与社会认知的成长、个人价值与其所在社会的联系,无论是处在个人独立的环境下,还是与周围环境以及班级团体的互动下,这些都是一个有教养的儿童所必需具备的元素。但是,也许人们对于学习的群体性规模的关注还不够,这一点存在于前面所提到的中学阶段的教育计划里。

同时,人们大力推广的还有小学的全日制,以及中学1984—1985学年的新体制—加时制。加时制指的是在新的教育培训体系下重新开展旧的实验,与课后学习相比,与综合学校更为相像。它提供个性化的辅助性学习,既包括补充性的自由活动(目的在于扩展学生对于文化和表达的兴趣)、校间活动(在学校午餐期间或之后、午间休息之时),也包括不同分工的教师的教学活动(更具有灵活性和职业培养的性质)。经过实验证明,全日制学校在根本上具有可行性,但并不比普通时制学校具有更多的优势(Censis,1984)。

另外还要提到的是,在这一时期残疾学生进入普通学校学习的人数有所上升。这显示出一个大胆的学校融合计划,该计划由辅导教师给予支持,在有需要的时候还由专家提供协助(Mencarelli,1985;Santelli Beccegato,1984)。

所有这些措施毫无疑问地让义务教育学校变得更加民主和优质,甚至与其他欧洲国家相比同样如此。然而,所有人都很清楚,最基本的问题还是要继续促进在义务教育阶段结束后教育机会的平等(Livolsi,Porro e Schizzerotto,1980;Malizia,1988;Rapporto di base...1998;Di Pol,2002;Nanni,2003;Decollanz,2005;Malinverno,2006;Scotto di Luzio,2007)。此外,人们很快就指出,还需对小学的结构进行立法上的定义,这是由于新计划的产生和实践需要所导致的、特别是由于学校时制及教师得多样性。在中学方面,人们在其结构特点和首要目标方面达成了共识,同时也出现了关于是否重新设置一些原来的学科以及重新采用与统一的教学不同的多样化教学等方面的讨论。同时被讨论的问题,还有全日制和加时制教学工作的优化、残疾学生融入普通学校学习以及加强辅导教师的培训工作等。最根本的问题还是各个学习阶段的衔接问题,即从幼儿教育到小学(或者基础学校,就像有些人用来命名基础教育的两个阶段那样)、从小学到初中、从初中到高中,这样才能构成人们所必需的继续深造的道路。

(三) 高中教育

在第二次世界大战之后，意大利的高中教育获得了稳步的发展。尤其是最近的二十年，其发展速度超过了初中教育。从 20 世纪 50 年代到 80 年代，高中的学生人数基本上比第二次世界大战前增长了 6 倍，而注册入学高一的学生人数增长超过了 5 倍。除外，如果我们分析最近十年的数据，可以发现，高中学生人数实现了 16.9% 的增长，从 1981—1982 学年的 2443946 人增加到 1990—1991 学年的 2856328 人。另外，从初中毕业进入高中学习的学生人数比例增长也可以说明高中教育的发展。在 1981—1982 学年至 1990—1991 学年期间，该比例超过了 80%，由 75% 增长至 85%。不仅如此，这样的增长并不是由于日益增加的年轻人就业困难所导致的，而是由于国家对于教育的新需求以及高中毕业在社会中具有更重要的意义而引起的，总之，是由于社会对于更高的个人教育的需求 (Malizia，1988；Rapporto di base... 1998；Santoni Rugiu，2007)。

最近二十年来，高中学生的分配情况呈现两种不同的趋势。直到 20 世纪 70 年代中期，理科高中的学生人数增长占主要地位，它与技术学校一起形成了两极分布的情况。从那时开始，职业院校以及技术学校、尤其是商业学校呈现出主要的增长趋势。70 年代初，这样的趋势被解读为一种社会需求的转化，即从全面大学教育的需求转向了短期的、专业化的职业教育需求。与此同时，师范院校出现明显的缩减，文科高中出现停滞或缓慢的增长。实际上，可以说，人们的取向偏向于可以立刻将文凭加以利用的高中类型；与此同时，能够在科学技术方面提供全面教育的学校也开始受到人们的广泛关注。

14～18 岁年龄段的入学率，在 1990—1991 学年达到了 67.2%，远远超过了 1970—1971 学年的 42.4% 和 1980—1981 学年的 51.9%。但是，在看到这个正面数据的同时，也应该看到从 6～13 岁年龄段过渡到 14～18 岁年龄段时，其升学率呈现稳定的缩减趋势。而且，14～18 岁年龄段中有很大比例的学生仍处在义务教育学校阶段，这是由于长期的留级现象所造成的。还需要注意的是，在某些领域里，女性的学生人数比例不断增长，尽管在这些领域中女性已占主要地位，例如，师范类院校；同时，女性在某些之前由男性占主要地位的领域中也取得了显著的成就；例如，文科和理科高中、会计学校、语言学和旅游方向的职业技术学校等。

当我们开始研究留级和辍学现象时，一个很惊人的数据出现在注册入高中前两年学习的学生中，有 40% 的学生或留级或放弃学业。这样的数字又重新呈现了在义务教育阶段就显现出的一个趋势：在学习阶段的初期，也就是高中前两年，留级和辍学的比例最高。问题最严重的是那些职业技术学校和来自社会底层的学生。在这一点上，与他们的学业情况关系更为紧密的是其家庭的平均受教育水平，而不是家庭的经济情况。

从1982—1983学年开始，辍学率出现了另一个相对的且不稳定的缩减，而留级率仍维持原状。这两个比例都因为学生注册进入职业培训中心学习而得到了部分缓解。

但很显然，高中教育自第二次世界大战后时期以来所面临的最大的问题就是无间断的改革进程。

从1947年开始，由教育部部长戈内拉（Gonella）大力推动的学校改革的呼声在全国范围内兴起。紧接着，人们开始讨论高中的改革，因为自1923年秦梯利改革以来高中便没有什么大的变化。1962年，统一化中学模式被采纳，高中改革显得更加紧迫。但那一年由公共教育部部长路易吉·圭（Luigi Gui）所提交的教育改革计划（与大学改革计划一起），由议会所任命的委员会进行了修改，但却连进入议会大厦被讨论的机会也没有（Fadiga Zanatta，1976；Rocchi，1985；Pontini et alii，1986；Malizia，1988；Rapporto di base...1998；Di Pol，2002；Nanni，2003；Decollanz，2005；Malinverno，2006；Santoni Rugiu，2007；Scotto di Luzio，2007）。在随后的二十五年中，陆续出现了各种新的提议。众议院通过了其中两项草案（1978年及1982年），参议院通过了一项草案（1985年）。但时，没有一项草案获得了众议院和参议员两院的一致同意。事实上，就问题的出发点而言，大家存在共同的认识，即高中的学科体制被完全的超越了。这里所提到的草案可以归纳成以下几点原则：高中教育应该以文化教育和职业教育为基础，即提供通往社会工作的道路，也保证通向高等教育的渠道；教育时间为五年制，前两年为方向指导，后三年为专业教育；高中教育应该具有一个横向的分类，分为公共课、不同学科和专业方向、实验及工作实践、选修科目等。

各方面的冲突主要集中在这些基本原则的具体组合和实际运用上：结构的统一性和差异性；组织年轻人中的弱势群体履行义务；高中子体系与职业教育的关系；面向所有人的统一的中学教育阶段与基础职业教育阶段之间的关系；公共课的含义以及不同学科方向之间的关系；废除或削减纯粹的学术通道（文科或理科高中）；学科方向的数量及设置。

20世纪80年代中后期，高中的改革似乎走上了一条"小步走"的创新道路。第一项创新就是将义务教育年龄提至16岁。事实上，面对着国内外的挑战，其解决之道是利用人文和文化资源，提供个人最基本的教育，以及保证国民的中等文化水平。另外，年轻人对此项举措表现出了他们的满意之情。像前面所提到的，从初中到高中的升学率在1990—1991学年达到了86%。据估计，在80年代中期，14岁及15岁学生的入学率分别达到了90%和70%。因此，颁布法令延长义务教育的时间不仅能够提高青年人总体的教育程度，而且能够为那些在十四五岁时放弃学校教育的少数年轻人再次提供机会。但是，各政党之间对此采取了不同的策略：有些党派坚持统一性，重点关注接近统一学校，而另外一些政党更加明智地重视其他渠道，例如，职业培训，以便对于未成年人教育需求提供更好的帮助。

公共教育部则试图以行政手段来打破缺少改革的僵滞局面。1986年，公共教育部推出了一项修改高中前两年教学大纲的计划，其中包括推进、重组、联合不同的培养方向及机构。特别需要指出的是，在理科领域里引入了语言高中；技术教育被分成三个大的领域：第一产业—农业，第二产业—工业，第三产业—服务业；职业学校与其他学校一样先为两年制，之后或继续完成第三年学业获得资格证书，或进入技术学校学习直到获得毕业证书；师范类中学被取消，师范院校及艺术学校和高中变为五年制。此外，对于公共课领域和具体专业领域也进行了区分，两个领域相对应的学时固定在25：10，每课时规定为50分钟。在教学大纲中，理科教育的比重得到了增加，还加入了信息技术课程，语言教学也得到了加强，而对公民教育课程的教学则赋予了自主权利。

一方面，公共教育部的计划为各方面的发展提供了重要的渠道，其中包括为现代知识文化的汲取开启通道、对教学大纲以及不同科目内容按照现实需求进行调整、调整公共课领域与具体专业领域之间的管理等。另一方面，除去在计划内容、方法和结构方面的局限，公共教育部的计划并没有解决一些根本问题，例如，改革计划的行政管理过程所面临的可行性问题，双年制课程作为义务教育的结束点或为之后的学习进行准备阶段的性质问题，以及学校教育同职业培训的关系问题。

同时，由于高中改革姗姗来迟，因此，为了满足社会的需求，各种实验性举措的数量和质量都得到了提高。总的来说，它们分为三种形式：一是最大化实验，影响学校某一课程的整个规划；二是最小化实验，涉及传统课程内的细小变化；三是技术教育的辅助性项目实验，不时地进入不同的学科领域。

在它们的具体实现问题上，需要指出的是，在所有开展实验的学校中，技术院校处于首位，其次是高中和师范学校、职业教育学校以及艺术学校。在地理分布上也存在不平衡局面，即南方地区处于占劣势。

总之,那时的高中教育改革并没有超出这些片面的、实验性的和"小步走"的进展过程。

(四)地方性职业培训

1978 年,关于职业培训的第 845/1978 号法案被通过,这意味着一个漫长的演进过程最终完成。这场演进从 20 世纪 50 年代开始,渐渐地提高了这个领域里的总体教育目标,由单纯地进行职业训练转化为一个传播职业文化的过程(Valentini,1984;Isfol,1986,1990 e 1991;Confindustria,1987;Malizia,1988;Nicoli,1991;Malizia,2003;Franchini e Cerri,2005)。

职业培训的职能不再是局限于为学生提供有限的、片面的和关注于具体职业的培训,而是培养他们全面的技术能力,传授关于生产制造业的科学技术基础知识,以及提供能参与企业管理的实际能力。规定基本原则的总法律还颁布了使职业教育大区化的基本原则,以及保障各机构的文化和管理自主权的基本原则,其中既包括劳动者和企业家的组织,也包括以社会、企业和劳动者合作社运动为目的所建立的各种培训组织。

基础性职业培训所面向的年轻人群体有的有初中毕业证书,有的没有。他们没有机会进入高中或大学进行深造,因此,想要获得第一等级的职业资格证书。此类的培训数量在随后的几年中出现了稳定的增长,但在 20 世纪 80 年代中期被中断,注册接受基础性职业培训的人数有了明显的下降。相反,已经毕业者、成年人、转产中的劳动力、民众等群体对于职业培训的需求出现增长。可以说,在 80 年代的这十年中,职业培训的经费投资在一个大区层面上的增长并不连续,但在总体层面上却显现出稳定而缓慢的增长。

确实,除了数量指标所造成的问题外,公共子系统(国家、大区和有协议关系的机构)直至今日在质量问题上仍遇到种种困难,并且被一种缺乏突破性进展的境况所深深困扰。造成此种困境的原因有很多。例如,立法层面总体规范的缺乏,由于高中改革的停滞使得基础性职业培训的前景面临严重的不确定性;地方性职业培训机构并没有取得很高的地位,而沦为质量较差的学校;无法满足职业市场的需求,很多课程的设置更多地取决于教育机会而不是社会需求;官僚作风严重,人事政策缺乏自由度;对于相关的数据了解不够,缺少对实际教育成果进行评估的有效机制。

但是,私立培训机构在那时(现在仍然)展现出了强大的活力。财政工作因此增加,私立培训在职业培训的各个领域内大量扩张,如今已经在培训目标、方法和等级层面覆盖了整个领域。其原因主要在于当时的社会需求。这种社会需求很快就经历了彻底而明显的转型，并表现为对于质量、个性化服务、高等职业培训以及综合利用新技术的能力等方面的需求。除外，这种社会需求还表现出一种对人文因素的兴趣，这种人文因素扮演着发展的传动轴的作用。同时，年轻人由于找工作十分困难，因而对于职业培训的兴趣也在增加。

在那时（现在仍然是这样），职业培训的中心环节在于学校和职业市场之间的转化。在 1981—1991 年间，青年人的失业率有所增加，14～29 岁人群的失业率从 21.3％增加到了 24.1％。同时，越来越多的年轻人将注意力放在了自主创业及小型企业上面。另外，一种工作与学习的结合的生活状态开始出现，这既是因为人们在高中和职业教育中对于工作与学习的结合开始了一些实验；也是因为一种新的个人意识开始出现，很多年轻人在学习的同时寻找工作或从事一些临时性工作，在工作的同时进行自我学习以补充基础知识或者获得更高的学历。伴随着这样的社会趋势，学徒制开始慢慢地失去自身的地位，尽管仍是向职业过渡的重要机构。还需要注意的是，企业和劳动者之间签署的培训—工作协议，这种协议也受到了很高的评价。在职业前景方面，这种培训显得非常有效，但同时也在某种程度上显露出职业的不稳定性，无法有效地推进培训计划的发展。

在这里所描述的职业培训计划中，很难分辨出未来的发展趋势。事实上，人们当时并不清楚（现在仍无法弄清）是否在生活和职业之间的关系出现了新的意义，或者这只是为了对具有诸多问题的职业市场所进行的不断调整。

在这样的背景下我们才能理解有关方面对于 1978 年《职业教育法案》改革的需求。除已经取得的成就外，这次改革也可以使大区成为该区域的政治中心，负责联系、协调和组织该地区的教育培训机会。职业培训中心则成为教育培训工作的主体，负责职业培训以及学习—工作阶段的转换和过渡。

因此，另外一些相应的教育培训工作也显得非常重要，其中包括巩固面向14～18 岁年轻人的职业培训中心的地位，这是纯粹的学术教育之外的另一条道路。职业培训中心在所有层面上拓宽从培训到就业的道路，有组织地引入学徒制以及职业培训中的培训—工作协议，促进职业市场的边缘区域得到发展，简化企业培训的行政手续。

（五）教师

"教师问题是意大利一个重大但仍悬而未决的公共问题。"这句话是意大利社会投资研究中心（Centro Studi Investimenti Sociali, Censis）在 1982 年开展的教师样本调查时的总结(《教师问题》,1983 年,第 5 页)。在五年后的 1987 年,尽管付出了很大努力,此次调查的评估结果还是戏剧性地由教师学术基础委员会的抗议行为而得到了证实。教师学术基础委员会原来的名称是基础学校委员会(Co. Bas. S),成立于 20 世纪 80 年代的教育界,后扩展到其他职业领域,成为地方性非集权工会组织,一般与国家联合工会相对应。现今其部分人员都转入了基础学校委员会(Cobas)。

在这二十年里存在于学校范围内各种的工作矛盾的根本原因又是什么呢?(Damiano, 1982 e 2004;La questione insegnante, 1983;Cipollone, 1986;Corradini, 1987;Malizia, 1988;Rapporto di base... 1998;Di Pol, 2002;Ribolzi, 2002;Nanni, 2003;Moscato, 2008)

在 1970—1971 学年至 1980—1981 学年这十年里,教师团队的发展与学校的发展道路并不相同。与学生数量增长趋势逐渐放缓相比,教师数量出现了大幅度的增长,绝对数字达到 268000 人,相当于每六个新学生便有一位新教师。在随后的五年中,其增长速度逐渐趋于平缓。然而,这种重新调整的趋势并没有解决学生数量减少所带来的影响。这种扩张是与社会上的过剩劳动力需要找到一份职业的需求相呼应的。这项学校人事方面的政策,主要的社会目标便是消除知识分子失业现象,但也出现了一些负面效应。意大利的学生—教师比率是全欧洲最低的,因而使用过剩的教师资源也成为学校管理的重要问题之一。另外一个负面效应体现在,教师职业完全成为了一个新一代人无法从事的职业。第三个负面影响就是,降低了教师的工资水平。意大利教师的月收入在那时(现在仍然)比法国、德国、英国和西班牙的教师要低,产生这一现象的原因是教师每周的总课时只有在小学阶段才能达到正常的全日制课时。此外,在教师招聘形式上也出现了一些问题。教师招聘几乎仅仅是以教学时间及临时教师的年龄为参考依据,而很少考虑其所接受的实际培训和将来的教学工作质量。

也就是说,在这二十年里所执行的教师人事管理政策,主要特点是保证教师的"铁饭碗",因而缺少为促进职业化而采取的措施,无法有效评估实际教学工作中的优秀品质,无法将教师职业的多样化特色纳入考虑范围。教育事业发展减缓,加上低水平的薪资,还导致了教师职业受尊敬程度的降低。只有考虑到这些因素,我们才能理解教师旷工现象日益增加的原因。

尽管第 417/1974 号法令的第 7 条中有相应的规定,但幼儿教师和小学教师都没有受到合适的和相应的大学教育。所有教师的职业培训工作仍然差强人意。就 1974 年进行的小型改革中的需求以及此后在 1979 年、1985 年中小学改革中的需求而言,教师的在职进修问题成为这次改革中的首要需求。由于很多教师从业时的职业技能没有经过有效的审核,很多教师教育机构也并没有对教学技能和方法给予足够的重视,因此,造成了很大的不良影响。当然,需要认识到的是,在 20 世纪八九十年代,教师在职进修在学校范围内已是一种普遍的做法,积极参与各种活动的教师比例也相当令人满意。然而,教师在职进修的具体形式都过于传统,尤其是缺乏一种合适的规划和对于动机的适当促进、缺乏体制上和经济上适当的支持。

但是,在我们看来,仅仅考虑到对教师不满意的客观原因,并不能够解释1987 年教师学术基础委员会的抗议行为,因此还需要考虑到那些年间在教师团队中出现的认同危机感现象。教师并不全都属于一个相同的类型,在他们之间存在着绝对的差异性。这既包括教学理念的不同,也包括薪资水平的差异;既涉及权利问题,也涉及政治问题。这样的对立现象常常导致不同的职业群体之间出现分歧、一个职业群体支配另一个职业群体等现象。公众眼中的教师普遍形象并不总是能够代表整个教师团队。1970—1990 年这一时期,教师的形象表现为职业化,对于职业化的需求也占有最重要的地位;但同时还存在着另外一些不尽相同的、甚至是完全模糊的目标。在很多情况下,有些人开始要求薪资待遇同等化而不是按劳分配,并拒绝在教师团队中或在将代课教师列入编制时进行任何的资格审核。

为了解决教师问题,人们在 20 世纪 80 年代已经提出了一些明确的方法。幼儿园或小学教师在从业前应具有大学教育阶段的经历,并且应对所有教师加强教学技能和教学方法的培训。教师竞争上岗的机制仍应加以健全,同时还应加强第一年试用制。学校不仅应该招聘教师,还应该招聘给教师提供培训的人员。关于这方面的需求,我们需要引入"培训者的培训者"这一概念或教师培训领域专家的概念,而不能让其转化为"超级教授",从而引领全局或占据至高地位。所以,需要做的只是暂时减免其教学任务、发放特殊薪金。

在这一时期,另外一个没有解决的问题就是临时教师问题。尽管有第270/1982 号法令的相关规定,临时教师的情况没有之前那么严重,但这个问题仍显得非常紧迫。这并不只是一个应该留给公共教育部去解决的管理问题,而是与整个国家的劳动法规及政策相关联的。在当时以及之后的时间里,这个问题导致新的招聘趋势,也就是教师招聘偏向于需求更加急需的领域,同时也加强了对于教师的认识和对其能力的审核评估工作。人们需要的是可以明显起到刺激、促进以及区别对待作用的教师人事管理政策,这样的政策应十分强调职业化的重要性,促进教师自我学习和更新,在职业发展、工作时间以及作为教师需要的条件方面引入灵活的因素,但也应该避免为此设立一些专门的岗位、依赖部分和临时课时减免、采用激励手段和吸收志愿者等方法来解决问题。

(六)学校行政与管理

就像我们在本章一开始就提及的那样,在意大利的学校体系里,行政和管理的具体方法都源自 1859 年的《卡萨蒂法案》,而且,从那时起直到 20 世纪八九十年代,都具有一个最根本的特点:中央化特点(Fadiga Zanatta,1976;Gallo,1980;Martinez,1980;Pazzaglia,1988;Malizia,1988;Perna,1989;Romei,1995;Pajno,Chiosso e Bertagna,1997;Rapporto di base...1998;Versari,2002;Nanni,2003;Scotto di Luzio,2007)。但是,一直到第一次世界大战时期,中央行政的管理仍在官僚化和集体性之间摇摆不定。另外,在演进过程中的一个重要突破就是 1923 年的秦梯利改革,它全面扩大了政府部门的权利。1948 年《意大利宪法》的实施,近乎理想化地带来了彻底的转变。一方面,与中央集权的政府相比,地方和大区学校自治原则的有效性获得了保障;另一方面,学校体制建立在对自由、多样性以及创新一致性的选择的基础之上。不仅如此,在实际操作层面,20 世纪 60 年代初,公共教育部已扩展成为一个具有重要意义的宏观系统,尽管在 20 世纪七八十年代里这样的发展由于文化遗产部(1975 年)和大学部(1989 年)的成立而略受影响。此外,有关校务委员会(即在地区或单个机构层面的政府组织和教学管理机构)的第 477/1973 号法令使其获得了初步的行政自主权。同时,随着 1974 年政令(尤其是第 416/1974 号法令)的发布,教育行政管理体制中的参与者概念也发生了改变,学校管理不再被认为是单纯的国家管理性质,而校务委员会虽仍然是国有性质,但在学校管理层面更倾向于采用社会参与的形式。在最初几年的热情之后,不同教育行政管理机构的参与和运作方面都出现了危机,既表现在改革的内部限制上,也表现为全国范围的参与意识并不强。具体来说,出现了以下问题:校务委员会的实际权力有限;管理层和教师团队形成两头政治现象(教师团队通过人数优势和能力优势来控制一些新机制的运作);与实际相关者的参与程度相比,赋予权力机构的行政空间过大;对于不同的组织及个人的权限定义和划分情况不尽如人意;鼓励校内创新的手段缺乏。很多年来,议会都在讨论(直到现在仍在讨论)优化校务委员会,使其手续得到简化和手段得到控制,将更大的实权交给不同的组织并增加民主大会的次数,但并没有实际的结果。

与此同时,一种公共趋势也开始渐渐显露,公众一致为必须革新教育机构管理模式,因为这种管理模式几乎完全超越了社会的实际需求。在 20 世纪 80 年代遍布整个意大利的企业化思想也向学校发出了挑战,即向新的教育培训体制的过渡,也就是向以教育过程的个性化需求、教育服务的多样化以及从中央化为特点的教育培训体制的过渡,使管理成为了一种进行革新的特殊工具。

20 世纪 70—80 年代的经验教训,呈现出承担了过多管理角色的公共教育部不能胜任进行规划和管理的职责。同时,将管理、规划及监控的重任放在了一个部门之下使得教育机构的领导及教师持有一种不负责任和临时观点及态度。另外,个别机构的组织管理体制常常表现为一个"封闭"的体制,不够重视与外界和周围环境间的关系。此外,经常会出现那些传统官僚式的偏见和逻辑,也就是说,更加注重形式化而不是那些更实在和更可行的方面。

还有,教师在个人表现方面缺乏规范性,有时也会对学校的管理层造成"分裂性"的影响(Romei,1995)。这是由于教师对于教学自由的理解错误所造成的。很多教师并没有为学校服务,而是将学校视为一种工具,与学生之间进行几乎完全个人化的教学互动。在这样的情况下,个别机构常常无法通过深思熟虑来确立培训体制的方向,学校行为也显得非常随意性,没有能力采取自身管理措施或通过一个统一的项目与外界社会进行互动。最后,根据观察表明,由于从属于中央政府的缘故,因此,学校并没有很好地发挥它的能动性、以企业化的形式赢得公众的认同并获得成功。

为了解决上面所提到的这些问题,人们至今仍在寻找合适的方法(这些便是本章所谈及的时间段之后所采取的措施),而解决方法主要体现在认同学校的自主权具体包括教育、组织管理、财政、教学、教学方法等方面的自主权。一场关于教育管理体制方面的改革迫在眉睫,应该依据中心与外围、中央与地方之间相互区分和互补的原则重新分配不同任务。正如口有的号所说的:"将行政管理中央化,将决策权地方化"(Pazzaglia et alii,1998)。同时,人们着重指出,重新审视学校行政层面的工作应该与一种管理的趋势相结合,这种趋势可以促进体制的计划性的常规操作,并在教育系统中引入市场元素,加强学校管理者从业前和从业中的培训工作。

(七)非公立学校

非公立学校的情况也是一个值得讨论的问题。

从意大利统一后开始的 50 年间(大致为 1861 年意大利统一到 1914 年第一次世界大战开始),在教育领域内国家占垄断地位,公共机构被赋予了提供教育、实施管理、审核教育培训体制的职责（Mautino，1981；Gozzer，1986；Chiosso，1992；Malizia e Cicatelli，2008）。法西斯政府关于非公立学校的政策在两种相互冲突的路线之间摇摆：一方面高度赞扬国家道德，认为它是公共道德的来源、推进者和担保者（这里的公共道德指一般意义上以及特别是通过国家教育体制从一代传给下一代的道德价值观念）；另一方面强调了法西斯体制的自由化。1923 年的秦梯利改革，具体说是第 86/42 号法令确定了非公立学校的合法性，条件是只要它符合公立学校（"同等性质"学校）的教学计划，在计划、课时以及教师资格和能力方面的总体规定都与公立学校一致。

1948 年颁布的《意大利宪法》将意大利教育体制带入了一个新的框架之中（Garancini，1985；Dalla Torre，1999）。关于学校的规定的目的在于在社会多样化理念中进行推动个人的全面发展，这些规定的在与促使个体成熟的社区活动、社会教育、尤其是家庭教育的紧密联系中发挥其作用。这是通过民主和自由的原则实现的，包括三个最主要的方面：教育的权利，教学自由的权利以及学校创新活动的权利。除外，其内容还包括国家行为和个人创新活动之间的互相结合。

有争议的方面体现在《意大利宪法》第 33 条第 3 款上。根据该条款，机构与私人都有权开办无需国家负担的学校和教育机构。关于该条款的解释大致可以分成三个基本方面：其一，有些人认为，该条款的意义非常明显，虽然现在已认可了建立非公立学校的权利，但国家并不为其供给财政支持，最多只能考虑在签署协议或是真正需要由私立学校起到替代公立学校的作用时可以考虑财政资助。其二，有些人认为，该条款的意图只是简单地排除私人在开办学校和教育机构寻求国家资助的权利，但并不禁止国家对非公立教育机构提供资助。其三，还有些人认为，该条款的规定与宪法中其他关于学校的法律规定相悖，因此这方面的限制可能仅仅与纯粹的私人机构相关联，指的是那种真正的以盈利为目的的商业机构，而不是可以为公众服务的同等性质学校。因为宪法第 33 条外的另一项条款对此也有所规定。

无论如何，宪法构建了一场改革的基础，即关于为非公立学校进行立法的巨大改革。从第二次世界大战后开始，人们提出了无数的法案框架、草稿和提议，但直到整个 20 世纪 80 年代（还包括 90 年代大部分时间），都没有任何一个法案在议会里被认真地讨论过。换句话说，宪法条文中的真正含义并没有被付诸实施，尽管 1958 年宪法法院曾对此进行过催促。《意大利宪法》第 33 条第 3 款缺少具体内容，也许并不应该在对"无需国家负担"的字面解释上去寻找原因，而应该在互不相同且相互矛盾的政治和文化理念中去找寻答案。

考虑到意大利教育框架中已涵盖了非公立学校，一个十分惊人的事实就是非公立学校的学生数量与其他欧洲国家相比非常有限。在 20 世纪 70 年代经历过一个相对的增长后，到 80 年代时，小学和初中阶段的学生人数呈现稳定状态，幼儿园入园人数及高中阶段学生人数略微减少。小学为 7.7% ~ 7.8%，初中 4.5% ~ 4.6%。1986—1987 学年，非公立幼儿园入园人数第一次降为 49.9%，而高中阶段学生人数为 9.7%，与 1981—1982 学年相比下降了 1.6%。地域分布方面的数据也呈分散性，一般讲意大利西北部地区学生人数较多，南部地区稍逊。总的来说，尽管非公立学校在小城市中心也有，但主要集中在大城市里。学生的分布数量也因学校管理者的不同而变化，由宗教组织管理的学校占主流地位（1986—1987 学年占非公立学校总数的 53.5%），其后是世俗组织管理的学校（22.3%，在高中阶段占 40.6%）、地方机构管理的学校（19%，幼儿园占近 30%）以及公共组织管理的学校（5.1%）。

根据 20 世纪 80 年代初开展的一项调查，假设进入非公立学校学习可免学费或退还费用的话，意大利当时已选择公立学校的家庭中很大一部分都会转非公立学校。这个数据显现出在选择非公立学校时的一个重要因素，即费用问题（Bencini，1982）。这项调查还显示，非公立学校环境内通常没有来自政治意识形态方面的压力，同时人们并不认为非公立学校像传统意义上为富人所开设的学校（这种观点在公众观念及大众媒体层面还是相当普遍的）。尤其是在幼儿园和义务教育阶段，非公立学校和其他的学校在功能方面没有什么不同。

问题最突出的方面在于，意大利对教育的自由权（人类最基本的权利之一）只是纯粹形式上的认可，这与最近国际范围的教育政策趋势以及当今意大利教育发展的新趋势相冲突（Malizia e Cicatelli，2008）。在继续教育和终身教育模式下，平等性原则应该被视为一种工具，一种被社会用来在公立学校和不以盈利为目的的非公立学校之间建立合作的工具，而社会应该努力强调所有具有教育目的的机构的价值。与其他欧盟国家的情况相比，意大利的情况有点反常。其他欧盟国家中教育机构的选择自由权得到了保障，同时也在经济方面确保了公立学校和非公立学校之间的平等性。即使我们的教育系统日益发展扩大，但仍需要打破公立性质和非公立性质的创新活动之间的对立状态，并确立统一化的发展战略，促进建成更好的国家教育体制。但是，在我们所提到的这个历史时期（1970—1990），这个目标还没有能够实现。

结　语

正如我们一开始所说的，并且随着本章的分析和思考而渐渐被大家所理解的那样，意大利的教育体制从一开始便经历了一段并不轻松的发展历程。当然，由于民主制度以及意大利宪法的原则和价值观，在法西斯统治及第二次世界大战结束之后，这种教育体制也获得了很大的发展。在随后的几十年里，意大利学校的发展与意大利社会、经济、政治和文化兴衰紧密相连，它们共同经历了第二次世界大战后、20 世纪 60 年代的经济腾飞、60—70 年代间的经济危机以及八九十年代各种有关创新的提议和举措。

在对意大利教育培训发展分析的同时，也留下了一些没有解决的问题，这些问题抑制了刚开始实施解决的举措，或者仍有待去解决。

在下面的章节里，我们将关注之后的意大利教育发展，以及与世界经济危机、文化变化和技术结构更新之间的联系。这些是全世界最近二十年来的主要特点。如果说这些让西方世界开始谈论其现代化的危机或后现代、超现代的危机，那么在国际和世界范围内则出现了对全球化、知识社会以及信息时代的讨论。

第二部分　教育改革的十年

第三章　贝林格改革[*]

在我们身处的这个时代,无论是世界范围(联合国教科文组织)还是欧洲范围(欧盟)内的种种国际关系都不约而同地反映出一个要点,即当今处于工业化国家中的学校与其承担的传统功能面临着极为多样的大环境,包括知识和信息社会、复杂社会、多元文化社会以及世界化、全球化进程[1](Delors et alii,1996;Cresson e Flynn,1995;Augenti,1998;Nanni,2000b;Malizia e Nanni,2001)。在意大利也出现了新的教育需求,人们试图重新规划教育培训体系的框架,以更为具体的措施来应对这些新的需求。这场教育改革的发令枪是由中左派政府教育部长路易吉·贝林格(Luigi Berlinguer)颁布的第30/2000号法案打响的。此外,其他的重要法令也为教育改革作出了极大的贡献,这将在下面予以阐述。

第一节　改革的紧迫性

在阐述教育和培训体制改革的时候,仅仅对能够展现改革特点的原则进行阐述和讨论是不够的。事实上,这场改革不仅涉及如何解决阻碍学校和职业培训机构充分发挥其功能的问题,而且还涉及如何满足一个文明社会及其社会成员对教育的需求问题。因此,在阐述教育改革的紧迫性之前,我们将先就国家的需求和青年的需求这两个方面进行阐述。

一、社会体制的光明和阴影

我们先来谈谈社会体制光明的一面。首先要提到的是 20 世纪末几十年间社会经历的翻巨大变革,这些变革使得意大利成为公众发展典范(Malizia,1995;Censis,1991)。这里要强调的第一股潮流就是社会主体和公众行为多

---

*本章参考自以下著作:G. Malizia e C. Nanni (2001), Il riordino dei cicli: una difficile attuazione, in: Orientamenti Pedagogici, vol. 48, n. 2, pp. 190 - 215.

元化的迅速发展,使意大利从一个以农业为主导的、文明的和政治架构呈纵向金字塔排列的社会,向一个社会权力分散化(尽管还存在一些当权者坚持社会权力由少部分人掌控、实行等级制和集中制等情况)、愈加充满活力、社会成员的关系趋向横向和民主的社会转变。从这个意义上来说,我们可以将这一社会形态简要地概括为"开放的社会"。改革进程开始规律化,这种进程不是自上而下的统一规划,也不是首脑决策和计划的产物,而是在顺应社会和生活水平的发展规律以及社会各阶层不断增长的自主性的环境下而产生的。

因此,在这种情况下,意大利成为了一个复杂的社会社会成员数目庞大、形形色色,怎样去推动他们,给他们创新的动力,以及处理他们之间矛盾重重的社会关系都值得一提。从宏观结构来分析,不同阶层、个体、社会团体之间的相互联系以愈加丰富且差异化的形式凸显出来。所以,要绘制一幅统一的社会版图是完全不可能的或者几乎不可能的。在微观层面上可以体会到个人的认知、甄选和控制能力与社会体系的这些能力之间的差异。与此同时,在宏观层面上,由于无法总体上去把握发展和规划的趋势,使得对形势的掌控和进行准确的预见,以及制定经济、政治、经济和文化方面的干预计划都变得非常困难。

近二十年来,意大利社会生活的另一个特点是,对于普遍的、不变的模式的认同感开始下降。文化不再像传统的概念那样是一个有机的整体,而是向着"系列化的文化构成"转变。它们被一种动力相互牵引着,却缺乏连贯性和秩序性,其所遵循的模式未必和谐一致(如果还不至于相互矛盾的话),其主体受到所处时代的推动力量和流行趋势的影响。从各方面来看,可以将这种文化现象称为"碎片文化",而当今西方社会更为流行的一种说法则是"流动性"的文化——参照社会学家鲍曼(Bauman)2006年所创造的流行术语——其特色在于发展进程的深刻性,流动及沟通和联系的动力的主导性,以及政策和整顿上的即时性。社会现象应有的特性就是这种更替和动力,而不是连贯和稳固性。即时性之后出现的则是可逆性,曾经被人们认为是一生都无法改变的一些基本选择,现今已不再被认为必定是一成不变的。此外,人们将注意力集中在日常生活上,对未来的忧虑、对规划的热忱、对个人和人性的发展的关注都降低了。与此相应的,人们对过去、对历史的记忆衰退,过去所取得的文化和社会遗产的力量也逐渐减弱。造成这一局面的真正原因是人们过于自我、只重视个人利益,在行为处事上则表现为只考虑个人和现在。

"自我实现"成为每个人的首要目标,这种价值观已经渗透到所有人的心中。一切努力的中心就是实现个人目标或是一个极为亲近的团体中其他成员的目标,这被称作"狭义的社会性",这种现象在年轻人中尤为明显,而共同目标的实现则必须依附于个人目标的实现。

"A 中心"(A-centrica)是复杂社会的另一个特征,它在意大利也越来越凸显。"A 中心"就是用多个中心取代单一中心,这些中心和其他无数个中心相比,可能本身也只能算"外围"。如果从微观上思考这一现象,可以发现,人们将很难找到一个有机的、统一的、连贯的、有序的参照体系,以便全方位地审视自我。

我们接着论及社会体制阴影的一面。近几十年来,意大利社会已经达到或正在达到的一些正面指标似乎使我们从某种角度忽略了 20 世纪 90 年代初期的一些重要情况。正如前一章所强调的,长时期的发展陷入停滞状态。社会主体、社会进程和社会行为均处于一种超负荷状态,各种物质、意识形态的扩张毫无规律可言,与其说是战略性发展,不如称其为单纯的膨胀。与此同时,在创新和质量控制方面的新的危机也不断发生:想象力和创造力有所衰退,而且近几十年来已面临瓶颈。国家调控也出现异常,一方面是因为无法控制的成本上升,另一方面是因为其影响力和成效都大幅下降。最严重的危机则体现在工作上:失业率从 1993 年第一季度的 9.4% 上升到第三季度的 10.3%,到 1994 年 7 月则达到了 11.1%;此外,失业人口主要集中在南方地区,失业率 18%,而北方地区是 6.7% 和中部地区是 8% 以及青年群体(25.3%)和女性(31.3%)。①

在道德层面上也出现了四个问题:个人主义;大量行为的合法性仅流于表面;目光短浅,只重眼前,道德观念缺失。在这种政治—社会背景下,人们为了绝对捍卫自己当前的幸福生活不受侵犯而选择集体反对的情况越来越多,并拒绝任何可能会影响自身利益的、以互惠互利为宗旨的交换行为。此外,国家也面临着许多严峻的问题,例如,政治腐败、传统政党垮台、体制革新、不同政党的理念出现交集且利益互相交织(有时是违背道德标准的灰色利益),国内不同团体之间也开始争斗,并出现政治上的倒戈。从 1993 年开始,一个由意大利效率主义者和进步人士所组成的"新资产阶级"登上了历史舞台,与其并行的还有 1994 年出现的由基层力量所组成的"民众主义"阶级。这在某种程度上造成了小资产阶级的恐慌,他们开始害怕失去相对富裕的社会地位,因此,将愤怒发泄在与非欧盟国家公民的对抗和对政治和社会生活的漠不关心

---

① 如无特别注明,统计数据均来源于森西斯(Censis)关于国家社会状况的报告。

上。这是两种不同的文化，但都有模棱两可的弊病。这有可能会造成两种极端化的结果，或者两边都出现缺乏公正性的效率退化现象，或者两边联合并树立起强有力的团结协作精神（Censis，1993 e 1994）。

另外值得一提的是，意大利自1993开始走上了一条经济—社会的复兴之路（Censis，1993）。此外，1998年的就业形势得到了令人欣喜的扭转，就业率终于开始上升，失业率相对下降（Censis，2003 e 2006）。的确，意大利是一个"充满意外"的国家，总有各种思想形态、组织机构和政党派系范围外的事件出人意料地影响着局势。（Eurispes，1994）经济在20世纪90年代中期出现复苏迹象，但却受到了2001年在美国发生的9·11事件和最近的2008年全球金融危机的影响。

二、青年的现状

如今意大利的青年属于"数量上弱势一代"。众所周知，意大利人口结构面临迅速的老龄化，青年不再是数量上占主导的年龄群（Malizia et alii，2007）。然而，也许因为从客观上来讲，青年将主宰国家的未来（现在这一群体已为数不多）；或是因为还在利用前几代人带来的影响（即所谓的第二次世界大战后"婴儿潮"一代，这一代青年人树立了主人翁观念，并成为成人世界的一种典范），青年依然是社会、市场和潮流所关注的焦点。

如果说，过去的青年都像一个模子里刻出来的，或者至少可以用这种说法去试图描述他们，但各种调查结果表明，今天的青年一代似乎是问题重重、十分复杂、缺乏共性且非常难以捉摸的研究对象（Garelli，2007；Cartocci，2002；Fondazione per la Scuola-Iard，2005；Ministero del Lavoro e delle Politiche Sociali，2006；Garelli，Palmonari e Sciolla，2006；Grassi，2006；Eurispes，2006；Buzzi，Cavalli e De Lillo，2007）。对今天的青年一代的审视，尤其是来自成年人的看法，经常显得有失偏颇，且有局限性。这不仅和我们必须不断探究的世界多元化有关，而且也因为这一切的变革都过于迅速了，即使最新的调查也会有过时的可能性。

（一）现状的特征：青年与价值

青年是一个复杂的群体，成人和科学研究都感到很难去诠释这种复杂性。在理论思考的层面上，人们从强调青年的神奇性开始，半个世纪以后宣称青年人的终结是社会的主体，同时青年一代被称为"X一代"、"不可见的一代"、"无一代"（即无身份、无感情、无价值、无责任感、无时间、无工作等），他们在本质上与奉行个人消费主义的成年人有相似之处。最近,他们又被贴上了诸如"全球化的儿女"、"媒体的儿女"、"床一族"(即成天窝在房间里足不出户、只用新的通信技术和交流方式与外界联系的一族,这一现象自手机普及之日起变得尤为明显)之类的标签。

青年肩负着社会变革的重任,近年来也被寄予很高的期望。然而,这些都不足以唤起当代青年高昂的兴致。他们习惯性地拖延进入成人世界和职业界的步伐,即所谓的"青春期延长"。青年似乎不具备承担和进行重大变革的能力,他们不会挑战既有的权势,不愿意罢工,也不与父母和老师产生冲突。值得注意的是,人们对这种"青年远离政治"的现象(成人世界的术语)给予了两种不同的理解:有人将其视作 20 世纪 80 年代大量出现的逆反个体长期演变的后果,如同 1968 年的思想意识紧张和动荡不安的局势所造成的影响;而另一种说法是,这也有人将其视作一种从建立在社会归属和参与政党基础上的政治向个性特色化政治的过渡,新一代的通信技术使之成为可能,正是它们创建了风靡全球的"博客"、"虚拟论坛"、"电子社区"等。

近几十年来,意大利明显的出生率下降造就了"独生子女一代",其父母经常向他们灌输六七十年代自身长期存在的梦想和期待破灭的失望,还有对未来的担忧和恐惧。事实上,和青年接触最多的成人世界主要是由父母、教师和教授组成,而这些人大都经历过那个短暂的时期,经历了从极度的振奋人心到极度的幻想破灭。更何况,独生子女没有兄弟姐妹,没有对象交流,无法与他人分享成长过程中的喜怒哀乐。最后要说的是,这一代人成长在教师危机的阴影下,对一切都"不抱幻想"。尽管如此,我们也不能完全将他们的特点归结为"不积极";恰恰相反,他们中的大部分人积极参与社会交往和服务团体,但基本局限在朋友圈和日常生活领域内,然而对社会动员或是政党"口号"的贯彻却不甚主动。

年轻人中风行的实用主义思想使他们在这种意识形态下不会出现过多的理想和幻想,这似乎主导了他们全部的行为和想法。这种根深蒂固的态度使得他们只注重眼前和日常生活,缺乏高瞻远瞩的意识和推动整个人类社会进步发展的责任感。

另外,"短时记忆"在年轻人中也表现得颇为明显。他们对历史和过去的社会都不太感兴趣,缺乏扎实的文化底蕴。更深层来地看,许多年轻人都不能满怀激情地从事文化活动、重视方法的和深入性的工作以及一般的理论工作。

对建设未来进行高谈阔论已经不能唤起年轻一代的兴致,也无法强有力地激发他们的创造力。但是,在如何逾越眼前和即将发生的困难方面,年轻一代则大不一样。在这方面,年轻人简直就是"灵活"艺术的大师,在应对当前需求时表现得得心应手,能自如地克服即时的障碍。他们会出于工作和义务的需要静下心来从事高强度的研究直到精疲力竭,其中表现出的创造力、创业精神、责任感、主动精神和团结协作意识都令人赞叹。

这一系列表现都伴随着一种趋势,即尽可能逃避作出确定的选择。一些基本的选择曾经被人们认为是一生都无法改变的,但现今已不再如此。在情感层面上,这一点表现得尤为明显。许多青年愿意在婚姻基础上构建家庭,但也有许多青年趋向于采取同居模式。这是公共意识愈加薄弱的大环境的一个明显标志,也代表了潮流文化的一方面。与物质条件、儿女问题和性满意度相比,表达与沟通(相互尊重、相互忠诚、彼此接受与分享)才是两性关系的轴心。这表明忠诚的概念已经从人本身转移到相互关系的重要意义上。保持忠诚的期限也不再强调是长期的和确定的。人们将结合视作与一个特定的人共度人生的状态,但这仅限于努力过好现在而不是考虑将来。

当代青年现状中的另一个显著特征,则是愈加强烈的冒险和叛逆精神。年轻人渴望打开单调沉闷的日常生活的枷锁,以期通过多姿多彩的全新体验来平衡日常生活的灰色与单调。换句话说,对于那些希望通过广阔空间来实现自我价值的年轻人或者对于那些在团体和伙伴关系中难以找到集体归属感的年轻人来说,墨守成规就是一种障碍。与其说青年人喜欢违反常规,不如说这是一种在情感上的探索和拓宽视野的举动。青年人通过新体验的不断刺激,突破极限和法规的束缚,获得一种全新的需要和愿望的实现及其满足感。

(二)家庭和朋友

在我们面前展开的这幅画卷如此堪忧而矛盾,从它发出的矛盾信号中可以读出与我们息息相关的重大意义。特别是在最近几年,一大部分意大利青年曾经强烈地批判初级的社会制度,但在经历了叛逆期之后,却流露出对于"家庭价值"的弥补之意。父母和儿女似乎重新找回了新的平衡关系(这也合乎现实和在情理之中)。家庭的地位再次得到稳固,被视作稳定的关系和情感的归宿。社会制度得到年轻人充分的肯定和信赖。

尽管父母和儿女在一些深层问题上存在着代沟,也不乏沟通障碍,但绝大部分情况下这些差异和困难不会造成剑拔弩张的紧张局面。相反,总体而言,家庭依然被当作一个避风港,家庭氛围兼有包容和理解,并不要求青年在家中度过大部分时间,或者与父母一起探讨他们的决定。这种进程可以用"灵活社会化"(socializzazione flessibile)这一术语来形容,指的是不再一味坚持成年人的权威地位，而是在互利、对话以及对自身、他人、个人、集体等状况的现实认知基础上建立一个互动的过程。

除了家庭之外，另一个青年非常重视的群体便是朋友。青年人和朋友们特别能打成一片，建立和巩固更为重要的关系。青年男女对朋友给予最大程度的信任，也倾注了很多感情。然而，大多数青年趋向于和具有相当教育程度、文化水平、价值观和社会来源的人交朋友。这种交朋友的过程不是以政治或宗教观点、品位和利益来决定的。因此，成为朋友更偏向于一种外在相似的集合，而不是内在共性的聚集。这也为青年人留下了广阔的空间去充分展示他们的个性和特质，尽管我们无法否认必要的文化共性的存在。

青年对家庭和朋友的偏爱使得强调"狭义社会性"的学者充满信心。在现今这样一个复杂的社会里，机遇和经历呈现多样化态势，青年不得不在他们所处的环境里去寻找一个平衡点，以获得自己内心的安宁。

另外还需提到的是，对于青年人而言（也对于成年人的生活模式而言），许多令人兴奋的事情和大量的表达方式是在交往频繁的互联网和电信网络的使用中孕育而生的。这促使了"虚拟"关系的产生，而这种关系突破了生理、文化、友谊、地域和国际等因素造成的隔阂。

（三）学校

家庭和学校之间的关系也很成问题。这种关系变得非常薄弱，两者之间的沟通越来越少，沟通的方式也变得越来越不重要。家庭教育和学校教育并没有被整合起来，而是越来越多地出现部分差异、甚至完全不相干的现象。学校教育根本没有跟着家庭教育的步伐，而是或时不时地与家庭教育背道而驰，或是为了捍卫自己的角色而抵御家庭教育的进入。尽管在规章制度上不断有新的举措，但两者之间的协调并未得到改善。因此，当务之急就是如何填补家庭—学校之间连续教育的空白，其很多方面要求在充分承认政治上所给予的"家庭教育自由是全体公民所享有的权利"上能找到对应点。若是没有这一点，家庭很难真正参与到学校教育中去，从而会给教育方案的实施带来难度，难免使学生迷失方向，并使教育信息变得具有相对性，以及使学生对价值观、政治和民主漠不关心。

与家庭和朋友相比较而言，青年和学校的关系显得更为紧张。大部分学生对他们的学校生涯总体持正面评价。具体来说，最近的一些调查结果表明，相当多的学生肯定学校在一些方面的教育成果。其中，主要涉及文化底蕴的培养，而不是科学技术的授予。与公民价值教育相比，强调关系培养和个人发展的教学方案更能得到学生的青睐。学生对教师的评价则相对负面,仅对少数教师有良好评价。

说到已经存在的无法完成学业的问题,尽管 2000 年的学生情况较为乐观,但仍不能认为已经完全达到了教育系统的要求目标。在各个教育层面上重修、不及格和辍学等问题依然普遍。不少学生的求学之路走得颇为曲折,缺乏持续性和连贯性。只要举出其中一个例子就能说明。2006 年,在 18～24 岁年龄段的学生中,意大利的辍学人数达到了 20.8%,而整个欧洲的平均比例仅为 15.3%(欧共体委员会,2007,p. 31)。

在社会对教育的需求这一问题上,也持续出现这样的情况。教育资源和文化资源的分配不再均等,因而造成教育发挥其作用的能力的分化。这对青年学生中的弱势群体不太有利。其原因是多方面的,但主要还是由于家境的贫寒——他们只能借助有限的资源,无论是对教育资源的选择还是购买力都受到约束。

(四)青年与宗教

总的来说,无神论和不可知论在意大利青年中处于边缘地位,非基督教成员的状况也一样。绝大部分人忠于意大利的传统礼教,基本上信仰基督教、尤其是天主教。尽管如此,实际情况并非如此令人放心,因为世界是丰富而多元的,人类的忧虑和希望可以出于多种原因。人们必须认识到,天主教会可以吸纳较为固定的新生代教徒,至少是十四五岁以下的年轻人。然而一旦过了这个年龄,就有不少青年在面临与初级的社会阶段的观念不完全一致的情况下,趋向于自主选择。在遵循教会信仰的过程中,新生代教徒主要分为两个部分:一部人充满活力地坚持对教会必需的虔诚信仰;另一部分人则被教会主张的教义严重束缚,特别是涉及性道德或是教条式的教会礼拜仪式。

这些态度有助于我们理解年轻人为什么愿意信仰宗教,但这种信仰却是相对的,也就是说不必再刻意提及救赎的道理。青年人有信仰宗教的意愿,但对教会的激进主义持有冷漠态度,并对教会的组织形式持有不信任的态度。

宗教多元论在意大利非常广泛,它的各种表现形式非常不同。在这些表现形式中,一种主流的宗教性得以实现。正如上面所强调的那样,大部分年轻人无法持续而忠诚地遵循教会所提倡的宗教生活模式。同时,与之相对应的,小部分年轻人依旧表现出对传统教义的赞同和忠诚,至少以一种含蓄的方式帮助维系和传承意大利的天主教"文化"。

三、教育体制内部的改革需求

正如上一章所述,意大利对教育改革必要性的探讨已经持续了 50 年
(Rapporto di base...1998;Malizia e Nanni,1998,2001,2002)。自 20 世纪中
叶开始,教育培训体制的诸多弊端已经浮现出来,主要表现为无法适应家庭生
活、生产社会、社会—文化迅速发展和深层变革的需求。六七十年代,教育改
革已被列入政府政策所制定的目标。80 年代,中学改革首先被提出,但未能
制定出获得议会两院一致认可的方案。90 年代,公众逐渐认识到,只在教育
的某个层面上进行改革是不能解决根本问题的,需要对整个教育培训体制重
新定义。

具体来说,对新制度的需求来源于对现有体制的批判和对社会变革的认
识。由于社会改革进程加速、一些传统职业被逐渐废除和失业现象加剧而相
继造成的影响,因此使得教育改革成为当务之急,必须用注重能力和方法培养
的新思维取代传统的教育模式。

与此同时,加强普通文化教育也显得愈加必要。当今社会(不仅仅是意大
利)要求人们具备应对不可预知的变化和熟练掌控复杂局势的能力,这是应对
社会情况、地理文化环境、物质和技术等日益增长的多样性所必需的,人们处
在大量碎片信息和不连贯信息的轰炸之下,而这些信息会导致大量片面的理
解和分析。面对这些情况,普通文化教育被视作开启世界智慧之门的钥匙,它
有助于把握事物的主旨、用创新的方式去理解以及对事物、时间、人类、环境、
发展等具备评价能力。

以上这些教育战略都趋于减弱传统教育概念的分量,致力于培养年轻人
正确分析和适应现实,作出有意识的决定,承担宪法和国际声明中(被公认的
参照体系)关于人权和相关范围内的责任。与之相对应的是,减少传授既定的
知识,将教育目标转向培养学会学习的能力,以及选择、合作和解决问题的能
力。这正是 1996 年《克莱森报告》和 1996 年《德洛尔报告》中所提及的"二十
一世纪的教育"。众所周知,一个国家的发展并不是依靠小部分精英,而是应
建立在全民文化素质和职业技能的提高之上。

在这样的大背景下,从意大利公众的意见来看,在 20 世纪的最后几年里,
教育迫切需要走出自我封闭的局面,走进"联系"的网络中,而在"联系"网中首
当其冲的就是与企业以及逐渐与学校教育享有平等地位的职业培训体系之间
的联系。

除了与职业培训和工作相联系,在那几年里,学校改革还表现为必须根据

宪法中对于"人"这一概念的阐述,满足个人发展与社会—政治方面的不可违背的需求。宪法对人的概念的阐述是:"共和国"同时由作为人的公民和劳动者的成员组成。宪法第三条还特别指出,要实现"人格充分发展"和"将阻止公民融入国家生活的障碍加以清除"。因此,学校成为实现这些宪法目标的必经之路。

此外,现在我们处在复杂而多变的历史时刻,这要求教育能够帮助新生代青年作出维护崇高人格的个人和集体的决策。随着日新月异的科学技术发展以及国际化,教育也越来越开放,越来越紧密地与欧洲、国际全球政治、生产以及市场相联系。对于切实有效地构建一个民主、和平的社会来说,需要对城镇居民实施适当的教育,培养对信息的分析、控制和创新发展的能力,使他们有意识、积极负责和持续地充分参与到公共生活中去,克服被动的随波逐流的想法以及褊狭的意识形态的压迫。

更直接地说,教育改革还在于改善公共教育体系中各学校层面之间的衔接,缓和现今高中普遍存在的学科划分过细和过于严格的问题,使公共教育不仅能和大学、职场和不同职业相配合,而且能与人们生活的不同的文化环境相适应。这些不同的文化环境主要表现在以下一些完全对立的情况中:开始重现的文盲现象和愈加清晰的对终身教育的需求之间、经济和社会生活上存在巨大差异的南北部地区和北部地区之间、一代人和另一代人之间、不断增长的发展和新的贫穷现象之间,艰难而缓慢的整合和新的排他现象之间的差异。

在某种意义上,学校是一个社会各界交流和碰撞的平台,承担满足不同的需求以及协调社会差异的重要任务。它以自身特有的方式来完成这些使命,即教学、培训和教育。

第二节　自主权的提出

20世纪末,特别是在意大利,国家统筹模式逐渐实现了向国家保障—促进模式的转变(Romei, 1995; Pajno, Chiosso e Bertagna, 1997; Rapporto di base... 1998; Malizia e Nanni, 1998, 2001 e 2002; Versari, 2002)。在20世纪80年代初期,国家统筹模式与其辅助模式——国家福利一起陷入了危机。国家在社会救济领域中的扩张过于迅速,已经无法由民众缴纳的社会保障金来实现全面覆盖,由此引发了严重的财政问题。从管理角度来看,铺张浪费、效率低下、官僚主义和结党营私等问题愈加严重。社会的国有化也在其集体生活这一根源上表现出负面效应:生活的创造和创新能力被抑制,人们在如何满足自身的基本需求这一问题上推卸责任；与此同时，"个人主义"的需求不断增长，这主要表现在对世界范围内的商品的获得和消费追求上。

国家的新的角色更大程度上是民众基本需求的担保人，而不再主要是管理人。只是辅助方面，它还承担管理角色。换句话说，国家更多的是担保者和促进者的身份。同时，社会福利也不应该再由国家全权统筹，而应该从原本由国家掏腰包实行的福利或服务计划转变为由公民、个人和社会团体自发筹资、自发建立、自发管理，国家只提供一定的支持和保障。

因此，传统的国家—市场、国有—私有等两分法被摒弃，取而代之的是引入了"第三产业"或"社会—个人—企业"的三元论概念。这里有一点是值得注意的，我们把"第三产业"或"社会—个人—企业"定义为由私人建立的、以社会服务为宗旨的、非盈利性的一切生产和服务活动的总称。对此，国家不仅要对其支持，而且要在政策上对其进行有效促的进和推动。

"补助政策"具有特别重要的双重意义。从纵向而言，它涉及政府和地方机构的关系；从横向而言，它涉及社会团体之间、公共机构和私立机构之间的关系。

新的国家角色在政府层面上为公共事业发展打下了扎实的基础，尤其是在教育体系（具体来说就是学校机构）自主权的拓展方面。这一角色的引入，无论在管理公共事务方面，还是在教育层面上都有其内在的合法性。事实上，自主权使得学校个体能够在教育元素（教师、父母和学生）享有自由的基础上自主地开展教育活动，从而更为有效地满足青年的教育需求。此外，还能针对当地需求的特色，开设相应的教育机构以便更敏锐、更准确地了解地方的教育需求，并及时给出回应。如何提高教育质量是目前所有教育体系中的一个核心问题，而自主权的拓展则为激发从基层开始的创新注入了一剂强心针，也就是说，人与公民这一"联合体"见证了自己的教育目标在具体的教育活动（这里指学校教育）中得到落实。

选择自主权也符合当今欧盟国家的共同发展方向。在经历了对自上而下的全局改革的失望后，在20世纪70年代，创新历程的关键点转到了学校的具体情况、教育机构的教育计划以及从基层开始的创新上。这不仅是为了能够迅速应对教育需求，而且是为了促使教师参与到这场创新的变革之中，通过亲自参与创新、参与决策和参与实施，使每个教师都能感受到自身的贡献。

教育体系自主权的核心则基于规划能力，每所学校都必须有能力制定自己的教育计划，从中反映出自己的特色和教育思想。因此，需要给予学校在教育、组织、财务、实验和科研等方面相应的自主权。

以上政策都在第 59/1997 号法案，即《巴萨尼尼法案》（*Legge Bassanini*）中得到了保障。这个法案以公共职能部部长佛朗科·巴萨尼尼（Franco Bassanini）的名字命名，其完整的名称为《政府关于公共行政改革和行政精简问题对大区和地方机构授权职能和义务的委任法案》。《巴萨尼尼法案》宣告了一场大规模的改革，意大利政府开始把大量的职能直接授权予大区和其他地方机构，其中也包括教育机构。例如，第 21 条"学校自主权"中规定，"为了充分实现学校服务灵活性、多样性、效率和有效性，整合并更好地利用资源和机构，引入创新技术，与地方实际情况相协调"，因此，该法案的"目标是实现国家教育体系的大方向，也就是尊重教育自由，尊重家庭的教育选择自由，也就是尊重学习的权利，强调教育方法、手段、组织和教育时间等计划的自由选择权……"

此外，第 275/1999 号《学校机构自主条例》由公共教育部长路易吉·贝林格提出。在第 1 条和第 2 条中再一次指出自主权是自由和多元化的保障，具体落实到"为了个人发展、适应不同背景、符合家庭需求和体现参与者特色的教育培训活动的规划和实施中（我们给以补充：其评价、评估和重新分配中）"。

以上两份文件已经明确了组织、管理、财务以及教育、教学、实验、科研等方面的自主权。而宪法修正案第 5 条（2001 年 10 月 18 日通过的第 3 号宪法法案）规定了国家和大区平行立法的内容（第 3 款第 117 条），其中包括教育，以及正式承认了学校机构的自主权："与以下相关的是平行立法的内容：……教育，学校机构享有的自主权不包括在内，且不包括职业教育培训"。学校机构的自主地位第一次被宪法正式确认，而不再仅仅是上面提过的第 57/1997 号法案这样的普通法律。

在学校创新和意大利学校改革的争议中，学校自主权被冠以"一切改革之母"的名称。事实上，学校自治不是简单的组织模式的改变，而是一场完整意义上的教学大变革（Iosa, 1999; Dalle Fratte, 1999; Romei, 1995; Pajno, Chiosso e Bertagna, 1997; Nanni, 2003）。换句话说，在自主的教育文化中蕴含着深层次的含义，学生和家庭都在教育进程中扮演着重要的角色。教育体系自主权让我们重新审视教师和领导的角色，他们不再是执行规定的机器，而是肩负着重要的决策使命。在比以往更宽阔的自主环境下，大家齐心协力向着成功教育学生的方向努力。换句话说，这是一种互动式教育，以学生的学习为中心，学校为每一位学生量体裁衣，制定特别的学习目标和策略。

在上一章中，我们已经强调了社会—文化和经济环境对于青年人教育的重要影响。由于一所平等的学校只要拥有不平等的学生,它就成为了一所不平等的学校,因此,中央集权的教育管理提供的教育机会是统一且严格的,根本不能为解决教育不平等问题作出重要贡献。与中央集权的教育管理相反,自主性对保证"机会均等"极为有利。这里的"机会均等"并不是指同样的待遇,而是指学生拥有同等机会接受不同待遇以充分发挥其个体的能力。此外,必须认识到,自主管理对于学校与地方的互动有着不容小觑的促进作用,有助于实现教育的一体化,在这前所未有的有效的教育体系中,使公民团体、中间机构、协会和生产系统发挥出主要的作用。

当今世界,生活质量占据至高地位,科学和技术也朝着追求更高的质量、更精密的要求的方向发展。人们难以想象,教育依然只将其注意力局限于数量上的问题。如果是这样的话,那将会导致教育逐渐地被排除在社会发展之外。毫无疑问,提高教育质量是自主化改革的基本目标之一。教育体系自主权能够从基层、即学校的学生和教师开始激发创新能力。从这个视角出发,必须强调的是,学校的自主化将由学校的内在质量来评估,在评估时需将内在质量与学校用来培养其学生的文化知识和人文精神的自主权相联系。

对于自主化原则来说,其受到欢迎的另一个潜在作用是有助于"团体"的建设。事实上,自主化原则使得社会社团这一类中间机构的建立和运行成为可能。在这些社会社团里,个人在享有自由的同时,与其他人一起共同对解决教育需求问题负责。对于学生而言,学校就像一个大家庭,大家密切联系,频繁互动,年轻人在这里相遇,一起学习,共同经历丰富的人生。在正规的教育机构中,在同样的青年人之间,或者和权威人士一起,实现自我、团结互助。正如巴西教育家保罗·弗莱雷(Paulo Freire, 1921—1997)[①]所说的,"学会与他人共同生活"(引自《德洛尔报告》的中心思想),既是一个同时具备认知—情感关系的过程也是对"自主权"的具体实践。

更具体地来看,《学校机构自主条例》这一新规定还引入了"学校教育方案"(Pof)。这个方案包含了年度教育教学计划,将允许自主化的具体实施。与学校教育方案相配套的还有学校教育计划(Pei),它表述了学校的文化定位、教育—教学方向,还包括中期教育提案。

从这一点来看,教学自主首先意味着在更大的时间内组织学科范围和教

---

① 保罗·弗莱雷,巴西知名教育家,对世界教育理论和实践产生了广泛的影响。他一生著作颇丰,最有影响的是《被压迫者的教育学》(1970)。1986年,曾获得联合国教科文组织颁发的"教育和平奖"。——译者注

学活动,而不再像原先那样以周为单位。课程表更趋灵活,并由学校进行管理。课程的个性化成为现实,开展适合每个学生需求的教学成为了可能。班级不再是一个呆板而单一的教学单位,而是开展教学活动的、具有教育学功能的单位,由学校组织,并辅以其他的分组形式。由此看来,教学自主能够保证根据学生不同的兴趣和需求因材施教,而不是强制学生在同一时间内做同样的事情。

此外,组织自主权使得任何学校都能依靠某一团队或协会性的组织,以便充分满足学校团体的需求。另一项重大创新在于,规定赋予了学校自主安排教学年度计划的权利,即确定如何划分学校的上课时间、年中假期、教师短期在职休假。在自主划分年度课的时候,突破传统的以周为单位的学时划分,改以年为单位,以便实现以一年、两年、三年或五年计划为基础的总体规划。在这一点上,还可以采取区域合作的方式,使得多所学校一起实现多项重要目标。

课程计划上的变革也具有跨时代意义。实施细节上完全相同或是对每个学生都一样的教学方案的时代已经过去。政府只负责制定宏观的教学目标和与学生能力有关的具体的学习目标,以及学校提供的服务的质量标准,这也是改革的另一项创新所在。议会的权利局限于对教育体系的目标方向进行调整的立法上。

为了能够履行上面所罗列的新职能,需要所有的学校都逐渐地具备法人资格,而目前只有职业技术学校得到了承认。这一行政自主措施的局限在于:一方面,从国家和统一的层面上对教育权的行使进行监管,以及在管理和规划上对国家规定的教育体系内部的基本原则的遵守。另一方面,一些学校范围之外的行政职能也不宜下放到各个学校,例如,教师的招聘和流动权并不属于学校自主行政的范围内。因此,我们遇到了改革中最致命的局限,那就是教师的人事管理仍然沿用以往按照已保留的排名次序和岗位竞争结果向各个学校指派的方式,而并不是根据需要来选聘教师。这在很大程度上阻碍了教师的流动。

至于财务方面,由于学校具备独立法人的资格,因此,可以享受国家的直接财政拨款,分为日常拨款和均摊拨款,前者用于保证学校正常开展管理和教学工作,后者则用于解决特殊的地区,社会和经济问题。由于享有行政自主权,各个学校还能够在不同情况下通过自身努力获得其他经费来源。

第三节　学校的平等地位和法律的模糊性

贝林贵改格的功绩之一在于,在第 62/2000 号法案,即《学校平等规范和受教育权规定》中引入了"由公立学校、享有同等地位的私立学校和地方机构构成的国家教育体系"这一概念。确实,该法案不可避免地笼罩了一种模棱两可的色彩(Cssc, 2002;Versari, 2002)。从法案的标题就可以得知,学校平等和受教育权利被放在一起便会造成这一现象。事实上,在实施扩展培训机会和教育需求普及这一战略上,该法案加入了关于同等地位的私立学校条例,其结果是国家教育体系不再仅仅由公立学校构成,而是由公立学校、享有同等地位的私立学校以及地方机构构成。尽管在实际操作上具有局限性,但这是新法案最重要的核心原则。

定义同等地位的私立学校有三个要素:一是符合总的教育大方向,即符合国家教育体系组织条例;二是与家庭教育需求相适应;三是提供的教育服务优质有效。从这三个要素衍生出服务的公共职能、完全自由的文化定位和教育学—教学定位,以及有可能出现的文化和宗教性质的倾向。与此同时,同等地位的私立学校教育要符合宪法规定的自由原则;对所有人开放,接纳任何人的教育计划,接收包括残疾人在内的学生注册学习;不强制开展建立在某一特定思想形态或宗教信仰基础上的课外活动。此外,非盈利性的私立学校可以享受国家非盈利性机构的税收优惠。

私立学校的同等地位不是由公共教育部经过法律程序审核后给予的,只能够在审核后获得承认。相关审核内容如下:

(1) 教育项目符合宪法规定,学校教育方案符合现行法律的规定,拥有管理者证明和公开的预算方案。对教育项目来说,在其各项必要条件之中,应确定一个中心定位,以体现学校的文化方向和教育定位。

(2) 拥有场地和设施。具体来说,符合申请具有同等地位的学校的类型,并与法律规定相符合。

(3) 建立校务委员会,拥有与公立学校校务委员会相似、但不必完全一样的民主参与形式。

(4) 在学生具有入学必需的学位并接受学校教育项目的前提下,接收任何父母提出入学申请的学生。

(5) 与接收残疾和弱势群体的学生入学有关规定相符合。这在逻辑上来自前面提到的"学校有责任接收所有学生、包括残疾学生"这一规定。但是在强调学校所要承担的负担平等的同时,并没有承认相关权利的平等性,例如,公立学校享有的国家支持。

(6)完整的课程设置。

(7)聘用具有能力资格的教师。管理人员有自主聘用教师的权利,而不必考虑排名;这一点对领导者的聘用也同样适用。此外,同等地位的私立学校也可接纳不超过教师总人数四分之一的志愿者担任教师职位。

(8)为领导者和教师提供符合国家行业规定的聘用合同。

从这些审核内容来看,同等地位的私立学校是国家评估体系根据现行标准进行过程和结果评估、检查的主体。

该法案中提到的财务问题,毫无疑问在政策上是个薄弱环节。虽然对于同等地位的私立幼儿园和同等地位的私立小学的资助是有相当数额的,但是离学校的总支出还有一定的距离。这种距离在初中和高中尤为明显。事实上,在公立学校和同等地位的私立学校中,为学生提供的奖学金数额的平等性还做得远远不够。

下面让我们对这一政策进行相应的评价,应该说,所采取的措施中的一些法律原则无疑是具有积极意义的:

(1)在家庭和学生的教育需求的基础上选择使,学校的同等地位合法化。

(2)在法律中承认并规定"国家教育体系并不是分为公立学校和地方机构开办的学校,公立学校和非公立学校应该是构成教育体系的必要组成部分"。

(3)承认由地方机构和私人开办的教育机构所具有的公共服务的价值和特色,即符合教育的总方针、与家庭的教育需求相一致、以提供优质有效的教育服务为特色。

(4)赋予同等地位的私立学校文化、教育的完全自由权,使其能够在教育计划中展示自己的思想意识和宗教信仰。

(5)学校管理者有自由选择教职人员的权利,不必受到排名次等因素的干扰。

(6)非盈利学校可以被视为非盈利性的社会服务机构,以此加强非盈利学校与私人团体和作为保障—促进者出现的国家之间的平等关系。

在具体的学校生活中,该法案的弊端就显现出来了,并造成了负面的影响。其主要问题如下:

(1)家庭的教育自由权并未充分实现。一些措施的制定确实出于对家庭、学生和学校的考虑,但不能完全体现宪法第33条第4款中提到的完全平等权,特别是不能保障享有同等地位的私立学校学生理应享有的同等权利。很明显,这涉及真正的公民自由问题,而不是上级部门出于仁慈之心而给予的施舍。

(2)模棱两可的问题,如同标题中所提到的,混淆了平等权和受教育权的概念。例如,关于为保障学习权利而授予的全额奖学金却远远不能覆盖同等地位的私立学校的全额学费等财务政策,就更让人感到模糊不清。

(3)法律基本原则本身是有效的,但由于在实践计划中并没有从这些法律原则中产生全部可能的结果,使得其具体的潜力并未被完全体现,因而给人造成一种印象,即平等权更多地意味着责任,而相对忽视了权利。其典型例子便是,法律规定学校必须接受任何残疾或有障碍的学生,却没有提供合适的具体措施来优化校舍建筑中的无障碍设施,并为他们提供经济上的支持。

(4)忽略了对公立学校和同等地位的私立学校过程和结果的评估的独立性,这可能会造成政府部门在同一时间内既是检查者,又是被检查者。

自 2000 年起,非公立学校的平等地位就得到了国家的承认。在短短的三年内,非公立学校的大部分学生(87.9%)开始在同等地位的私立学校就读(提交议会的报告 …,2004,表 3-1)。下列数据从正面肯定了第 62/2000 号法案所取得的成效。然而,同等地位的私立学校的学生人数在教育体系中所占的总比例依然很低,仅为 10.6%。的确,这一比例在托儿所和幼儿园阶段已达到了 35.4%,但是,在其他层次的学校中仅为 6%(小学 5.8%,高中 5.2%),而初中阶段更低至 3.4%。[1] 这个现象在很大程度上表明对于学校选择权的落实依然不尽如人意,"理应"给予的经济扶持依然不到位。

尽管优势不是绝对的,但教会开办的学校在同等地位的私立学校中依然占到了一半还多,495709 名学生,占总比例的 53.1%。其他类型的同等地位的私立学校由私人管理的比例略高于四分之一,248998 名学生,占 26.7%;而公共管理的比例略高于五分之一,189361 名学生,占 20.3%。这些数据驳斥了非公立学校就是"教会学校"的说法,相当多的学生来自于地方机构开办的学校和其他类型的私立学校。当我们将眼光投向每个阶段的教育时,就会发现教会学校在小学(80.6%)和初中(84.2%)阶段占有压倒性优势,而这个优势在高中(44.8%)和幼儿园(44%)阶段则荡然无存。

---

① 引用这些往年数据的原因在于,只有这样才能反映出非公立学校中教会学校(天主教学校)和其他同等地位的私立学校(由私人管理或由公共管理)之间的对比。

表 3 - 1   不同教育阶段中各类学校的学生人数比例(2002—2003)

教育阶段	公立学校		同等地位的私立学校		非同等地位的私立学校		总 数	
	总数	百分比(%)	总数	百分比(%)	总数	百分比(%)	总数	百分比(%)
幼儿园	983607	60.3	576783	(a) 35.4 (b) 44.0	70420	4.3	1630810	100.0
小 学	2570272	92.6	160902	(a) 5.8 (b) 80.6	43173	1.6	2774347	100.0
初 中	1733977	96.5	61103	(a)3.4 (b)84.2	1873	0.1	1796953	100.0
高 中	2477333	94.3	135280	(a)5.2 (b)44.8	13510	0.5	2626123	100.0
总 数	7765189	88.0	934068	(a)10.6 (b)53.1	128967	1.4	8828233	100.0

注：(a) 私立学校学生人数在国家学生总人数中的比例。
(b) 教会所办的私立学校学生人数在私立学校学生总人数中的比例。
资料来源：教育、大学与科研部,2004。

值得注意的是,尽管国家教育体系日趋完善,中右派政府(2001—2006年)还没完全实其所承诺过的真正的平等。继任的中左派政府(2006—2008年)也重蹈覆辙。因此,离真正实现按照自己的意愿来自由选择学校的公民基本权利,还有很长的一段路要走。

第四节 关于教育阶段的重组

在所有与学校改革相关的法令中,第 30/2000 号法案也许只能从 1923 年泰梯利改革中找到一些历史依据(Programma quinquennale di progressiva attuazione, 2000；Malizia e Nanni, 1998, 2001 e 2002；Malizia e Stenco, 1999；Bertagna, 2000, 2001 a e b；Nanni, 2000b e 2003；Speciale riordino, 2000；Niceforo, 2001)。只需一眼人们就能看出,该法案的内容事实上远远超出了它的标题("关于教育阶段重组的总法律")。其实,它完全超出了对学校阶段进行技术重组的范围,而是对整个教育培训体系进行重新审视。在这个意义上,这确实是一部规定基本原则的"总法律"(Legge quadro)。

一、第 30/2000 号法案的要点

关于教育阶段的重组,可以归纳为以下几个要点:

(1)教育培训体系的核心和基本特色立足于"教育"二字。官方文件细化到"以教育为本的教育培训体系,比先前法律草案中的"教育培训体系"的基础上更进一步。这就为教育体系的基本目标提供了坚实的基础:"根据相应的年龄层和个体的差异性,在学校和家长合作的基础上,在符合教育机构自治、宪法和国际人权宣言的前提下,实现对人的培育和价值的实现。"(第 1 条第1款)。

(2)第 1 条的第 2 款和第 3 款分别阐述了教育和培训的阶段划分。"教育阶段具体分为幼儿园阶段、在基础学校中完成第一阶段教育以及在中学中完成第二阶段的教育。"(第 1 条第 2 款)。有关教育培训体系的构成,请参阅第 196/1997 号法案中关于促进就业的内容和第 144/1999 号法案中关于义务教育的部分。

(3)幼儿园教育面向 3~6 岁的幼儿,学制 3 年,促进对幼儿情感、认知和社会化的培育。按照家庭教育的培养方向,使幼儿教育更全面、更完善。必须大力普及这一阶段教育。

(4)以基础学校替代原本的小学和初中,学制 7 年,比原来缩短一年。这是符合学生发展需要的一个统一而连续的教育过程。(第 3 条第 1 款)1997 年的法律将其划分为两个时期,分别规定不同的基本目标:第一个两年和第二个两年为一个时期,剩下的时间为另一个时期。而新的文件提出了基础学校要从整个学科板块到单门学科的逐步递进地发展教育,并制定了宏观目标:发展基本知识和培养基本能力;学习新的沟通方式;培养互动沟通能力,确立发展方向;实施公民生活的基本规则教育;掌握基础知识;发展和提升个人选择能力。在这一阶段教育结束后,学生将参加全国统一考试。

(5)中学的基本目标是"巩固、重构和发展在第一阶段教育中培养的能力,支持并鼓励学生发展爱好和特长,丰富文化、人文和公民教育,帮助学生逐步树立责任意识,为学生将来接受高等教育或走上劳动岗位培养相应的知识和能力"。(第 4 条第 1 款)这一阶段学制 5 年,分为文科、理科、工科、美术和音乐等领域。每个领域都有自己的教育方向(与当今已有的教育方向相比,出现数量减少的倾向)。

(6)中学包括当今所有第二阶段的中等学校,并全部命名为"高中"。

（7）中学的前两年里，在保证所选方向上的一些特殊性以及需要学习的相应课程的情况下，允许学生从一个单元化课程转入另一个单元化课程，甚至是完全不同的教育方向，学校通过相应的补充教学活动帮助学生过渡到新的教育方向。其中，第二年里可以与一些文化、社会团体以及生产、职业机构或其他委托培养的院校、机构公司合作，根据公共教育部、工作部、国家—大区常委会之间达成的协议和规定，开展补充教学活动。学生在完成义务教育后将被颁发一份证明，以证明其在入学期间所参与的教学活动和获得的能力。

（8）最后三年里安排短期实习，并为继续接受高级技术教育培训和升入大学做准备。

（9）中等学校任一部分（学年或单元化课程）的出勤都将构成"学分"，使得学生能够在不同的方向领域和职业教育之间实现跨越。职业教育的出勤率也是构成升学的条件之一。第二阶段的教育将以相应领域和方向的国家统一考试为终结点。

（10）贝林格改革将义务教育的年限从 8 年提高至 9 年，从 6～14 岁调整为 6～15 岁）；并预期延长至 10 年，即 6～16 岁。

（11）改革确认了第 144/99 号法案提出的直至 18 岁的义务教育，完成义务教育阶段学习的学生有三个途径可供选择：进入高中继续学习；参加职业培训获得职业资格证书；开始以培训—工作交替进行为特色的学徒生涯。但是，也可以选择将这三个途径相结合。

（12）第 5 条明确了非大学教育的继续高等教育（第 144/1999 号法案第 69 条）、成人教育（第 112/1998 号总统令）和继续教育（第 196/1997 号法案）。

（13）为了能够使法案顺利实施，政府应向议会递交"关于逐步实现改革的五年计划"。另外，还应包含：课程设置的总体标准；教师队伍资格进修的总体计划；学校全体成员培训的总体标准；落实的时间和方式；基础设施合理化计划。（2000）附加的报告还阐明了与目标相应的落实方法的可操作性和合理性，评估了可能出现的财政负担和费用削减。在五年计划逐步实施的过程中，政府可能还将出台其他相关政策。此外，议会每三年将对法案的实施进行一次评估。

二、对第 30/2000 号法案的思考

下面，我们来分析一下这个改革法案的正面意义和值得注意的问题：

（1）重新构建了完整的教育培养体系，赋予其有机的、统一的新活力。在完善教育连续性和连贯性上卓有成效，尽管有些创新（关于初等学校）和颠覆

性的改革(关于初中)未必十分必要。

(2)确立了以学生为核心的教育目标,这必须借助于学校和家长之间的合作关系来实现。

(3)延长学校义务教育年限(8~9年),可能延长到10年,新引入的义务教育(15~18岁)有利于基础教育阶段的发展,减少学生的流失现象,特别是在中学的前两年。

(4)学制缩短一年,有助于意大利教育体系在学制年限上和欧盟其他国家保持一致。

(5)由于引入了许多组织和机构上的重大变化,这场改革的实施不能被单纯理解为对教育部的委任,而需要社会全民的参与。事实上,这次改革涉及的不仅是形式上的东西,还有其他许多问题,特别涉及新的教育进程和计划的重新起草,值得所有相关人士共同商讨。政府部门对此作出了努力,即建立250人的委员会,但该委员会只负责提出问题和拟定初步的解决方案,并不能被视为一个政治角色。

(6)出台的新法案仿佛只是一个框架,其原因在于必须极为审慎地评估规定实施过程中可能会出现的风险,具体如下:

——将初中和小学合并可能会造成初中"小学化"而忽视青少年的特点,同时也可能会造成小学"初中化";

——中学的两年制课程承担着"一刀切"的风险。如果不把职业教育视作教育体系中一个具有同等地位的协作角色,也许会对有意继续深造和打算就此结束学习生涯的学生都造成负面影响;

——中学的前两年不应丧失高中特色,因为这可能会将高中缩短成"三年制"。

(7)渐进的特色是这个法案实施中值得褒扬的一个创举,它使得法案在实施中得到完善中,根据不断变化的时代和环境作出相应的调整(Malizia e Nanni, 2001; Malizia et alii, 1999; Corradini, 2000; Speciale riordino)。

第五节　关于逐步实施的五年计划

随着2000年12月22日参议院通过6—00057议案,政府制定的第30/2000号法案得以生效,并决定实施"2001—2002学年面向基础教育一二年级的改革"。这里,我们只论及其中最重要的几个方面。

一、课程重组的总体标准

《关于逐步实现第 30/2000 号教育阶段重组法案的五年计划》(以下简称《五年计划》)的第三项 2000 年 4 月 26 日由继任贝林格部长的公共教育部部长杜里奥·德·莫罗(Tullio De Mauro)提出,论及了课程重组的总体标准(2000)。这是该计划的中心思想,其内容对于政府总体开展工作具有指导意义。其总方针概括如下:

——以人的成长和价值实现为目标(肯定了人的学习的中心地位),尊重每个人不同的年龄发展节奏和身份的差异(强调了性别及其相关的差异),开展学校和家庭之间的合作[1](具体论及了家庭对学校教育的要求和期待)。

——适应不同背景和地域的教育需要(随之又涉及地方机构和社会、文化、经济环境)。

——与教育体系的总目标和任务的一致性,并在保障共性的同时允许文化和地域多元化的存在。(《学校机构自主条例》第 1 条)[2]。

因此,课程的内涵需要被重新解读,它不再是"学校必须统一的数据,而是学校机构规划能力的表现"(Programma quinquennale... 2000, p. 20)。

这些内容展示了公式化评价标准的特色、实质、历史意义以及相关问题:"在主题上要有所选择,并能深入发现和解决问题";目标是"培养开放和批判的思维方式,能够审视和诠释事实,理性地随机应变";重申了"必须是与教育体系的总目标相符的标准,对内容的选择有意义,并在道德上能满足将知识与共同价值观相联系的需求"(Programma quinquennale... 2000, p. 20)。

值得注意的是,从许多方面来看,早就被提出的关于"马拉利亚诺文件"(Documento Maragliano)的诸多疑问尚未得到解答。罗伯托·马拉利亚诺(Roberto Maragliano)是罗马第三大学的教育学教授,1999 被贝林格部长任命为"六人"(sei saggi)委员会主席,负责制定任何一所学校自主教学中不可或缺的"基本知识"标准。这份文件堪称学校的纲领性文件,由 44 名经过严格挑选出的科学界、文学界、艺术界等权威人士组成的专家团队共同拟定,涵盖了当今意大利文化的精粹(Nanni,1999 e 2003)。

然而,我们不禁要问,这些标准能覆盖学校传授的所有知识吗?还是仅仅能体现人类学—社会学领域的文化?"基本知识"中"基本"的含义又是什么

---

[1] 引自《学校机构自主条例》第 1 条。
[2] 引自《学校机构自主条例》第 8 条"课程的设置"。

呢？它是相对于什么而言的？如何将知识的历史性与数学、科学、技术知识相结合？将质疑与明智的发现或既定的现实及价值相结合是不可以（和不应该）的吗？基于何种标准能够将知识与（符合道德标准的！）价值水乳交融？我们还没讲到的理性依据又有哪些？它们处于哪一个文化时期？又涉及哪一个哲学思想体系？

显然，这些问题需要进一步阐释。政府文件并未给出一个明确的解释，尽管在其末尾提到了课程设置的定义必须以对当代知识整体情况、各学科的认识——培训章程及其实用范围的重要性进行恰当的思考为基础（课程与能力……2000；Guasti，2000）。在这个方面，对现代性和实用性的强调不能离开对公共学校在植根于意大利特有的历史之中的丰富的遗产方面所担负的不可推卸的传递功能的思考，这些文化遗产包括风俗、习惯、传统以及艺术、文学、科学、技术、道德和法律财富（前一项提到改革目标时已有涉及，尽管这里列举的内容里还缺乏——抑或是故意为之？对传统的基督教文化和宗教遗产的提及，而这点在之前谈到改革条件时也曾提及了。在这一点上，还需要更加明朗化并有改进的意愿，还需要超越一些根深蒂固的观念。

但在具体的落实程序上，这次倡导的持续、渐进、灵活的特色，目的是为了避免由于课程设置的重复、重叠或是缺乏课程之间的有机联系而导致学习动机的丧失，以此影响在获得良好的教学成效的同时确保教学的统一性和对学习进行指导的价值。

我们认为，在这个《五年计划》后，对课程的讨论中所提到的三个要点值得特别关注：

——对能力、尤其是教育竞争力的定义："在特定环境下掌控和利用知识的能力"。因此，课程的设置要成为一个有机体，并符合下列要求："总目标、特定目标、学科和活动之间协调一致，能够真正获得教师和学生的支持，并能为'非工作人群'所理解"（《五年计划》，2000，p. 21）。

——提出了基于"终身学习"前景基础上的课程概念。这种终身学习是普遍意义上的学习，而不仅仅是职业技能的学习。

——认识到了离开学校后教育与培训之间的关系，专注于培养公民在欧洲和世界上的基本竞争力。根据该文件精神，语言能力和数学信息技能占到尤为重要的地位，这些能力被视为"打开知识大门的敲门砖"和"提高广博知识领域的学习能力的工具"。

根据《学校机构自主条例》第 8 条的内容，该文件还对课程学时作出了明确规定，基础学校和中等学校平均为 33 周，每周 30 学时。在国家规定课时和学校自主课时的分配上,在基础学校中自主课时约占总课时的 25％的,"在中等学校前两年的补习和方向培养课时约占总学时的 20％,但有 10％的可增加幅度(因此可达到 30％),后三年有 20％的可增加幅度(因此可达到 40％),由学校在国家规定的学科目录上选择合适的学科进行教学,以保证各个学习方向的内部划分。"①

二、基础学校的教育进程

在学校体系中,《五年计划》(2000,pp. 26－29)特别强调了基础学校的"中间地位"(分别与幼儿园和中学衔接)和"漫长学制"(学制 7 年,是一个掌握基本能力的战略阶段),为进一步发展打基础,超越基础教育阶段的不连续性,"保证从幼儿时期到少年时期的发展是连贯一致的"。这在参议院第 6－00057号决议的初期考虑中就被提到。(2000－12－22)。

因此,基础学校教育是一个渐进的过程,不再是义务教育的终点。在基础学校里,学生通过亲身的学习体验逐渐掌握具体知识,慢慢地发展到抽象知识,从宏观的知识和经验逐渐过渡到具体的和确切的学科知识。

人们普遍认为,基础学校的基本准则是持续性和多样性。持续性表现为对学生的学习经验提供帮助;渐进的多样性则表现为尊重每一年龄段的特色,从幼儿到儿童、再到少年,尽管这一阶段自我认可的印记愈加明显,但从各方面都表现出了它在生理、社会、情感和认知领域的特殊性,因此,需要学校作出合适的和特殊的回应。

另外,这也与第 30/2000 号法案第 3 条所规定的相一致。该条款也清楚地将基础学校教育论述为"符合学生发展需要的、统一而连贯的过程"(第 1款)和"从整个学科板块到单门学科的逐步递进"(第 2 款)。

至于基础学校的七年制,参议院的决议将《五年计划》的这一提议(2＋3＋2)视为"工作假设"而并非强制执行的条例,并指出七年制的分段方法的价值体现在教学和组织自主化环境下实现的方法论和组织性的内涵上。(2000－12－22,n. 2c)因此,这也是法案提出和规定的,在其实施 3 年后需要进行的评估中的一个具体要点。

我们不妨对此分析一下:

很明显,第一个两年的教学主要强调能力的获得及学习方式和方法的培

---

① 引自参议院第 6－00057 号决议(2000－12－22,n. 2,b),与《五年计划》(2000)相比,其表述更为清晰。

养,授以与儿童的社会情感、认知和交往经验紧密联系的知识。显然,基础学校有必要在 7 年里设置一个过渡到中学教育的转折点,即进行专门的学科教育。但是,处于"假设情况下"的最后两年是否足够呢?两年的时间对于获得学科能力这一种从未掌握而愈显难度的新本领而言是远远不够的,但这却是中学从一开始就要求学生具备的学习能力。这是所谓的基础学校"小学化"将会带来的结果。

另外一种假设则将学科教育安排在最后三年,这是基于认识论和教育学原理所提出的。将学科教育拓展到最后三年,有利于少年的整体发展,特别有利于他们的认知能力的培养,能够为升入注重学科教育的中学打下学习和方向基础。学科教育拓展到最后三年,也是基于对学科知识本身的内在特点的考虑。根据它们的特性,这些学科知识是从如何产生的角度(文学、历史、逻辑—经验、数学、人类学、美学、技术、宗教等)以及从其反思性的特点来定义的。其反思性的特点除了通过它们在组织和交流方面明确的系统性,还通过它们所提供的信息来证明的。基于认识论的考虑,与议会 2000 年 12 月 22 日的第 6－00057 号决议所提出的假设相比,将学科教育提前一年似乎是更为妥当的选择。

另一个有待解决的问题是学习评估。其离不开课程本身和对课程的评估以及对教师教学和学校教育质量的评估。但是,《五年计划》对此问题的处理,仅限于规定了每个学习周期结束后法律规定的国家统一考试。重提第 30/2000 法案第 3 条第 4 款,指出这种考试对于跨入中等学校门槛所具备的指导价值,但长达七年的学习周期中日常考试的必要性几乎没有受到重视。

三、中等学校

新的中等学校依然保持传统的五年制,然而最低入学年龄改成了 13 岁。学生在完成了前两年学业后可以参加其他形式的学习(包括职业教育),而在完成了五年学业后可以进入大学深造或接受非大学教育,例如,第二级职业培训和高等技术教育培训(《五年计划》,2000)。

因此,不难理解,在如此复杂的环境下改革的目标为何会被重新思考。一方面,它摒弃了以往过于专业的教育,废除各类教育类型之间森严的等级;另一方面,它关注了范围更广和更有效的普及教育,以确保学生为未来的工作打下文化基础。

第 30/2000 号法案意图将任何类型的中等学校都提升到"高中"的层次,取消传统的"两分法":即目标为培养学生进入大学的高中,以及目标于为即将从事社会生产和工作的学生培养职业技能的职业学校。它在命名上也赋予各类学校同等的教育地位,以期实现教育服务的有效民主化。

职业化价值的逐渐削弱,必然导致要对过去为了满足高度专业化和地区性需求而过度开设的学科方向进行理性的调整。这一新的选择与各个领域、各个方向具体工作经验的实现并不矛盾,反而能使中等教育更为实际,从这个意义上来说,能正面影响学生的主观能动性。

然而,问题和弊端依然无法避免。

事实上,对于学科方向的具体分类,首先要求的就是在国家和国际的文化、社会—经济发展现状的基础上,在各个广泛而一致的知识领域、在不同的经验领域以及在不同的未来活动的开展领域内,下好学科方向的定义。以此为目标,复杂体系的统一性和文化、培训的平等性应该由课程中国家规定的必备部分以及一些横向的学习来加强,特别是要加强逻辑—语言、逻辑—数学和相关的多媒体通信技能的培养(首当其冲的是计算机、信息技术)。

在人文领域,可以设立两个方向:一是语言和古典语言文学,二是语言和现代语言文学。

在科技领域,则要通过设立专门的方向来加强数学和实验科学培训的系统性,同时社会科学这一学科方向的引入也是该领域中的一个新举措。

更为重要和艰难的学科合理化工作主要体现在专业分类不断增加的技术领域。《五年计划》将其划分为五个或六个学科方向:生产管理与服务(工业过程的组织和实现、生产辅助、信息、电信、运输、安全、质检等);经济管理与服务(市场发展、工商管理、公共行政、交流与营销、财务、保险、物流、商贸和旅游等);环境和土地管理与服务(建造、文化遗产修复、人类和工业环境的参数检测、质量指标的预先设定与遵守等);自然资源和工业化农业资源的管理与服务(土地评估、工业化农业生产系统的组织、发展潜力评估);人和团体的管理和服务(辅助、志愿、合作、团体与集体餐饮服务管理、业余活动组织等)。(2000)《五年计划》还将旅游业假设为第六个学科方向,使之相对于"经济管理与服务"而保持独立,走符合其特色的发展道路。

在艺术和音乐领域,每个领域可设置相应的高中,每所高中设2个或3个能分别反映这两个领域文化和培训特色的专业方向。

中等学校与基础学校的联系体现在各自课程的渐进性和连续性上。也就是说,中等学校的课程不应自成一体,而应保证基础学校在教学目标上的延续性、扩展性和强化性,以有利于学生认知的发展。同时,还应加强中等学校在与基础学校最后阶段衔接时在方向指导和选择上的衔接能力,所有学生都应选择一个发展领域或方向，当然，这种选择应该是可逆的。

为了确保能同时完成学校义务教育和开始五年计划中的两年制义务教育，一方面必须避免过度一般化的危险，另一方面还必须防止过于狭隘和束缚过大的学科方向选择。这意味着，对于那些在完成义务教育之后决定不参加学校教育而进入其他不同的子系统学习的学生来说，我们必须完善对于他们的文化知识和方法能力的培训；同时还必须逐渐确保所选择的专业教育的开始。还有，掌握好普通学科和专业学科之间的平衡也尤为重要。

这场改革还使得中等学校的教育不那么专业化，适用范围更广。新提出的方案立足于在数量和质量上加强科学技术教育。为了适应当今的经济形势对人才的要求，人们必须有更开拓的职业能力和更扎实的文化知识。从这一点来看，我们必须将中等教育与职业培训和高级技术综合培训系统地联系起来。而从升学的角度来看，中学的第三年应该为大学新课程的开展起到一个导向作用，并且要避免出现过于明显的学科分类。总之，课程的设置必须以教学质量为重点，保证学生将来拥有广泛的选择机会。

学习的评估和证明仍然延续了基础学校所面临的困惑。事实上，中等学校所面临的问题更为复杂，因为它不仅要保证学生能够容易地从一个学习方向转换到另一个学习方向，而且要保证学生能在学校教育和职业培训之间流动，另外还要使学生能够重新开始已经中断的学习过程。因此《五年计划》指出，解决这一问题的关键在于要根据特定的学习目标制定教育计划，并着重培养相关的能力。

毫无疑问，并不是所有人都认为这些规划性的指导方针真的能解决问题。在一些企业中还存在着不认可技术学校高中化的现象，也就是说，学生在这类学校中获得的高中文凭并不能在企业中获得认可。另外，两年制这一措施不仅不够明确，而且也不够有效。关于学习评估和证明的困惑也没有得到解决。在这次改革的"次要的成效"中，充当其冲的是在教师培训和教学实践方面的新气象，我们将在下面进行阐述。

第六节　关于教师的初期培养和继续培训

改革的另一个要点是与教师有关的。教师必须在整个"学校教育方案"理念下，实施课程的指导意见。

一、基础学校的教师

从政治和职业的角度来看,这场改革有其一定的意义。但从其他方面来看,它与之前相比并没有改变历史上一直存在的一些问题。基础学校的学制与改革前的小学和初中的总学制相比少了一年,这并不是没有引起痛苦的。这不仅导致了就业和再就业的现实问题,而且也引起了初中教师害怕失去其社会地位的心理恐慌,因为之前初中教师被称为"教授",而小学教师被称为"老师"。因此,在所有人都期望在不费什么力气的情况下就能实现教师队伍整体改善的要求下,这一问题不应被搁置在一边。

至于教师的使用问题,比起其学术水平,更重视其所具有的专业和职业素质的基本原则占据了重要地位。《五年计划》提出了一个完整的评估系统,其衡量指标不仅包含教室所获得的学术头衔,而且包括他们在专门领域内成熟的职业能力(这里要补充的是除了正面评分,还有负面评分的存在!)(2000)。事实上,重视在实践中获得能力的原则还应与另一个原则相结合,即在一般情况下,即使在承认职业平等性的情况下,教师的教学活动在整个七年的学制中也不应被无差异和无区别地进行分配。这不仅着眼于教师本身的需要以及其职业培训和职业能力的特点,也是为了更好满足学生个性化的学习需要。

另外,撇开其专业性和临时性不谈,基础学校的教师问题不仅关系到怎样将其与历史上小学和统一化中学这一体制所取得的经验相联系,而且与怎样根据改革要求不断实现教师价值和提高教师素质这个重要问题息息相关。

二、教师队伍改革与在职培训

这是《五年计划》(2000)第四章的主题。一开始我们就说过:"改革法案对教师问题特别关注",于是"优化学校教育质量的战略性资源"(2000,p.33)的特色被予以特别强调。《五年计划》提到,"五年计划的实施标志着一个促进教师队伍高素质化的重要契机"(2000,p.34)。

由此,我们可以间接揣测为何近年来教师阶层屡次由于种种原因爆发游行、与政府部门发生冲突。

毋庸置疑,这种情况发生的背景绝不是简单且平静的。除了职业稳定性、工资报酬、教师的社会地位等相关问题外,社会在各个教育阶段的教师身上给予了沉重且过快的改革任务,却忽略了他们的实际能力和必备知识、文化知识的进修、转换机会的缺乏(不仅仅是技术能力方面)。当今的教师招聘和引进缺乏有规律的、系统的竞争模式,或是缺乏在客观的事实和功绩基础上的评估模式;大学里的初级培训还不够规范有效,之后的继续培训也缺乏统筹管理;教师的收入问题就更不用提了,众所周知,意大利教师的收入位列欧洲国家中的最低水平。

早在1999年的《学校机构自主条例》中,教师的任务就被定义为不仅仅是单纯地按照他人制定的计划进行教育和教学的活动,更要有能力诠释学校的教育目标,将其转化为有效的、具体的教育计划,承担起每个学生学习方案的制订、实施和评估的责任。

再来回顾一下《五年计划》,可以发现,其中对教师的形象有很高的描述,这应该成为改革中教师初期培训和继续培训的目标要求的总体参照。具体如下:

——有文化,有教养。能够在不断的变化发展中熟悉所教的学科,具有评估教学的潜力,能够协调与其他学科的关系。在学校总的教育方向下,达到学科的教学目标。

——懂得反思,能够不断研究和探索教学方法,并通过实际教学成果来验证,形成一个持续的评估和自我评估的过程。

——具有能够正确开展教学活动所必需的社会—心理—教学能力。

——能够与所有生活中、学校内部和外部的主体开展合作,具有团队合作精神,能为教育事业发展作出自己的贡献,有能力开展特定的工作(2000,p.34)。

可以看出,教师职能中与其理想、教育、文化和宗教方面相关的思想和批判能力却几乎没有被提及,或者说只是隐隐约约地被提及。然而,这些能力在教师的知识、教学和学校管理工作中并不是无关紧要的。至少应该明确地提到教师在道德、文明、个人修养和社会阶层这些方面的重要性,还应该明确他们在道义层面上被认可的和实践的行为的重要性(Nanni,2000a)。

同时,还要指出的是理想教师不可或缺的一个组成部分,即为比自己年轻的教师提供支持和帮助。教师工作的中心应该是其教育和文化功能,这是教师职业特性的综合,旨在进一步保证学生学习和学校生活的质量。

《五年计划》还指明了实现教师在职培训的途径。教师在职培训的实施,更多的是依赖于自我进修和在正规学校内的长期培训。教师在职培训的难点在于怎样对教学生涯制定评估的标准。究竟是用外部评估还是内部评估?怎样才能将学校或学校联盟内的评估与国家学校系统质量评估院的工作联系起来?怎样让学生和家长都参与这项工作?这些都是有待解决的问题。

三、改革浪潮中教师的初期培训

在提出问题的同时,政府却没有在教师的初期培训问题上采取进一步的举措。

针对教师的初期培训的结构,我们先提出与正在实行的大学改革相关的三个基本构想:

(1) 三年制本科加两年硕士(三加二模式),加上一年实习期。即所谓的"特兰法利亚构想"(以议员和历史学家尼古拉·特兰法利亚 Nicola Tranfaglia 命名。特兰法利亚是大学改革委员会的成员,也是学校改革四十人咨询委员会的成员。(关于这个咨询委员会,在前面讲到改革内容的时候曾经提及)一部分人认为,硕士课程应该立足于学科逻辑,以加强教育的科学性,同时认为教育学学科只要进行重要的补充。另一部分人则认为,要提高教育学学科的学分,占硕士课程 120 总学分的一半)。

(2) 三年制本科加两年制教育硕士。这是基于专门学校(即 Ssis 或 Siss)的现行教育学系的模式。

(3) 对所有科系开放的教育学硕士。对于幼儿园教育来说,则在现行的初级教育学课程中开设一系列专门课程。

除了理论层面,这些构想还与复杂的大学学术机构的运作息息相关。全新的学校需要全新的教师,或者更恰当地说,改革的良好成果必须依赖于高素质、有能力的一流教师,仅仅有动力和意愿是远远不够的。

正因为这样,人们达成了一个共识,即教师的职业生涯也应被置于终身职业进修的框架之下。教师的初期培训是进一步进修的基础,而进修应该使教师质量不断提高,并能应对工作中的整合、转型、调整和获得新的专业资格(这需要经济上的适当支持!)。尽管根据第 30/2000 号法案所规定的系统框架,对待所有教师都应采取同样的标准和原则,但仍然需要一种在各教育阶段有内部分类和专业的初期培训。这样,教师从一开始便有通过综合学习、再次转换专业、重新参加培训(利用假期或委托带薪培训)来实现在不同教育阶段内流动的可能性。当然,教师培训的专业化所要求的不仅是将初期培训与继续培训连接起来,而且更要在初期培训时就开始注重理论与实践的联系、科学知识与在他们的大学学习期间所接受的教学中被有意识地引导所获得的知识之间的联系、学科专业性与开放的跨学科和全球文化之间的联系,以及方法论和创新"思维"之间的联系。这一问题不仅是想要成为改革浪潮中的学校教师的人所需要面对的,而且是大学机构及其教师所要面临的。

在这一层面上,学校、大学和企业界的相互作用便需要被认真审视,科学技术的作用也不容小觑。而对教师来说,他们所需要具备的则是对专业发展的义务感和个人与集体的基本责任感。

第七节　一些横向的总结性思考

在对本章进行总结之前,我们先阐述一些值得关注和期待完善的方面。此外,也试图总结一些改革的正面内容。

一、自主权和平等: 笼罩在贝林格改革两个要点上的阴云

我们觉得,政府的教育阶段重组计划并未充分考虑到教育体系的自主权和教育培训综合体系的新情况。

事实上,仔细审视现在的教育模式,人们并不能看到一个真正的自主权的存在,即由集体和公民组织的自主管理。根据意大利宪法,"自治权意味着每个'社会构成'在自己的领域内都能够做到自主管理,不需要上级监护,独立行事,且在确定自己行为目标和负责实现自身目标上享有自由"(Bertagna, 2001 - 4 - 1 a, p. 10)。然而,课程的指导意见却不恰当地将教育团体决定教育学生所用方案的自由限制了起来。

同样地,"实施计划"并不能使得它所期望的、通过在教育体系内引入同等地位的学校而增加的教育机会得到发展。

对于教育各阶段重组的改革一方面加强了教育培训体系的统一性;另一方面通过引入自主权和平等,保证了各机构教育培训计划中所提出的不同教育学的文化特性的价值的实现,也很好地回应了日趋复杂的文明社会所提出的教育需求。然而,在基础学校与中等学校的课程重组方面,我们不仅要保障公立学校的自主性,而且要给予同等地位的私立学校充分的自由,尤其是要给予它们在文化指导和教育学—教学方向上的自主权。这正是目前我们所没有做到的。

还要指出的是,在目前的教育培训综合体系下,对于自主权的实践仍然不够。事实上,教育阶段的重组应该发展出一个完全独立于公共教育部的、可靠的国家评估系统。这是公立学校与同等地位的私立学校实现完全平等所必需的正确、透明和可靠的标准。

更具体地来说,在自主体制下,享有同等地位的私立学校所提供的教育机会作为一种公共服务资源,应该与拥有自主权的公立学校一样亲近民众。这

有利于将其有效地整合到教育服务网络中，以满足不断增加的社会需求。在这一点上，我们必须充分考虑到地方机构（大区、省、市）在对其所在地域内学校资源的规划和分布上所承担的责任（Malizia e Stenco，1999）。

享有同等地位的私立学校作为国家教育体系的一个组成部分，应该获得发展公共服务所需要的足够支持，以充分实现其价值。但事实是，国家和地方机构的财政支持被用在公立学校的建设上。这也反映了整个教育培训体系改革中的一个问题。无论是在过去还是现在，改革的呼声越来越高，相关的措施也层出不穷，然而实质上却总是从属于政治需要和政府的经济计划，其结果就是：任何一项法律和行政方面的成果在具体实施的时候总是会被削弱，甚至成为不可能完成的任务。

二、课程中宗教的价值和比重

政府的《五年计划》中另一个不尽如人意的方面就是宗教在课程中所占的比重。但这并不是说，该计划的内容没有考虑到价值观问题，只要看一看它是如何强调课程的重组就能明白。《五年计划》强调，课程的重组"必须在每个年级内实现以学生为中心，在任何时候都要尊重并考虑到他们都是不同的个体，年龄水平与发展模式也不尽相同，属于不同的社会阶层，信仰不同的宗教，来自不同的国家，拥有不同的文化和社会经验"（《五年计划》，2000，pp. 15-16）。

然而，当涉及这条标准的具体内容时，政府文件却仅指出：要致力于"承认和尊重不同的传统文化，传承古典精神和基督教文明"（《五年计划》，2000，pp. 15-16）。但在之后的课程指导意见中，宗教却被边缘化了，与其同处于边缘地位的还有欧洲和意大利文明以及具有特色的古典—基督教根源。（Bertagna，2001-3-15 a）。国家公共教育委员会似乎已经意识到了这种边缘化现象，并对此提出了由多数成员通过的评价意见。根据这一意见，课程方向的设置隐含着一种"学校无法接受的概念，因为这种概念缺乏教育学—文化气息，并建立在知识实用主义模式的基础之上"（Cnpi，11 aprile 2001，p. 46）。

另外，需要指出的是，在第 30/2000 号法案第 1 条关于教育阶段重组的内容中明确指出，学校的宗教教育应该与其他科目的教学进行整合，尤其是与智力和精神方面的课程相结合，但绝不能与这些科目融为一体和取代这些科目，也不能完全被这些科目所取代。作出这样的规定至少出于三个方面的考虑。

第一，在内容方面，宗教是文化的发源地，是能够回答大是大非问题的生活经验，是传播官方认可的历史遗产和公民财富并使之社会化的途径。从历史上来看，无论是在意大利还是在欧洲，宗教的主要形式是天主教。但不可否认的是，在当今世界，宗教已经在各地广为流传，并在教育环境中有着其独特的影响。

第二，注意宗教在教育中的比重就是注重宗教教育带来的成效，以及宗教教育渗入到学校学习内容中的文化客体（观念、事件、制度、习俗……）。

第三，除了纯粹的认识层面，对宗教教育的关注不仅与知识和学科相关，而且还与学校成员（学生、教师、家庭，以及实现自主化所需要的大环境）相关。事实上，必须明白，在培养批判精神的过程中，宗教教育将会对学生的生活、思考和习惯产生一定的影响。它可以是一种事实，可以是一种选择（同意或反对），也可以是面对大是大非问题时一种具有建议性的、有可能进行的重要的对话方式。在集体生活层面上，正如1984年修订的意大利共和国与意大利天主教会的协议所指出的，学校对宗教教育的重视是一种责任，因为天主教是意大利人民共有的历史遗产。更宽泛地说，当今，宗教信仰、宗教运动和大宗教在全球化背景下所有人的生活和文化中都有着不容忽视的影响。

另外，还可以看到，宗教教育可以通过多门科目来实现。也就是说，它既是一门特定科目，也是一种具有"扩散性"的教育，即每门学科（文学、历史、哲学、艺术、科学等）都能涉及宗教。因此，从每门学科各自的角度以及根据不同的学科特点，在研究时以及与常常相同的宗教内容，例如，关于《圣经》、耶稣、教会的性质、道德文明的宗教根源、理性与信仰、科学技术与宗教等进行跨学科对话时，重视宗教的这个特点。

还值得一提的是，在意大利任何阶段和级别的学校中都会设置关于天主教的特定课程，这是根据1984年的协议和1985年的进一步协议而制定的。这类课程属于一门公共课，也属于课程计划中由国家规定的必备内容，其目的在于为那些通过"自由选择"认为宗教有用的学生提供加深对天主教认识的可能性，以及培养个体的价值判断标准，以促进他们在宗教世界里批判能力的成熟。

三、职业教育：有所进步但一直处于学校教育之下？

改革用其特有的方式认真严肃地考虑以下事实：在向知识社会和复杂社会转变的过程中，工作的意义和模式也会改变，从而催生了一些新的职业，并让原有的一些职业改头换面，甚至会导致一些职业最终退出历史舞台（Malizia, 2000）。

随着义务教育概念的引入（第144/1999号法案）和关于教育阶段重组的第30/2000号法案的颁布，义务教育阶段之后的所有教育方式似乎都获得了同等的地位。换句话说,离开学校参加职业培训不再被看作一种自我放逐,而是一种对完成自身学业的正常补充,其目的是获得有效且有竞争力的职业资格,或者更宽泛地说,接受高级的文化培训。同样地,"辍学"一词不再只用来表示放弃在学校中的学习,而是指没有获得任何毕业证书或资格(没有完全行使接受高质量教育的个人权利)便离开了学校培训体系。

然而,无论是第 30/2000 号法案还是关于其实施的五年计划都没有就学校与职业培训的相互关系和必要整合作出明确而具体的界定。虽然其提出的指导原则阐明,一个仅由学校构成的教育体系无论是在文化上还是在社会上都是站不住脚的,但这些文件却没有赋予这个指导原则可操作性。与此同时,职业培训与中学阶段教育培训体制下的学校教育过程的独特性相比,其仍然处于边缘和次要地位。然而,在大部分欧盟国家里,职业培训却被确定为教育计划中合法且不处于从属地位的一个部分,职业培训是实现学校同等地位的一个渠道,也是学生行使受教育权的实实在在的一种扩展方式。

结　语

2001 年 7 月 4 日,中右派政府新任公共教育部部长莱蒂奇亚·莫拉蒂废除了其前任中左派政府即将于 2001 年 9 月 1 日开始实行的教育阶段重组措施。在她看来,在财政法庭(Corte dei Conti)证实改革措施的通过程序存在一些操作规范上的问题时,其改革已经完全失去了其可行性。同样,拉奇奥大区行政法院(il Tar del Lazio)也宣称,本应从 2001 年 9 月开始在小学一、二年级实行七年制基础学校的规定已失去效力。2001 年 4 月,国家公共教育委员会(Cnpi)中的多数成员已经提出过否定意见,一方面是由于从 9 月开始实行新的措施缺乏必要的保障(职能部门、人员培训计划和技术支持),另一方面是来自学校模式本身的原因(Cnpi,2001)。但是,这一切不能仅仅被看作是一种行政—程序上的介入,而应被看作在新的环境下(即中右派执政环境下)开展全面而复杂的改革进程的信号。

我们将在下一章中对此展开深入的阐述。

第四章　莫拉蒂改革

正如前一章最后所述,2001 年 7 月 4 日,新上任的中右派政府公共教育部部长莱蒂奇亚·莫拉蒂(Letizia Moratti)撤销了前任中左派政府即将自 2001 年 9 月 1 日开始实行的教育阶段重组措施。2001 年 12 月 19—21 日,莫拉蒂部长召集了与教育改革相关的各个社会主体,并在会上宣布了取代前部长贝林格颁布的第 30/2000 号法案的改革计划。在贝尔塔尼亚委员会(以委员会主席、贝尔加莫大学教授、教育家朱塞佩·贝尔塔尼亚(Giuseppe Bertagna)的名字命名)所做的充分准备工作以及学校联合体(Stati Generali della Scuola)在国会大楼内召开成立大会后,新的改革法案正式进入通过程序。这一法案是一部委任制法案,它勾勒出一个总体框架,并委任部长在 24 个月内就其具体方面颁布一项或多项具体法令。这一法案的颁布意味着从"马赛克式"(即法案由各个具体法令构成,这是贝林格部长时期的特点)向莫拉蒂时期的"委任式"的转变(Nanni, 2003;《关于工作困难群体的报告》,2002, Capaldo e Rondanini, 2002; Malizia e Nanni, 2002)。该法案的第一文本应在 2002 年 1 月 11 日颁布,然而却在中右联盟内部遇到了重重阻碍,不得不延迟一个月发布并进行了重大修改。执政党之一的民族联盟拒绝了高中四年制的提议;作为另一执政党的北方联盟要求追回大区的指定经费份额;经济部则没有对用于教育的财政经费数目做出明确的规定。因此,高中仍然保持五年制,幼儿园和小学的入学时间提前,关于改革的任何一项行动都必须有预先的财政保障。尽管披上了这样的外衣,这个委任法案要在 2003 年 3 月 12 日获得议会两院的通过还是需要一个"保护伞",以便顺利获得 2003 年的财政经费。终于,2003 年 3 月 28 日,法令的颁布机构——官方公报颁布了第 53 号法案(以下简称为"第 53/2003 号法案")。然而,后续的各个法令之间的协调平衡工作还要继续,以弥补其中的不明确或遗漏之处。

将这一情况与前两届中左政府和启动全面改革的教育部长(贝林格和德·莫罗)所造成的局面综合起来看,一种"无休止改革"的感觉以及对迈出前进的关键步伐被无限推迟的失望油然而生。尽管这是每个改革者在改革进行过程中必须面对的情况,但却使得学校、家庭和关注教育问题的人们普遍感到不适(意大利中学教师天主教联合会 Uciim,2003)。

第一节 莫拉蒂委任法案概述

与第 30/2000 号法案相似,第 53/2003 号法案一开始便明确了改革的目标。这次改革建立在强调学习者的中心地位以及尊重不同年龄段和个人不同特点的基础之上(Malizia e Nanni,2002 e 2003;Nanni,2003;Nicoli,2003;Nanni e Malizia,2004;Sandrone Boscarini,2004;Malizia,2005;Decollanz,2005;Malinverno,2006;Scotto di Luzio,2007)。根据该法案,学校和家长的关系应被定义为一种合作关系,同时,家庭对教育的选择拥有中心地位。

莫拉蒂改革充分采用了宪法第 5 章修正案——第 3/2001 号法令——所勾勒的全新的教育蓝图。宪法第 5 章修正案第 114 条从最接近公民的机构出发,颠覆了传统的共和国政府等级概念。该条明确地写道:"共和国由市镇、省、大都市、大区和国家组成。"换句话说,它使建立在国家绝对特权基础上的国家模式转变为各级政府职能相互结合、相互作用和相互影响的模式,包括国家、大区、地方政府和自主的教育机构,而自主的教育机构在整个"教育培训体系"的构成和运行中占据着基本的主导地位。(第 53/2003 号法案从第 30/2000 号法案中引用而来)就这一点我们将在后面进行深入探讨。

莫拉蒂改革的另一飞跃表现在对于公民教育培训权利的保障,每个人都有权接受至少 12 年的教育培训,在 18 岁之前都有权达到相应的教育阶段。换句话说,该法案正向欧洲近年来的发展趋势靠拢,也就是第一章所提到的对义务教育概念本身的超越。这一切都建立在推广"终身学习"这一概念的基础之上,正如《德洛尔报告》所指出的,教育的中心不再是教育过程和教师,而是学生的学习过程以及对学生自主学习能力的培养。教育不仅要考虑到时间上的持续性(终身教育)和同时性(正规教育、非正规教育、非正规教育),而且要考虑到学生个人的全面发展。因为教育的目的既要培养人的文化、职业和情感素养,还要培养其精神道德情操、历史意识以及一种对地方、国家和欧洲文明的归属感。

教育培训体系具体分为幼儿园阶段、以小学和初中构成的第一阶段、以高中和职业教育构成的第二阶段。

幼儿园教育为三年制。与第 30/2000 号法案提出的目标相比,新的改革法案强调幼儿的交往能力和精神发展,尤其是道德和宗教意识的培养。但最有争议的一点是,该法案允许在每一学年 4 月 30 日前年满 3 周岁的幼儿注册进入幼儿园。

小学教育为五年制。其具体分为培养基本动手能力的第一年和两个各为期两年的教育阶段。另一个全新的政策就是入学时间的提前,即在每一学年 4 月 30 日之前年满 6 周岁的儿童被允许进入一年级学习。

在小学的初始阶段,至少一门欧盟国家语言和计算机技术被列入教学要求之中。另外,五年级期末考试,即小学阶段的毕业考试被取消。

初中教育为三年制。其强调学科学习,学生必须学习第二门通用语言,并深入学习计算机技术。经过三年的学习,学生会渐渐明白如何选择自己未来的道路,最后他们需要参加一次毕业考试。

初中阶段的一大改变是,传统文化教育被放到了与当代社会的科学文化发展教育同等的地位。

在第二阶段——包括高中(由国家负责)和职业教育培训(由大区负责)——需要不断关注的是,年轻人通过知识、行动、应变能力和对自身的反思性批判,得以在教育、文化和职业上成长。

具体来说,高中分为以下四个方向:传统文化;文科;理科;艺术。同时,在这几大方向中还包含着一些新的小方向,例如,经济、技术、音乐、语言、人文科学。高中阶段为五年制。其具体分为两个各为期两年的教学活动阶段和为期一年的学科巩固以及对学到的教育、文化、职业知识和能力进行深入发展的阶段。最后,学生需要参加由国家组织的毕业考试,考试合格者具备了进入大学学习的资格。

由大区负责的部分没有具体的变动,职业教育培训仍然按照教育、文化和职业技术要求的目标开展,并颁发不同级别的职业资格证书;如果达到国家的技能标准,其证书可以在全国范围被认可。另外,参加职业教育培训的年轻人不仅可以转入高中学习,而且也可以在 4 年的培训结束后继续第五年、第六年、甚至第七年的学习,以取得高级职业资格证书。同时,他们也能在完成第五年学业后参加由国家组织的毕业考试,以便进入大学学习。

不管学生选择接受何种教育,在教育培训体系内部都可以进行转换调节。在 15 岁之后,无论是高中毕业证书还是职业资格证书,都可以在学习—工作交替进行的过程中或是通过实习经历获得。

在整个教育培训体系中,所有的学习计划都围绕着一个全国统一的根本中心开展,即必须反映国家的文化、传统和特点。另外,各个大区也可以根据自身需要和地方现状加入一部分内容。

在这些规定中,可以看出,教育培训体系中的一个重大转变。贝林格和德·莫罗的改革将教育思维从计划型转向了课程型,即工作的重点从以公共教育部为中心转向了学校和教师对具体课程的规划。但是,莫拉蒂的改革法案通过引入"个性化学习方案"这一概念,将学生和家庭所承担的个人教育责任摆在了首位。

教师要在各阶段、各学年对学生进行考评,既包括学生的学习情况,也包括学生的行为举止。(这也是莫拉蒂改革中的另一项革新!)新的法案废止了学生两年制升留级的规定(当初引入这一规定是为了保证学生有充足的时间补习落下的课程),恢复了传统的评分标准和学年升留级的规定。

新的法案同时肯定了国家考试院每两年需用全国统一的标准去考核教育培训的整体质量和掌控学生的文化水平,这样也可以对学生的文化水平有更好的了解。完成教育阶段需要进行的国家毕业考试——初中阶段毕业考试——由考试委员会组织的测试和国家考试院负责的测试共同构成。

教师培训(委任法案第 5 条)是每位教师平等享有的权利,培训形式为参加大学中的硕士课程。硕士课程是对职业能力的培养,意味着学习者可以从事相应的工作、预先签订工作培养合同并参加具体的实习活动。教师回到大学参加培训课程,目的是在个人事业发展的道路上获得所需要的能力,例如,在学校内部进行协助、辅导和协调的能力。

第二节　全新的教育蓝图

第 53/2003 号委任法案是建立在意大利近十年来通过努力而获得的成果之上的。其目的是使得国家的整个行政系统(教育培训体系是其中的一部分)能够适应社会生活和文化的变化,同时符合 1948 年共和国宪法和第 3/2001 号宪法法令中的大区民主模式。

一、从中央等级模式向"多极"模式的转变

根据前面所提到的 2001 年宪法新法令,国家在教育一般规范和主要教育层次方面拥有绝对权利;在确保学校自主权的同时,国家和大区在教育领域承担着同样的职责;大区在职业教育培训方面拥有绝对权利。在这一方面,新的委任法案希望能够符合立法会议成员的意愿,即国家和大区方面与地方和教育机构方面能够携手合作,在尊重各自权利的基础上,制定一个既符合学生和家长的要求,又能满足地方需要,同时符合国家统一协调标准的培训政策(文

件的正文与内容。阅读指南,2002;贝尔塔尼亚 Bertagna,2003 年 5 月 15 日;阿斯特里德 Astrid,2003)。

在这个意义上,可以说,教育模式正从中央等级模式(教育部决定一切,并通过各级机关将执行计划和指示以及各项措施自上而下地传递到各个学校)向学校自主管理模式转变。在这种模式下,各个主体拥有不同的详细职责,它们在参与过程中互相协调"指挥",最终完成教育培训体系所规定的目标(即多极模式)。

从中央等级模式向强调地方和学校自主权的多极模式的转变,也顺应了在国内文学、政治上已经普及了的一种共识。但危险是不可避免的,首先,各个地区没有一个共同的指挥官很容易造成国家系统的分裂;其次,在教学质量较高的 A 类学校和教学质量相对较低的 B 类学校之间很容易出现两极化现象,之后便会出现排他现象和边缘化现象,而这些现象在教育、社会和民主层面上都是不可能被允许存在的。

为了避免这些危险,其他国家已经出台了一系列措施,意大利立法机构(具体来说,就是新的委任法案)也试图在我们的规范中引入这些措施。

最重要的战略就是在多极模式中明确国家的角色。具体来说,国家具有三个职责:全局掌控教育培训体系;评估整体教学质量,保证全国各地都能达到规定的教育水平;发现学校之间的不平衡状况并采取有力的平衡措施,即对地方自主原则进行补充支持的纵向辅助原则。具体来讲,第一项职责主要由公共教育部负责,它根据委任法案颁布不同的国家规定和指导性文件,旨在对学校制订教学计划和个性化教学方案提供支持;第二项职责主要由国家评估院负责;第三项职责则由公共教育部下层各个支持、培训和进修服务的部门负责。

地方机构所负责的计划制定和协调工作也沿着同样的方向进行。这里必须要强调的是国家和大区联席会议。因为上面也已提到,委任法案在第 2 条第 1 款中规定,教学计划除了全国统一的根本核心外,也包括大区的自主部分,因此教学计划的制定还需要获得大区的配合。

如果说多极模式与传统的教育培训体系管理模式相比,确实标志着一个重大的进步,但决定它是否获得真正成功的因素并不是它保证了体系中的统一高效管理,也不是它使得受教育群体接受高质量的教学,或教师与学生之间良好的人际关系,更不是有效地个性化学习过程的效率(Bertagna,2002)。另外,由于多级模式是一个全新的,精细的模式,因此其引入和发展都需要许多实验和灵活运用,并在必要的时候对其作出一些改进。

二、学校和培训机构自主权的中心地位

正如第三章中已经提到的,在宪法第 5 章修改之后,学校和培训机构的自主权第一次获得了正式的认可,并且这一认可是来自宪法的,而不是像第 57/1997 号法令那样的普通法令(Malizia e Nanni, 2002)。在此之前,只有高等文化研究院、大学和学术机构才拥有教育培训的自主权。在宪法第 117 条中,学校的自主权也得到了明确。学校和培训活动从由国家主导过渡到了由公立、同等地位的私立学校和大区管理的职业技术培训机构自主开展。在教育培训体系内部,国家机构以单独的公共机构面貌出现,它是公共教育服务的一部分,与同等地位的私立学校和大区职业技术培训中心一起构成一个教育服务网。

宪法第 117、118 条允许在辅助性方面进一步的细化。首先,在国家一般法规和大区自主计划普通法令允许的情况下,学校的教育和培训受公民自由开展的自发行为的支配。其次,拥有自主权的公立学校也受到国家和大区法律法规的约束,是公民自由开展的自发行为的辅助;而非公立的学校机构在教育一般法规范围内也享有完全的自由。最后,教育一般法规的客体是其提供的服务,即教育和培训,而不是教学的组织和学习的过程,但后者构成了培养人的学校制度。

换句话说,宪法所认可的学校自主权并不是公共权力平衡的结果,而是公民团体和社会自我管理与横向辅助这一原则的实现。这种自主权强调的是用学校责任和自我发展的眼光来实现学校内部的能力价值(Astrid, 2003)。自主权并不是让学校带有自我独断独行或企业化的印记,而是使学校面向社会,成为社会服务的一部分。学校将成为社会文化发展的促进者,并成为调节地方需要与国家需要的中间人。

在自主权被认可的多年后,人们不得不承认,自主权的实现步伐极为缓慢。也许,它还要与国家和地方不断出现的新中央集权主义作斗争。一些大区取消了对学校的经济支持,除非学校的活动与大区的工作计划相一致,这一点充分说明了新中央集权主义的抬头(Bertagna, 2003-5-15)。正如莫拉蒂改革中所规定,充分的财政自主权是必须被保证的。"如果不是这样的话,那么获得自主权就好比获得了贵族头衔,却没有得到封地。就像粗心大意的君主册封了"全民骑士",却忘记了在这一新兴特权阶级中建立起尊严、忠诚与团结"(Corradini, 2003, p.51)。

撇开自主权的确定性不谈(在后面几章中可以看到,之后几届中左政府教

育部与中右政府教育部都对其提出了质疑），应该看到，莫拉蒂部长所制定的全国性文件（委任法案、具体的委任法令及其他）之间都有着紧密的联系。但很显然，如果学校不将这些文件创造性地运用到各自的计划和日常教学活动之中的话，那么自主权的影响就会被减弱。换句话说，改革的挑战迅速地被完全反映在自主权这一问题上，需要采取措施保证自主权被真正和充分地行使。

第三节　从教育部计划向个性化学习方案的过渡

如果仔细研读第 53/2003 号法案，除了能对公共教育培训体系的组织结构概况有一定认识外，也能注意到其中一些关于教育学和教学的具体内容，这些内容基本上可以称为"国家教学"其中一些方面超出了立法者的职权，同时也超出了学校和培训机构的自主权职责。

一、从教学计划到个性化学习方案

自主权规定（DPR，第 275/1999 号法案）所谈论的是学校在组织教育学—教学活动中的课程设置，而第 53/2003 号法案强调的是"个性化"学习方案（Bertagna，2002，2003 - 4 - 15，2003 - 5 - 15；Sandrone Boscarini，2002）。贝林格的改革已经成功地完成了从国家计划到教学计划的过渡，也就是从以教育部为中心到学校和教师制订教学计划的过渡。莫拉蒂的委任法案通过引入"个性化学习方案"这一概念，将学生和家庭的教育责任放在了首位。

国家计划的一个特点是执行性。教学内容由国家颁布，学校和教师的任务则是努力地完成教学任务，保证每个班级采用完全相同的教学模式，认真严格地执行教育部的指示。教师对待工作的态度应该是一种努力执行任务的责任感。国家计划的指导意见高于学生的需求。

但是，在贝林格改革的教学计划框架下，公共教育部颁布全国统一的价值标准和约束标准，学校的任务是将这些标准自主地与各自教育环境下的特殊需求相结合。同时，教师必须将国家指导方针具体化，发挥自己的创意，制定学校的培训计划。在这一环境下，教师和学校很可能忽略学生和家长的需求，学生和家长只是扮演一个"接受者"的角色，而不是共同建设课程的主角。

在莫拉蒂的改革下，这些情况都将不复存在。个性化学习方案的提出是一次思维的转折，人们开始充分地认识到，学生的中心地位、学生和家长的教育责任以及在一个不断对话的框架下共同选择和执行、尤其是共同构建学习方案时考虑到地方实际情况。参照"全国"的强制标准，个性化学习方案受教育、文化、职业能力大纲以及国家指导方针的约束。

《教育、文化和职业能力大纲》(Pecup)明确了每个学生培养为一个主动的、能承担责任的公民所必须掌握的知识(各科知识和跨学科知识)与能力(动手能力和职业能力)。大纲总共有两部,一部适用于教育的第一阶段(6～14岁),另一部适用于教育的第二阶段(14岁至十八九岁)。同时,大纲还为教育和职业培训机构提供了一个学生必备能力水平标准。大纲强调了国家教育培训体系中国家与大区的配合,并具有强制性。该大纲是定义培训过程的共同目标和学习过程的具体目标的指南针,同时也是实现各个培训机构开展的教学活动的统一与协调的工具和保障。

与此同时,国家指导方针规定了培训过程的共同目标,细化了国家教育培训体系下的各个机构必须保证学生达到的必备能力水平标准,保障高质量的教育和培训的目的是使年轻人得以充分享受个人、社会和公民权利。国家指导方针由教育部专家和技术机构与其他国家部门合作制定,并受到国家—大区联席会议的制约而具有强制性。国家指导方针以《教育、文化和职业能力大纲》为基础,同时也参考了学校和培训机构最成功的教学经验。

在这两部规范性大纲之外,公共教育部还尝试加入了建议部分,这是一份关于教学方法和文化活动的选择与开展的指导性大纲,因而其本身并不具备规范性。

各个学校和教育团体被要求根据学生的能力,创造性地解读并规划《教育、文化和职业能力大纲》和国家指导意见所要求的教学内容。

个性化学习方案的作用在这里得到了体现。该方案是教师为每个学生准备的学习单元的集合。每个学习单元都包括能保证教学目标成功地转化为学生能力的教学目标、教学活动、教学方法和组织解决方案。另外,还包括评估这些能力的方式。将各学习单元进行改进和整理,便形成了有利于学生学习的幼儿园、小学、初中、高中/职业培训个性化学习方案。

公共教育部提出的一个新的教学手段称为"个人能力档案"。(改革启动,2003)"个人能力档案"是经过编排、筛选、评论/评估后的学生学习成果的样本汇集。这些样本能反映出学生在学习过程中的状况以及其能力的拓展和质量,同时也能反映出所进行的教育活动的效果。这些材料将陪伴学生完成整整十二年的义务教育培训,通过必要的编排后,还可以在他们寻找工作、变换工作和接受继续教育的阶段继续陪伴他们。"个人能力档案"具体包括两个部分:评估与指导。

在实现"个性化学习方案"和"个人能力档案"的过程中,作为协调—辅导员的教师(改革启动,2003)以及课堂活动和实验室活动的细分是最为必要的因素。莫拉蒂改革强调实验室活动,其目的是实现个性化教学并在每所学校或学校网中拓展教学机会。对于实验室活动的强调,表明学校正从以听课为中心向以实验室为中心的转变,即强调思考、共同参与、协商以及语言和人际关系上的合作。同时,人(具体来说就是学生)被认为是新的学校组织中首要的和具有建设性的元素。相应数量的学生组成一个班级,每个班级都配备"班主任"。班主任将与其他同事一起,在学校培训计划框架下,根据国家指导方针中所规定的要求和资源,与学生和家长代表一起制定学生的学习方案。这种学习方案主要建立在两种学习方法之上:以班级活动为基础,即固定数量的学生共同完成基本相同的活动;以实验室为中心,即学生根据不同水平、不同任务自由分组,也就是说,不同班的班主任带领的学生也可以作为一个集体在一起学习。班主任与实验室教师、家长和学生合作,共同填写"个人能力档案"。

二、第一和第二阶段的《教育、文化和职业能力大纲》(Pecup)

《第一阶段教育、文化和职业能力大纲》的前言强调了从幼儿园到小学、再到初级中学这一教育过程的连续性;同时也确定了在教育过程中任何阶段的教育都不能一次获得而终身受用、也没有什么是一次失去就不可弥补的原则,也就是说,那些没有完成之前学业的学生可以在之后补上(《第一阶段教育、文化和职业能力大纲》(6～14岁),2002;Bertagna,2002)。制定这一原则的最终目标是应对成绩不佳者放弃学业与出类拔萃者(包括学校、教师、家长和学生)出现惰性这两个趋势,因此,该大纲不断鼓励学生树立对自己能力的信心。从这个角度来看,第一阶段的教育旨在成为一种有效的包容手段。对于生理上有缺陷的人来说,提供给他们的应该是一种教育,而不仅仅是帮助他们克服生理缺陷和提供技术性的帮助。因此,教育是建立在对每个人身上的优点予以肯定的基础上的,它不是减法与否定,而是对价值的加法与肯定。在这个意义上,生理缺陷的群体更多地被认为是"能力不同的群体"。

正如前面所述,教育大纲"明确了一个14岁年轻人在其全面成长的这一特定阶段所必须掌握的、成为一个合格公民所必需的知识和能力"(教育大纲,2002,p.3)。相关能力可以被细分为以下四个方面:

(1) 在个性和自主方面,学生必须懂得作出个人选择并承担责任。

(2) 在发展方向方面,学生必须能够制定将来的计划,并懂得进行评价和改进,以达到自己的人生目标。

（3）在社会共存能力方面,学生必须懂得共存、共享和共同承担责任。共存能力既是公民、环境、交通、健康、食品、情感教育的综合,又是包括任何一种文化、学科与跨学科工具的传授和学习的前提,也是学习不同学科的知识与能力的最终目的和出路。

（4）在文化方面,学生必须学会分析和掌控经验。

《第二阶段教育、文化和职业能力大纲》必须以第一阶段大纲为前提,在其基础上继续发展,进一步发挥其导向作用。但它与第一阶段大纲有着一个显著的不同:在前言部分除"懂"和"做"之外,还加上了"行动"（即人际行为和关系的总称）,作为通向"成为"（即一种丰富其个性、使其超越所经历的不同教育阶段、在整个人生和职业历程中成为一名自主建设者的能力）的中间桥梁（《第二阶段教育、文化和职业能力大纲》,附件 A,2005）。显然,在以学习处于第二位为特点的这一阶段中,有组织和有系统地培养学生用批判眼光对知识、行为和举止进行反思是教育力求要完成的任务。

第二阶段大纲的前言部分论述了第 53/2003 号委任法案第 2 条 a 条款和 g 条款中所提出的针对高中和职业教育机构的学生以及超过 15 岁、正从学校向工作转换的学生的三个教育目标:一是文化和职业素养的提高;二是自主判断能力的发展;三是个人和社会责任的履行。前言部分的意义十分重要,因为它还明确了在整个改革过程中教育学理论的基础地位,具体表现为未来目标前景的两个转移:

（1）由注重结果向注重过程的转移。教育强调的不再是对特定知识和行为能力的掌握以及智力、道德、社会、行动、审美和情感活动的开展,而是教育的中心从获得知识和职业能力转向了用获得的知识和能力促进并推动个人的发展。

（2）由注重内容向注重个人的转移。懂、做、行动以及对它们的批判认识,被认为是人们面对发达的科技工业社会、全球化及其影响、多元文化以及多媒体社会的种种挑战时,能够最大限度地使个人得到成长的途径。

这种未来目标前景的转移,必将使得未来的教育学—教学前景也发生相应的转移:

（1）从具体获得知识到获得知识的能力的转移。即从强调主体在受教育过程中接触到并学会的各种知识向培养懂得怎样获取知识、具备个人文化修养、懂得自我提升以及能够运用所学知识并时刻充满动力和目标的人转移。

（2）从职业能力到竞争力的转移。这里的能力不仅仅是某一社会—职业领域所需的知识和能力的有机结合,而是一种从未被完全定义的能力。这种能力不断被补充和更新,其目的是使人在生活和工作上遇到新问题、新局面时能够展现最好的一面,并熟练地面对它们。

这样,在教育的第二阶段,教育在学校教育和职业培训中转变成了一种自我教育。教育允许人们在人际、社会关系以及与其他事物甚至整个世界的关系中带上个人印记;使得人们不仅仅在个人层面上,还要在社会层面上找到位置和承担责任,并回应由于自己的选择而造成的有意或无意的后果。一切都被置于"终身学习"的环境下,也就是说,在人生的整个阶段都能参与学习,不受直接参与工作或继续上大学、参加高等职业培训和其他高等教育的选择的限制。

这份十分"个性化"的大纲还规范了其内部结构和具体细则。第一部分专注于个性和负责地行使自由权;第二部分为文化工具;第三部分延续了第一阶段的教育主题,并将其发展到"社会共存"阶段。第二部分列出了一份比较具体的清单,详述了传统科目所要求具备的能力。下面我们例举大纲中所要求的第二阶段所需掌握的能力的几条指导原则:"制订学习自主的方法,既要使自己的学习风格体现出价值,又要在面对所遇到的各个学科问题的本质和复杂性时体现出价值";"对具体问题和抽象问题思考为什么、如何做,区分原因和结果,辨别概念和事件的简单链条与复杂链条关系";"掌握适应社会并使自己的意见获得合法认可所必需的表达能力和思辨能力";"牢固掌握意大利语,并适当地与英语和第二门欧盟国家通用语言进行比较";"了解主要的文学类型,认识意大利文学和世界文学,尤其是所学语言的欧盟国家文学中的作品和作者";"培养对口头艺术作品、表达和思想深度的品位";"运用英语和第二门欧盟国家语言进行交流,同时也要认识这些语言所属国家的文化"(《第二阶段教育、文化、职业能力大纲》,附件 A,2005,pp. 4 - 5)。

值得注意的是,这些指导原则的表述都使用了动词原形,例如(制定、思考、掌握……等),而不是用静态的宾语来阐释,这使人联想起对过程的强调。学校必须以对每个学生的个性化学习方案高度负责的精神来规划教育过程和学习机会,同时,学校必须对教学常规不断进行改进。

第四节 莫拉蒂改革的现行法令

第 53/2003 号法案是一部规定基本原则的总法律,具有很强的指导性,并委公共托教育部就改革的各个方面制定具体的规定。具体来说,已颁布的相关法令涉及以下几个方面:国家评估服务机构(第 286/2004 号法令);幼儿园与教育第一阶段学校相关规定(第 59/2004 号法令);学习—工作交替相关规定(第 77/2005 号法令);教育第二阶段必备能力水平的一般规定与基本水平(第 226/2005 号法令);参加教育培训的权利与义务相关规定(第 76/2005 号法令);教师为开展教学而参加培训进修相关规定(第 227/2005 号法令)。下面将就我们所认为较为重要的部分规定进行阐述。

一、参加教育培训的权利和义务

莫拉蒂改革实现的是一种质的飞跃,主要表现在将教育培训从强制性措施变成了个人的权利和义务。这一点在第 76/2005 号法案中被确定并通过。该法案明确了参加教育培训的权利与义务的相关规定(Malizia e Pieroni, 2007; Montemarano, 2005; Nicoli, 2006; Romei, 2005)。在终身学习的背景下,该法案重申了第 53/2003 号法案中提出的任务,即人人享有达到高等文化水平以及发展融入社会和工作所必需的能力的机会。义务教育和义务培训并没有被忘记、去除或削弱,而是被重新定义和扩展为参加教育培训的权利,并得以完全实现。换句话说,教育成为了所有人、也包括那些外国籍的未成年人的个人权利和社会义务。更确切地说,"共和国保障所有人接受教育培训的权利,教育年限至少为 12 年,或者在 18 岁前获得为期至少 3 年的职业资格证书。该权利可以在教育培训系统中的第一阶段和第二阶段的机构中实现,其中包括学校以及有资质的培训机构中实现……"(第 3 条第 1 款)。

在小学和初中阶段,年轻人就开始享受这一权利。同时,学校也开始开展指导工作。当学生完成了第一阶段的学业后,可以注册进入高中或者职业培训机构学习,直到取得高中毕业证书,或者在 18 岁前获得学时至少为 3 年的学位或职业资格证书。

在信息层面上,为了支持这一权利和义务的实现,国家要求建立一个全国学生档案系统。教育、大学和研究部下层的全国家人口登记处负责将每个学生从小学一年级起的学习、培训和实习过程的数据录入系统。同时,各个大区的人口登记处也将每个学生从小学一年级起的学习、培训和实习过程的数据录入系统。大区还要使它们的人口登记处与辖区内城市和省的人口登记处进行协调和配合。

未成年人的父母或其他监护人是履行教育培训义务的责任人。他们必须为孩子在学校和培训机构注册,尽管该法案第 4 条第 1 款中的一条规定指出:父母拥有对孩子进行独立或直接教育培训的权利,但父母必须拥有相应的技术和经济能力。相当数量的个人和机构被赋予监督教育培训义务履行情况的权利,其中包括：居住地所属市镇、学校领导或培训机构负责人、省级政府就业服务和实习单位的负责人。责任与监督的标准并不是个人的主观意愿,而是通过规范性文件来界定,明确指明没有履行教育培训义务和没有参加义务教育的责任主体所必须受到的制裁。

第76/2005号法令从实质上来说还是利大于弊。事实上,它保障了所有人接受教育培训的权利,接受教育的年限至少为12年,或者在18岁前获得的职业资格证书。它既实现了14～21岁阶段与学校教育平行的连续渐进、并能获得资格证书和学位的职业培训,也有效地保证了学生在14岁时能够决定参加教育系统还是职业培训系统的学习。然而,该法案并没有保障家庭对于公立、同等地位的私立学校和培训机构的自由选择权。这明显是该规定的一个严重欠缺：从这个角度来看,必须知道,在意大利这一基本权利长期以来从未得到过重视。

之后,我们将对后几届政府对该法案的修改与更替作进一步阐述。

二、新型教师：第 227/2005 号法令

在莫拉蒂改革所倡导的辅助性教育体系中（即教师在学生的个性化学习方案的实施过程中充当帮助、辅助和引导的角色）,学校和教师的理想角色与其在国家中央集权教育体系中的角色有很大的区别。国家中央集权教育在之前的学校教学活动管理中占据主导地位（Malizia, Cicatelli, Fedeli e Pieroni, 2006；Bertagna, 2006；C. Scurati, 2006；Malizia e Cicatelli, 2005；Malizia, Cicatelli e Fedeli, 2006）。

第53/2003号法案与第227/2005号法令对于教师的专业性进行了一系列深刻的革新。这些革新举措即使是在今天仍然得到认可,它们还勾勒出了整个意大利学校的未来发展趋势。首先,在教育学和义务教育理论层面上,以人和人的充分自主发展为中心这一理念被认可；其次,强调了自由和个人责任；第三,将规划性作为判断理想学校和教师的原则。

在这一背景下,莫拉蒂改革中的规定建议,教师的工作中心将从教学向学习过渡。另外,规定来提出,教师必须意识到学习不仅仅是认识、逻辑和科学的问题,同时也关系到一个人的情感、行动、审美、道德、社会关系和表达能力。正是由于这个原因,教师必须有能力将教学建立在这一复杂整体的基础上和在其基础上发展,并避免将其简化；超越课程规划不同阶段之间的一致性矛盾,同时反思课程的规划与实施之间的偏差,以便今后对教学进行改善。这要求教师超越那种从一般到特殊、自上而下、从国家到学校的等级式和演绎式的

教育课程设置。国家与地方、学校与班级、小组与个人之间必须进行不断的互动和反馈,从而形成一条在行动上环环相扣的索链。

该规定向教师传达的进一步信息就是必须系统地强调教育目标的价值,不应仅仅考虑学校提供的正规教育,而应将以校外学习为代表的非正规与非正式教育包括在内。这样,所有教师都必须担任系统学习引导者的角色。正是由于教育中各个组成部分的复杂性和最终各立门户的危险性的存在,因此,该规定认为,阐明为每个班级、每个学生配备的辅导员的特殊角色非常有必要。这位辅导员在接受相应的培训后,应当成为学生及其家庭实现在学校中接受正规教育、完成各自的个性化学习方案这一个人权利的保障者。同时,由于在学生和家庭面前,辅导员肩负着培养、教导和咨询的责任,因此,他也是教师群体中最适合在其负责策划实施的组织、教育、教学任务中进行协调的角色,应充分考虑每个人的情况和需求,并使其所在的教师群体取得令人满意的成果。从这个角度来看,他也是一位"协调员"。

在任何体制、任何级别的学校中,教师都必须是普通文化知识和专业文化知识的结合体。这主要表现在以下五个方面:

(1) 拥有某一学科或多学科的高等知识(即大学程度)。

(2) 对其负责的普通学生和特殊学生,例如,学习困难的学生或在某一方面有个人天赋的学生,有正确的认识。

(3) 有组织教学与学校生活的知识和能力。

(4) 有处理好学校关系网的知识和能力。

(5) 拥有上述几项综合能力,可以将之称为教学综合知识和能力,即在一个拥有特定的人际和社会关系的集体中,向每一位学生传授普通文化、某学科或多学科特定知识的能力。

根据第 53/2003 号法案和第 227/2005 号法案所规定的新型教师培训内容,未来的教师所具备的普通文化知识将在教育的第一、第二阶段获得;而大学的任务则是和学校机构合作,为未来的教师提供所需的专业知识和能力。大学和学校机构将在尊重并强调各自协作关系、尊重理论(科学)与实践(职业)的关系的基础上协同合作培养教师。无论是在概念上,还是在体制上,新型教师培养过程的提出宣告了以往的两地(大学和学校)、两段(先初步培训和后上岗培训)、两法(先学习理论并进行思考和后采取实践行动;先学习怎样做教师和后实践所学的知识)式教师培养过程将被一种两者相结合的连续而系统的综合培养模式所取代。

关于第 227/2005 号法令的后续事宜,我们将在后面继续进行论述。

三、关于教育第二阶段的第 226/2005 号法令

第 226/2005 号法令对意大利学校系统中自 1923 年泰梯利改革后再也没有作过改动的第二阶段教育进行了重新定义。正是在这个意义上，它被看作对这一久未触及部分进行改革的发令枪。

该法案涉及国家负责的高中体系和大区负责的职业教育培训体系。从这一法案，能推断出中学教育阶段的培训功能的整体发展前景。

事实上，从该法令的文本中，可以看出，它肯定了学校和职业培训在学生身上扮演的教育角色（关于教育第二阶段法令的深入思考，2005；Malizia e Nicoli，2005；Bertagna，2005a / b；Nanni，2005；Porcarelli，2005；Ransenigo，2005；Sugamiele，2005）。法令承认，学校和职业培训拥有"相同的目标，即通过传播知识、行动、应变能力以及反思能力，促进公民教育与年轻人的教育、文化和职业成长，同时增强年轻人判断和执行个人社会责任的自主能力，保证年轻人能够拥有竞争力，培养和拓展与新兴技术相关的知识、能力和态度，并且掌握一门除意大利语、英语以外的欧洲语言"（第 5 条第 1 款）。确实，这里并没有明确列出教育功能所必须涵盖的要点，例如，对个人成长和价值实现的原则、对年龄阶段发展节奏的尊重、对每个人不同特点和个性的关注以及在家校合作中家庭选择教育的自由。这些原则在第 53/2003 号法案中已被确定。

值得注意的是，在这一框架下，"学校"的概念具有普遍意义，它不再是"公立学校"的代名词，而是延伸到整个教育培训体系，除公立学校之外，还包括在法律上拥有同等资格、建立在教育自主的宪法原则基础上的培训机构。学校正在向培训多元化（各个学校的特点被充分展现、提供培训的主体的自主性也被认可）和自主化（强调地方教育机构和团体的直接教育责任）的方向发展。然而，必须承认，该法案对于学校平等性相关问题有所保留，甚至可以说是只字未提。

另外值得注意的一点是，与我们在有关改革的辩论过程中所听到的相反，从该法令中我们看到了教育第二阶段在过程上的本质统一。无论是高中教育，还是职业教育培训的过程，它们的最终目标都是在实现综合发展的基础上培育学生。这种统一使权利和义务的实现更为宽广、更为深入，而这正是原来的"强制"教育，由于其片面性（即为完成义务教育而进行纯粹的机械式教育所不能达到的。这种统一强调了包括学生、家庭和社会主体在内的各个主体之间的共同责任；至少在表面上，它提供了大量的教育机会，比当今要多得多。因此，它能更好地、更有力地应对当今我们身处的复杂社会的需求）。

还必须指出的是,该法令下的学习过程遵循了多样性原则,也就是说,不仅仅限于高中教育和职业培训这一分类。高中被分为两类:"普通"高中,即文科高中和理科高中;"专科"高中,即经济技术类高中和艺术、音乐、舞蹈类高中。后者尽管事实上属于高中,但却介于普通高中和职业教育培训之间。在这一分类下,"专科"高中(经济技术类)给人们的印象似乎是它应该是为学生提供技术和就业方面的准备,而这恰恰是家庭和企业所向往的。但事实上,该法令中的这些条文只是将同一高中教育体系根据不同的理论内容和学习环境进行了一定的"歪曲"划分而已。

这使得莫拉蒂之后的几届政府不得不为这些本属于职业技术学校(莫拉蒂法令中称其为经济技术类高中)的高中找到新的定位和发展方向。关于这一点,之后我们将会讲到。这里还需指出的是,原本应作为学习—工作转换的方式出现的实习过程并没有引起人们的关注。事实上,在莫拉蒂的法令中,实习成为了教育第二阶段最为薄弱的一部分,尽管其作为对权利和义务的履行在法律及本质上的平等地位被确定,但对于其所必须达到的职业水平能力却没有严格的限制和规定。

第五节　一些总结性评价

在对于改革不同方面的阐述中,我们已经作过很多评论,这里仅仅谈论一些主要观点(Malizia e Nanni, 2002 e 2003;Nanni, 2003;Nicoli, 2003;Nanni e Malizia, 2004;Sandrone Boscarini, 2004;Malizia, 2005;Decollanz, 2005;Malinverno, 2006;Scotto di Luzio, 2007)。

一、关于改革整体性质的评价

第53/2003号法案及其相关法令催生了一些表述改革思想和政治行动前景的新词汇。如果说在贝林格—德·莫罗时期,教育学词典中出现了诸如"自主性"、"课程"、"培训计划"、"目标功能"、"横向性"、"实验室"、"多媒体"、"综合机构"等在当时看来充满"魔力"的词汇的话,那么当今的改革道路则为我们带来了下列的新词汇:"个性化学习方案"(即教育活动个性化方案,简称PSP或PPAE)"、"国家指导方针"、"指导意见"、"社会共存"、"全息影像"、"多极化"、"横向与纵向辅助",以及一系列的形容词—名词结构,例如,修饰"目标"一词有"教育过程的整体目标"、"学习过程的特定目标"(OSA)、"培训目标"(OF),修饰"知识"一词则有"阐述性知识"、"条件性知识"、"过程性知识",另外还有"学习单元(UA)","专业与横向能力"、"班级小组"和"实验室小组"。一些专有名词(概念)也相继出现,例如,"学习档案"、"实验室"、"补习与发展实验室"、"主要导师"、"辅导员"、"外部评价"(由国家考试院负责)"、"内部评价"(Sacristani Mottinelli,2003;《关于贯彻小学阶段个性化学习方案国家指导方针的建议》起始部分,2002)。显然,这些并不纯粹是词汇,而是以某种方式传递了其隐含的用于指导改革的学习理论和学校理论。另外,这些概念也隐含了改革的进行和实现所需的战略和方法。从这个意义上讲,这些概念已经表明了对个人和国家未来所要面临的种种问题所做出的选择,因而值得我们关注,并用批评的眼光去审视。但是,整个改革的关键词是"人",它规范与协调所有的功能和要点,形成了一个全息影像,就如全息照相能三维地反映被摄物体一样。关于这一关键词,我们将在下面继续进行论述。

莫拉蒂改革在结构层面上也有明显的行动。

尽管莫拉蒂改革被多次指出其期望超越课程本身的窠臼,但却仍然显得过于制度化和官方化,距离以个人为"学习主体"的世界还十分遥远。虽然"学习主体"的中心地位早在贝林格改革中就被确立下来,但在莫拉蒂改革中,其中心地位却仍然处于一种将学生作为教学"客体"和学校教育作为"接收者"的逻辑思维之下。

莫拉蒂改革中所强调的个性化学习方案旨在帮助"学习主体"成为学习的"主角",但当它被用在经济学中的整体质量理论所谴责的"邪恶得利用"时,那么有可能造成并维持一种反作用,也即是有可能使学校的形象沦为"学校服务"、"学校市场"、甚至"学校集市"。同样,《关于学校机构文化和规划特性构成的根本文件》(第257/1999号法令,《学校机构自主条例》,第1条、第3款)所提出的"培训计划"很可能沦为"培训服务的广告单";《各校根据自主性原则进行的课程、课外活动、教育和组织规划》(同上)很可能在与被看作"用户"和"客户"的学生及其家庭的"具体"谈判中走向衰落,而这些谈判有时不甚理智、导向也不甚正确。这种种情况所造成的结果便是,将学校和职业培训机构传统及其固有的建议性、文化性和民主性推向极为危险的境地。

为了避免这些滥用教育体制情况的出现,也许我们应该鼓足勇气提出"社会"学校的假设,这能激励人们的参与并承担共同责任。同时,我们认为,在该教育体制的管理层面上,不利于公民社会的国家主义仍然存在,即在宣称非公立教育培训机构享有平等权的同时,给予公立学校更多的好处。我们还认为,这里所提及的"人"的概念也会受到一定的损害。

必须认识到,莫拉蒂改革的一大功劳就是坚定地向新人文主义的发展方向靠拢,将人的成长和价值放在教育培训体系的中心。我们已经说过,"人"是莫拉蒂改革中一个具有"全息"特征的词。毋庸置疑,宣布改革法案实施的公共教育部文件确立了清晰的个人选择权,这在公共教育向实用主义—经济主义发生令人担忧的倾斜时尤为受到称赞。共和国总理在 2003 年 9 月 12 日发表的关于第 53/2003 号法案具体措施的电视讲话中也强调,学校应当帮助学生"先成为自己的管理者"。教育部文件的最重要顾问,朱塞佩·贝尔塔尼亚(Giuseppe Bertagna)教授更将其看作为"从圣·托马索(San Tommaso)延续到亚当·史密斯(Adamo Smith)的传统"(Bertagna,2003-6-15,p. 31)。

然而,人们开始害怕教育从过去的"集体主义"和"社会主体主义"向"教育新自由主义"转变。这种害怕产生的根源,正如有的人所说,是人们的个人—自由思想与团体—团结意识相比占据了上风(Nanni,2005)。有人甚至认为,马里塔尼亚诺的人格主义—利己主义也与此相关,而莫拉蒂改革也将此作为哲学参照。

撇开哲学参照不谈,也许我们还需要解决课程和个性化学习方案之间的矛盾。

公共教育部从强调家庭在学校生活中扮演的"重要"角色开始,确实在多个层面上对于教师的集体性、学校的自主性、横向与纵向辅助原则进行了重申,但我们仍然认为,需要对此进行深入的思考,即思考其最终结果,也就是拥有不同能力的个人和社会主体在学校、培训机构和任何其他作为"教育学习团体"的公共教育培训机构中参与学习,共同为了达到公共教育培训体系所规定的教育、社会和个人目标而奋斗。这在《学生章程》(共和国法案,25/06/1998,第 249 号)中已写明,同时也是 1979 年中学改革计划前言中所提出的目标(其中提到"中学教育遵循提高意大利全民族个人和集体教育水平的民主原则"),虽然该计划最终还是难逃被废止的命运。另外,将宪法第 5 章第 117、118 条对学校自主权和整体利益、自主权和横向与纵向辅助的关系进行分析也很有意义。从某种意义上来说,用弗莱雷的一句话来概括委任法案中的教育原动力准则是再合适不过了:"没有人可以教育其他人,也没有人能被其他人教育,人们相互教育着。"

这也有可能超越被联合国教科文组织的《德洛尔报告》中称为"第四支柱"的原则本身,即学会"与他人共同生活"。事实上,《教育、文化和职业能力大纲》在说明必须将知识、行动和生活联系在一起的时候,并没有提及这一原则,但在用"公民社会"这一概念替代"公民教育"的时候却很好地继承了这一原则,甚至没有使用"民主社会"一词。确实,重点在"共同"一词上。这一词不仅包含了与他人（和各种差异）"共同生活"的意思，而且将"我—你"的人际关系模式扩大到了"我们"，"我们"的概念既是个人的、历史的、社会的和教育的，也是职业的。正如三位一体的共和思想中"个人—公民—劳动者"的概念一样，他们在社会生活中，既享有公民权利，也担负国家利益。

在教育体系各个层面上（以"学习教育团体"为表现形式），主体（利益相关人）共同责任的意义涵盖了班级小组、实验室小组、补习与发展实验室、个性化等方面。但是，我们还要避免课程份额的分配（国家、地方、各学校）陷入僵局，因为其在数量上沉重的负担可能会使得学校和培训机构的"自主"进程举步维艰（如果说不是徒劳无功的话），最终甚至会影响到个性化学习方案的充分实施。从这个层面上，可以看出，宪法第 5 条第 118 款为充分实施地方自主权所制定的"辅助、分类和合适性"原则是多么重要。

无论从哪个方面看，最受公众非议的肯定是那些为了改革的实行而颁布的参考文件（《国家大纲》和《指导方针》）。其制定者不断重复着《国家大纲》的"指南"性质和《指导方针》的"首要文件"的性质。这些文件中的"道德与教育规范"的首要意义被着重进行说明，即行动的激发、目的的统一和全体的努力，而不是教学计划"旧"逻辑中所强调的材料说明和被动执行（Lupidi Sciolla，2003，p. Ⅹ V）。不管怎样，目前很明显的情况是，《国家大纲》与《指导方针》在国家最终考核的评估中会被严格执行并成为书面参考文件，但这并不是其制订者的本意。

从这一方面来看，对于教育机构组织的学习状况内部评估和由国家评估院负责的学习状况外部评估之间的关系模糊不清的批评也不绝于耳。事实上，其模糊性和职责界定不明确可能导致对学习重要性的"人为选择"，而其评判标准不是知识对个人培养的贡献，而是对经济—社会将会作出的贡献。从当今对数学、语言和计算机等学科的强调，就便能看出这一点。

在学习层面上，请允许我就过程和结构两点作进一步的阐述。

人们抱怨说，教育改革竟然没有涉及教育研究问题，而教育研究恰恰是《学校机构自主条例》（第 6 条）的中心问题，它是"学校体系的创新和进步的要点"（环境联盟 Legambiente，2003，n. 1. 2）。这也是学习教育团体中认识和教学的特色方法。学习教育团体通过共同研究，将学生和老师（及家长）、执行者及专家联系在一起，同时也能巩固学校与社会、生活、历史进程以及与地方、国家、国际、全球化社会文化发展趋势之间的关系。

另外需要阐明的一点是，在学习目标的制定上，改革希望能够促进对学生"精神和道德"的培养（第 50/2003 号法案，第 2 条第 1 款 b 项）。毫无疑问，这不仅仅是与贝林格改革相比的一个创新（该改革未提及"精神"）；而且对于大部分国家、甚至对于联合国教科文组织的《德洛尔报告》（1997）来说，也是一个全新的内容。一开始便提及了宗教，但它并没有孤立地发展，而是与道德教育相融合，也许这是为了避免触碰某些人敏感的神经。

然而，试图将精神教育放在天主教教育中——正如莫拉蒂法案中指示的那样——的效果一定是极为有限的。将其放在"社会共存"这一教育环境下也是不合适的，因为这低估了全球化时代的多元文化（也是多种族、多宗教）社会中宗教和宗教信仰的重要性。但是，如果不将其作为"扩散的、横向方面"进行适当的培养，《国家大纲》中规定的对于一个知识丰富且有竞争力、负责且开放、有深度且有批判眼光的人的成长培养便失去了其起始阶段的"认识论"资源。尤其是，如果考虑到精神教育在全局发展中的规模，它已经超过了宗教和道德层面，向着智慧、审美、忏悔、痴迷和神秘方向发展，成为了德语中所说的"Geist"（思想）。事实上，对精神教育的重视使我们能够更好地抓住个人的知识、行为和态度中存在的持续或是非持续、联系或是分开的可能性。然而，在《指导方针》中，这些可能性是机械的和平行的。

另外，第 53/2003 号法案对于精神方面的种类丰富的行为和表达的更明确表述本应为第 3 条第 1 款 a 项中规定的"学习和行为评估"的开展提供更好的依据，避免这种评估被视为、甚至被沦为一种带有惩罚性的"品行分数"，使得在反映各方面的本质联系以及知识与行动、行为与态度、个人性与社会性之间深层的、互动的"全息影像"的层面上（这贯穿了整个改革体系），以及在学校—教育团体的民主环境下，超越将学习与复杂的个人成长过程分开的旧逻辑。

此外，除了具体强调的这几点外，对两份大纲及其规划的"宏伟"蓝图，我们仍持一些保留意见。尽管与近几代在复杂化和全球化影响下的意大利青少年的生活相比，这两份大纲显得规模过于庞大，但其中又有多少能满足这些被压抑而又无限膨胀、幼稚而又成熟、个性得到发展但又缺乏自我规划、几乎只停留在日常生活层面上的"被否定的年龄群"、"X 一代"、"无一代"们的个人成长呢？

事实上，学校从来没有像今天这样被要求去协调、支持、激励和启动人际关系，培养人的个性和成为人性的"入口"。在那里，也许会产生充满创造性的自由思想，但人们也可能最终因精神异常或随波逐流而死去；在那里，也许酝酿着负责任的决定，但也可能充斥着个人主义的竞争游戏；在那里，人们也许会向他人、向集体、向人类（也向上帝）敞开心扉，但也可能将自己封闭在个人、小团体、种族或国家利己主义的狭隘空间之中；在那里，人们也许会为实现美好的愿望作出努力,得到自己应得的成果,但也可能放任自己处于被动状态,并且推卸全部的责任。

二、关于教育和职业培训过程的评价

正如第53/2003号法案所述,教育第二阶段包括高中和大区职业培训(或者在15岁之后进行学习—工作的更替)。

让一个十三四岁的学生对自己的未来作出选择这一点,受到了多方面的质疑。人们对此各执一词。支持者(《工作困难群体报告》,2002)认为,根据发展心理学,10~14岁这一阶段是儿童个性形成、选择能力逐渐成熟的阶段,因此,他们的判断力也产生了飞跃。另外,中学三年级每年超过35,000位学生被淘汰的现状也值得关注,我们不可能强迫这些学生在学校里继续学习2年。国家统计院(ISTAT)在委任法案颁布之前受学校联合会(Stati Generali)的委托而进行的一项调查显示,大部分家长、部分教师和超过40%的学生同意在14岁时对之后的两条道路进行选择。最近,一项针对贝林格第9/1999号法案所提出的将义务教育延长至15岁这一规定的落实情况的研究显示,尽管制定第30/2000号法案的初衷是引入一条与职业培训相等的学习途径,使意大利摆脱在这方面垫底的尴尬局面,但该规定对青少年造成了严重的伤害,尤其是对那些弱势和困难学生,因为它迫使他们进入学校参加为期一年的学习,从而剥夺了他们尽早参加职业培训的可能性(Malizia, Nicoli e Pieroni, 2002)。从这个意义上讲,许多人认为,莫拉蒂改革引入14~21岁阶段与学校普通教育平行、最终能获得职业证书的、渐进和持续式职业培训是为了使意大利与欧洲国家最流行的和最前沿的潮流相吻合。事实上,职业培训在欧洲大多数国家里都不再被认为是完全针对手工熟练程度的训练,它与教育的区别也不再是教育关注相对抽象的知识而职业培训关注如何在职场上运用知识,更不是客体上的差异(即工作文化只是职业培训的内容),因为现在学校也对工作文化很感兴趣。职业培训不再是边缘化或终结性的事情,而是代表了一种能够满足个人全面发展需求的教育原则。它是通过建立在实际经验和对教育例行程序进行反思的基础上的和能够在个性形成过程中进行干预的专门途径来实现的。从个性心理学的角度来看,根据霍华德·加德纳(Howard Gardner)[1]的“多元智能”和“脑部构造”理论,这是与个人的个性和最大限度地发展其行

---

① 加德纳(1943—),美国发展心理学家和教育家,多元智能理论创始人。——译者注

动、技术和生产能力相吻合的。

无论如何,莫拉蒂法案废止了一条从 1971—2001 年统治意大利教育第二阶段的改革政策的规定,而这一政策是由四大支柱支撑的,即无需培训/教育便可得到工作、学校的唯一特性是教育性、职业培训的本质是"救人"(即对于无法完成学业者的补救措施)、文化与职业能力是互相分离的。莫拉蒂法案超越了高中教育体系和职业教育培训体系之间传统的等级制度和分离状态,确立了两者平等的文化地位而避免了两者的混淆,同时重新发掘了工作和职业文化(Bertagna,2003 - 6 - 15)。

在我们刚刚勾勒的框架之下,我们可以对莫拉蒂部长为实现第二阶段双重教育方式而提出的《国家—大区教育培训协议》(2003)进行一个初步的评价。毫无疑问,启动面向结束教育第一阶段学习且表现出愿意接受继续培训的青少年职业教育培训是一项积极的举措,而且这一举措在相关法令颁布后立刻被实行。该协议的达成和文件的颁布避免了一年的学习—培训时间被浪费,也被认为是迈向奠定至少为期三年的职业教育培训的一大步。另外,为了在教育体系各个阶段中进行转换,培训获得的学分也被认可,这些学分不仅可以在教育培训过程中获得,也可以在实习过程中获得。

然而,必须指出的是,该协议并没有完全超越职业教育培训主要作为救助性质的"红十字会"出现的状况,也就是未能完全超越其"救人"的性质(即对被淘汰学生的纯粹救助)。另外,它仅将职业培训教育视为学校实验室的"整合"观念似乎仍然被放在首要地位(学校成为"学习主体"进行"综合"学习的根据地),似乎将有损于职业培训发展的学科设置的想法合法化。这种想法将学习过程一步一步分割开来,而不是按照职业教育的教学传统在必要的时间进行相应的学习单元。除外,我们必须强调该协议中的两个空白,即它对职业培训的个性化和继续参加高等培训的可能性只字未提。

但是,第 53/2003 号法案所勾勒的职业教育培训自主体系不得不在一开始就受到强大的挑战。其挑战主要来自两方面:一方面是与教育部法规相距甚远的大区政府办事流程和意见,例如,艾米利亚—罗马涅大区的巴斯蒂科(Bastico)法令,该法令仅承认前面所说的整合方案;另一方面是那些要求将技术教育归为技术类高中的一个方向而不是职业教育培训自主体系中的人,例如,意大利工业总联合会的代表(意大利工业总联合会,2003;Bertagna,2003 - 6 - 15;Sacchi,2003)。但与此同时,他们中的一些人却要求在颁发高中毕业证书的同时也颁发职业资格证书。另外,有些人仍然不合时宜地将职业教育培训称为技术教育。

这里，我不想再就这些辩论进行赘述。简单地说，第 53/2003 号法案所预期的双重培训过程（有人也将其称为"双渠道"，或将其比作教育第二阶段的"两条道路"）仍然未被人们完全接受。

莫拉蒂之后的几届政府教育部将就此问题寻找其他的解决方法。我们将在之后的章节中进行叙述。

结　语

毫无疑问，公共教育部采取的法律行动在数量上是很多的，也涵盖了改革的全部。第 53/2003 号法案至今仍然具有法律效力，也突出了在其之前和之后的改革进程中所遇到的一系列问题。

我们列举其中的一些作为本章的结语。其中一些要点正是触及了改革规划的核心原则。

首先，自主权问题仍然只是一个概念，在实践中仍遇到重重阻碍。如果选择教师的可能性没有被包括在自主权内的话，那么自主权根本就是一纸空文（在自主权的具体概念和操作中，对教师的选择被剥夺于学校领导的控制之外）。

其次，资源的数量和平等分配问题也不得不提及。似乎在这一方面，对年轻人及其家庭的选择和地方需求的尊重并没有得到充分的保证。而且，那些"学生品行优秀"、培训质量好并且接受拥有一定数量的培训学分的主体参与学习的教育机构并没有得到奖励，而那些质量不佳、拒绝接受享有受教育权的主体或者只考虑其成员需要而提供极为有限的教育资源的学校也没有收到相应的制裁。

当今与莫拉蒂改革的另一条原则密切相关的危险也值得一提，那就是多极模式问题（主要是它与自主权的结合问题）。事实上，目前各大区、各省、甚至各学校之间改革进行状况迥异的情况并没有得到缓解。这会使得学生—公民面临在缺乏安全性、设施不全或者没有得到中央政府、地方政府甚至家庭支持的学校/职业教育培训机构里接受教育的危险，而这些机构根本无法很好地提供有质量的教育和培训。一想到意大利各大区、地方政府的优劣，人们就开始担心在教育培训体系中会被荒谬地应验《福音书》[①]中的那句话："拥有的越多，得到的越多；而对于那些没有的人，连仅有的都会被剥夺。"在原则上，国

[①]《福音书》，《圣经·新约》的四卷。记载耶稣基督的生平和受难。——译者注

家、教育部的中心地位已不再存在,但地方政府和地方机构的新集权主义的出现仍然无法避免,这对教育培训机构的自主权是不利的。

尽管如此,在莫拉蒂部长采取的法律行动中,我们看到的不是一场仅仅停留在语言层面上的改革,也不是只为了使学校能够保证当今社会的需求、复杂性以及新兴信息通讯技术所要求的"教育质量"而进行的改革,而是一场在多方面积极创新和大刀阔斧的改革。事实上,尽管身处复杂的政治妥协游戏之中,但这场改革已经摆脱了公共教育体系仅仅为经济发展和国际市场服务的窠臼。

学校的教育性、教育培训以人的全面发展为目标、明确学习主体的中心地位,确立清晰的终身学习理念,以及对整合教学理论和实践的研究,都是教育方面所取得的具体而理想的成果。也许正如前面所说的那样,学习上的合作性和统一性前景还不明朗,教育团体的概念也有待加强,但是,也许在大部分民众心中,这些从宪法第 5 章修正案派生出的规定还有待被进一步"消化",例如该修正案确立了教育培训应建立在自主权和多元化基础之上;学校和职业教育培训机构应处于平等的地位;要用"全息"的角度审视学习;教育培训体系不是属于国家、大区或私人的,而是属于"社会"和"共和国"的。同时要声明的一点是,在某种意义上,"公众"享有了与"国家"同等的地位,也许这里的"公众"概念与"私人"概念是相对的,并不指社会群体、团体、运动、非政府组织和志愿者。

在这个意义上,撇开特定机构所采取的行动不谈,公众舆论的形成十分关键的,其目的是为了避免在创新和行动、思维转变方面处于纯粹被动的地位并充满惰性的局面。因此,无论是在过去的改革中,还是在现在的改革中,这都是对所有人在校内和校外提出的共同要求。

但是,教师和培训师的培养、招聘、进修和事业发展也许是更为紧迫的问题。事实上,仅仅说教师和培训师是改革的关键是远远不够的,我们还须采取帮助他们进入角色的措施,向他们提供进修机会,使他们经济支持和社会支持,并且不能将实现宪法所期望和要求的、使所有人成为有素质的个人、劳动者和公民所必需的教育和培训的重担加在他们身上,这会使他们本已艰巨的社会任务变得更加沉重。

第五章 通往改革的实用主义之路

——费奥洛尼和吉尔米尼部长的改革行动[*]

与他们的前任,如贝林格部长、德·莫罗部长和莫拉蒂部长有所不同,2006 年赢得大选的中左派政府公共教育部部长——朱塞佩·费奥洛尼(Giuseppe Fioroni)决定不再进行一个总体的教育和培训体制的改革。正如他之后所说的那样,他决定走一条较为实用主义的道路。同样,这条实用主义的道路也被 2008 年替代费奥洛尼的玛丽亚·斯特拉·吉尔米尼(Maria Stella Gelmini)部长所采用(这一年中右派政府通过提前大选重新执政),尽管她所采取的实用主义之路的具体目标、内容和战略都与费奥洛尼不同。

第一节 费奥洛尼部长的"螺丝刀"政策

具体来说,费奥洛尼部长选择了一条渐进的、协商式的改革举措,特点是有目的性地调整,而不是总体改革规划。他提出了所谓的"螺丝刀"政策即卸下有阻碍的部分、装上(或重新装上)更高效率的部分[1]。

一、改革目标

2006 年 6 月 29 日,新的立法议会任期开始之际,公共教育部在众议院文化、科学教育委员会处举行了一次听证会。毫无疑问,这次听证会提出了一个规划性的议题,也是费奥洛尼部长最著名的关于其政策的声明。在这次听证会上,他宣布了他与其前任不同的政治主张:"我并不想无数次地提出总体的改革规划,并在上面签上我的名字。因此,我的目的有所不同。我采取的是另一种方法。"(Fioroni, 2006, p. 2; Cnos-Fap. Sede Nazionale, 25 ottobre

---

[*]本章第一部分参考以下著作: G. Malizia e C. Nanni (2008), Dalle riforme globali a innovazioni graduali e concertate. La politica del cacciavite? del Ministro Fioroni, in : Orientamenti Pedagogici, vol. 55, n. 2, pp. 339 - 359。

2007；Agesc，2007；Colasanto，2006a；Rembado，2007a；Ribolzi，2006；Tonini，2006b；Malizia e Nanni，2008）费奥洛尼采取的改革方式并不像我们设想的那样，废弃其前任的工作，或对过去的工作进行修补，或希望进行彻底而迅速的变革。相比之下，他在听取各方意见（包括学生意见）的基础上，采取了一种渐进式、协商式的策略。其特点是进行有目的性的调整，而不是执行一个总体改革规划的举措。在公众心目中，他获得了一个"螺丝刀"的形象（"螺丝刀"是用来拧松和重新装上螺丝的工具，具体来说就是：改革宣布只是重新启用和修改 53/2003 号法律及其后续的实施法令中的一些规定，并不另外立法。）。很快，他便消除了学校和家庭中的不安和混乱，因为每次变换政府时，之前所做的努力都会被推倒重来，就会引起这样的不安情绪。实际上，这样的情况并不能帮助促成改革的实现，因为人们总是会害怕继任者废除前面的做法。

费奥洛尼部长还提出了另外一个重要的战略思想，即采取明显而精准的策略，全力支持"自主化"政策，加强不同的自主团体之间在地方范围内的联系和推进被"共同认可"的转型进程。对于中央政府来说，其任务就是为这些提议做出清晰的定义，吸引各方参与讨论，并在广泛协商之后作出适当的决策。"自主化"政策的提出结合了实际的需求，目的在于保证"教育责任"的实施，而实施的主体则是大区机构、地方机构，尤其是在不同教育领域中的每个机构。这是在公共教育部统一的框架之下实施的，这样可以避免地域性差异带来的危险，以及学生和家庭享有的教育机会出现不平等现象。

与自主化原则紧密结合的是"教学模式"概念。我们不得不提到莫拉蒂部长的教育政策，有人称其采取了或至少暗示了一个被称为"国家教学"的概念。费奥洛尼部长公开与自主化原则紧密结合的是"教学模式"概念。我们不得不提到莫拉蒂部长的教育政策，有人称其采取了或至少暗示了一个被称为"国家教学"的概念。费奥洛尼部长公开宣称："关于教学模式的特点以及课程设置方面，我们应当全力避免国家在管理层面上的强制介入。国家并不是教育学和教学方法的领头人，它的职责是确立教育培养的目标……，而由每一个自主的教育主体负责具体课程设置的计划工作。"（Fioroni，2006，p. 12）。我们需要立刻指出的是，虽然其声明非常清晰，但具体相关工作并不总是能够立即实施（Colombo，2007）。

费奥洛尼部长最大的担忧就是与"留级和辍学现象"的斗争。他想要解决这场斗争"所有根源"，并以此目标指导其行动。正如这位部长在其两年任期中经常指出的，公共教育部的这项目标源于这样一个事实：意大利毕业率比欧洲国家平均水平低8％,(72％对80％)。每年,2.5％的注册学生没有获得毕业证书便放弃了初中学习;获得毕业证书的学生中几乎只有一半人刚刚达到规定的要求。(Fioroni,2006,pp.9－10)。另外,费奥洛尼部长担心的是尽管初中升入高中学习的人数比率是97％,而且还在不断上升,但仍有占25％的14～18岁年龄段的高中注册学生在没有拿到高中毕业证书的情况下就放弃了学习。

需要迅速指出的是,问题在此时发生了变化,面对正在成长的一代人中出现的学校教育存在或缺失的新情况,人们需要一个合格的、令人满意的解答。而在这一点上,至少费奥洛尼部长将义务教育年限提高这件事情放在首位显得没有太大意义,尤其是在立法的层面,对十二年制(或者像莫拉蒂部长提出的那样,直到18岁获得高中毕业证书为止的阶段)教育和培训的权利义务进行认可。

二、从理论到实践

确实,费奥洛尼部长所采取的政策大部分都停留在理论层面,很少达到实践层面。这可能是由于执政时间太短、缺少实施这种类型的计划所必需的时间所造成的。事实上,政府部门所采取的干预措施在很多情况下都过多地依赖了行政手段。倘若人们仍继续遵从并不合适的规章制度来实现教育改革,就像财政法案那样,显然无法开始费奥洛尼部长所宣称的"螺丝刀"政策或"共同负责制的互动"战略。也许,对过去政策进行"重新装配",如优化莫拉蒂改革中有效的实验部分,使其更具有可操作性,虽然在教育层面上并非意义重大,但会更加具有可行性。但是,人们所做的却主要是进行了"拆卸",并换了一个逻辑重新进行装配。如此,第53/2003号法案效力渐微,而在实际上人们看到的是过于零碎的法令,就像大区提出的那样,不断重新构建框架性法令规定的工作过于繁重(Documento della Conferenza delle Regioni... 2007; Colasanto,2007b; Rembado,2007a; Malizia e Nanni,2008)。事实上,如果在有些人看来,经过了两次总体性改革之后(第30/2000号法案及第53/2003号法案),新的总体性改革并没有用,主要因为公共教育部行动中本不应该缺乏对改革本身的总体性观念。另外,协商工作主要集中在工会关系上,而其他社会团体、尤其是家长们似乎受到了忽视(Colombo,2007)。

这说明了如果总体参照框架还是延续莫拉蒂改革框架的话,那么执行过程却想要通过实行隶属于委任法案的一些已实施的法令,以带来最大限度的、被允许的革新是困难的。尤其是关于教育第二阶段,第53/2003号法案所涉及的规划实验被放弃了,而莫拉蒂改革中没有过期的法令都被延长了 18 个月。一方面,其他的一些法令也被进行了部分或全部的更改,例如,第 76/2005 号法令,关于"教育和培训的权利和义务";第 286/2004 号法令,关于"全国评估体制的建立";第 77/2005 号法令,关于"教育第二阶段相关规定:学习与工作的交替";以及第 226/2005 号法令,关于"教育第二阶段能力的普遍规范以及必备能力水平标准"。另一方面,关于"教师上岗职业培训"的第 227/2005 号法令,则在 2008 年财政法案第 244/2007 号法案第 2 条第 416 款中被废除。

根据一项协议,为了迎合工会对于教师职能一致性的幻想,"辅导员"这一职务不再存在,尽管他们的工作在家庭层面上受到了赞誉,家庭视他们为固定且信息灵通的对话者,可以深入讨论他们子女教育的问题。本应实现的学籍档案制度又被重新局限在教育培训、教学、学生学习过程辅助层面上,尽管这一制度在之前的一些严谨的实验中被证明了其作为评估考核和方向指导工具方面的用途。同样,个性化学习方案的理念也被过早地判定为"注定要被扔进垃圾桶的计划",而这样的判定更多的是因为观念意见不同的原因所导致,而不是由于其实际功用受限(Chiosso, 2007, p. 14;Colombo, 2007;Ribolzi, 2006;Tutor e portfolio... 2007;Tutor e portfolio... 2, 2007)。

在费奥洛尼部长的行动计划中,他还坚持认为,教育培训体制应该同时保证公平性和优异性,保证学生在进入和离开教育体系时都享有平等机会,换句话说,为每个人敞开大门,每个人都有成功的可能。要实现这个目标显然要经过艰苦的努力,尤其是如果费奥洛尼部长在他的听证会上所说的属实,即仅有8%的来自大众学校的学生能够获得大学学位。现今人们所持的观点是,在这样并不容易的努力中,有必要保证机会的平等性,使每一个学生能根据自己的爱好和天赋全面发展各项能力。教育机会的平等并不意味着对待学生的方式相同,而是在发展个人自身特长的时候所受到的机会平等。这样的计划方向本应促使费奥洛尼部长在诸如职业培训方面予以加强,但实际的趋势却似乎偏向于在学校方面进行推进。在保证公平性和优异性这两个方面的工作具体体现为:与提高义务教育年龄相关的政策法规的出台,以及加强技术、职业教育方面的工作。我们之后会专门讨论这些问题。

另外一个在行动计划中体现出的原则,就是坚决强调教育的公共性,无论提供教育的主体性质如何。

不管这条原则多么值得赞赏,但在公共教育部的计划中,仍显现出"公共性"在很多情况下与"公立性"相混淆的问题,而无法吸引来自所谓第三产业的兴趣。也就是说,虽然创新活动由私人发起,但目的在于公共教育和培训,应当由公共财政支持。另外,在自由市场上探索可利用的教育资源,也许是值得去做的事情,当然这要在保证服务质量和机会平等的前提条件下。

三、关于课程设置的指示

不能否认的是费奥洛尼部长在处理问题时所采取的基本态度,即很强的实际性原则,以及直接解决所面临的问题的态度。在我们政治界的所有领域里都存在着这样的传统,即通常情况下政治决定在满足公众和专家所认为的必要需求时总会出现过大的时间性偏差(Rembado,2007b)。而相比之下,费奥洛尼部长在他刚结束的两年任期内,显得非常富有活力,尽管其工作方式有时显得有点混乱和不协调,并且有时并没有经过良好的协商。另外,也不能否认存在一个在多方面有显著特点的规划,我们会努力分析其优点和欠缺的方面(Colasanto,2007b)。

在这些提议中,首先应该加以研究的是已经实施的《关于课程设置的全国性指示》。"全国性"这个术语在费奥洛尼部长执政期间又得以重新回归,而在之前的莫拉蒂改革中处于一个基本上被忽视的状态。

其次,我们还需要立刻指出的是,改革并没有像之前所宣布的那样,开始"建起一片巨大的工地"。莫拉蒂改革中关于全国性指示的实验并没有得到延续,这些实验的结果也没有得到利用。这次改革只是简简单单地将其从体制上分解下来,再以不同的方式重新装配上去(Fiorin,2007—2008b,p18)。

关于幼儿园和教育第一阶段的课程设置,新的全国性指示提出了具体的方向和标准,使学生能够达到这两个阶段相对应的教育及学习目标(公共教育部,2007;《关于课程设置的全国性指示》,2007-9-4;国家鲍斯高慈幼会事业中心——职业培训,2007-9-29;Fiorin,2007—2008a,b,c;《关于实验的新指示》,2007—2008;Rubinacci,2007;Scurati,2007—2008;Malizia e Nanni,2008)。这个指示为高中、职业技术学校和职业教育培训这三种不同类型的教育机构制定了一套统一的规划文本,这是一次具有重要意义的突破。事实上,这样可以有助于展现教育过程延续性和统一性的重要意义,而之前它在体制和文化层面上总是处于一种分散的状态。(Fiorin,2007—2008c)

《关于课程设置的全国性指示》分为四个部分:第一部分勾勒出一个理想的结构框架,重点强调"文化、学校、人"三个因素的统一性;第二部分篇幅较短,论述了课程设置的组织工作;后两个部分分别论及幼儿园教育和第一阶段教育。这个指示的内容被认为具有一定的实验性,其目的是为两年后的全面义务教育总体改革做好铺垫。

关于教育学方面,这个指示围绕着三个中心展开,而这些中心原则也是其重点之一。第一个被重点强调的中心是"以人为中心"的思想:"学校教育目标的制订应该从学生的角度出发,强调个人化的学习过程,从学生与家庭和社会的联系中创造教育机会。……学生各方面的发展诸如认知、情感、关系、身体、审美、伦理、精神、宗教等方面的发展,在教育行为中占据中心地位"(公共教育部,2007,p. 17)。

第二个具有重要意义的中心是关于"新公民教育"的提议。在这一方面,我们的论题呈环状由内向外展开。核心的出发点是与家长构建教育联盟这一目标。学校不应仅仅在学生出现问题期间与家长接触,而应在认同双方角色互补性的基础上,本着相互合作以达成目标的精神,构建一种稳定的关系。这是第一环。然后由此出发,第二环就是教育团体这个范围:"学校可以广泛培养社会关系,教授情感的语言,也可以教会学生分辨社会中的各种价值观念,正是这些价值观念使人意识到自己身处于社会环境之中"(公共教育部,2007,p. 19)。第三环也是最外围的环,则是教育公民"有意识地参与建设更为广阔复杂的社会的工作中去,既包括了国家层面,也包括欧洲层面乃至整个世界层面"(公共教育部,2007,p. 19)。

第三个中心则是"新人文教育"。它所强调的是学校应当在这方面提出一些首要的目标,例如,教会学生在复杂的情况下重新认识事物;推进各种能力的发展,使学生能够抓住问题的关键,理解科技发展所带来的变化,评估认知的优势和局限,在日新月异的社会中采取行动;深化这样的认识,即面临人类的挑战应由人民之间、文化和学科之间的合作来加以解决;帮助在我们的文化传统中最重要的方面注入新的活力。

《关于课程设置的全国性指示》这份文件为幼儿园和教育第一阶段制订了总体性的宗旨以及学习和能力发展的具体目标。它并没有为学生划分出各种能力等级,但为教师提供了教育的方向,有助于制订教育活动的目标,促进学生的全面发展。

我们需要认识到的是,与莫拉蒂改革的全国性指导文件相比,这份文件大大精简了目标内容,并将了解社会的需求与阐释社会传统的需求、地方的教育需求与国家、欧洲(某种意义上甚至是世界)的教育需求相结合。

从学科设置的角度来看,幼儿园教育主要集中在"体验"以及"培养能力"方面上(Vicentini,2007)。而在小学的第一阶段,学习的科目主要分为三个领域:语言、艺术和表达;历史和地理;数学和科学技术。这样的分类强调了统一性教学的必要性,标志着跨学科教育和不同专业教师合作的前景(《关于课程设置的全国性指示》,2007)。

但是,我们不得不指出的是,在这个规划中缺少了伦理和精神方面的课程设置,尽管在"人"的定义之中伦理和精神方面占据着重要地位。

在这个规划中,课程的设置显得更加灵活,并且强调意大利语、数学、历史和地理、英语、电脑以及经济课程的学习。同时需要指出的是,它没有在学时方面作出规划,而只是提出了一个文化层面上的提议。

在"螺丝刀"政策以及"伴随着相互作用的重新装配"政策下,这份文件尊重了学校和教师的自主权,并为他们提供了工作的标准而不是具体的规定。另外,这份文件也没有选择专门的教学模式,虽然这看来似乎偏向于间接式教学。所谓间接式教学,指的是偏向学习者一边,并使学校成为一个教育集体,以培养学生的能力(Fiorin,2007—2008a)。具体来说,对于教师的要求细化为以下几点:重视学生体验;在遇到困难时引导探究式学习;对学生的差异性给予应有的关注;推进合作式学习;培养个人的学习方式;促进实验、计划和具体行动的体验(国家鲍斯高慈幼会事业中心——职业培训,2007-9-29)。总之,这份文件强调了学生思想、学习和掌握知识的自主性,同时也没有忘记打下其牢固的能力基础。

另外,还有两个方面值得讨论。首先,这份文件缺乏一个对于家庭教育选择自由权的保证,仅仅宣称学校应当向家庭寻求"受其关注的合作"和仅仅与家长建立"教育联盟"是不够的。如果家庭和学校的中缺少了对于教育选择权的认同,那么两者之间的关系是不对称的,实际上也就否认了这种"联盟"。另外,没有对于教育选择权的认同,在公立学校和同等性质公共学校之间也很难存在平等性。

其次,在"文化、学校、人"三个因素的统一性中,"人"是被放在第三位的,但它应当被置于首位。事实上,如果"人"被放在了末位,那么就缺乏一个标准来说明文化的教育并不是为了经济目的或社会政治目的而进行的,即无法排除为了政府以及政治的需求和目标而进行专制教育的可能性。只有尊重人类的基本权益(始于学生的权益,直至所有社会人的权益),才能构建一个有价值且被所有人认可的框架性规划体系。

还需要注意的是,《关于课程设置的全国性指示》没有规定各项标准和等级,没有谈论到跨学科性,没有提到横向能力的发展。这可能是因为这些都是在我国刚刚起步的议题中,或者在这方面缺少一个成熟的教育文化框架——对于这一点,人们倾向于采取谨慎的发展态度(Fiorin,2007—2008)。又或者,它们被简单地视为隶属于"教学模式"的一部分,如我们之前所说的,与公共教育部无关。但是,我们不禁自问,在教育文化趋势的变革中是否要形成一些教育学的理想,至少这些理想应体现在总体规划性文件之中。

四、义务教育年龄提高至 16 岁

2007 年《财务法案》(第 296/2006 号法案)第 1 条第 622 款规定了义务教育的年龄到 16 岁,这也是进入工作市场的最低年龄。关于这个主题,2007 年 8 月 22 日的第 139 号法令又作了具体的规定。我们将对其基本要素进行分析(国家鲍斯高慈幼会事业中心——职业培训,2007 - 10 - 25;Colasanto,2006b e 2007a;Moscato 2007b;Nicoli,2007;《双年制新论》2007 - 2;Petrolino,2007;Sugamiele,2007a;Tonini,2006a,b;Malizia e Nanni,2008)。

我们需要立刻指出的是,从法律的角度来看,这项义务并不能构成一个"条例"。确实,它代表了年轻人教育培训过程中必要的一步,但并不含有终点的性质。这项义务不以获得学历为结束,而应被看作是"对履行至 18 岁或获得职业资格证书为止的教育培训义务和权利的教学方面的规定"。此外,我们不应该将其与学校义务教育相混淆,因为这项义务也可以通过在培训学校学习和职业培训来完成。它不是单一意义的,也不是单一形式的,因为"在第 1 款中提到的知识和能力、在尊重教育机会特性以及体现不同等级、类型和方向的课程设置的目标情况下,可以保证所有过程的教育平等性。"(第 139/2007 号法令,第 1 条第 2 款)。但这里的定义不明确,因而也无法保持统一性。

意大利的义务教育体系是根据欧盟倡导的终身学习原则所强调的重点能力所制定的(欧盟委员会,2005;国家鲍斯高慈幼会事业中心——职业培训,2007 - 10 - 25;Moscato,2007a)。但经过对比,可以发现其中的一些局限。欧盟终身学习原则中的重点能力包括:母语沟通能力、外语沟通能力、数学能力、科学技术基础能力、信息技术能力、学习能力、人际交往能力、跨文化能力、社会能力、公民能力、企业家能力和文化表达能力。其中对应于意大利义务教育体系的能力被分为两个部分:一是以文化为核心的基础能力(语言、数学、科技、历史、社会能力);二是与公民能力相关的重点能力(学习、计划、沟通、合作和参与的能力,独立自主和负责任的行为能力,解决问题和分析事物之间联系的能力,获取和解析信息的能力)。此外,意大利的义务教育体系过于注重学科的规模,因此,在知识和能力之间划分出一条危险的分界线,并在基础能力和公民能力之间进行了等级区分,而在欧盟体系中则正确地未进行这样的区分。

除外,意大利的义务教育体系值得赞赏的特点是它的教育教学性。在对于知识和能力的展现过程中,人们获取了相关的认识和具体的能力,这可以保证教育工作在所有双年制教育过程中都保证平等性。(国家鲍斯高慈幼会事业中心——职业培训,2007 - 10 - 25)毫无疑问,这项目标及其它所代表的原则都具有重要的意义及创新性。因为它们可以使不同类别、不同方向的课程设置之间保持一致,即使它们忽视了那些在莫拉蒂改革中已经生效的、与教育第二阶段的学习有关的法令。

综上所述,可以看出这样的事实:仍然缺乏一个关于教育和社会总体目标的框架性计划 (Pellerey, 2007)。另外,尤其是在证书的发放方面,这项规定对于学校的约束力明显不足。

在具体内容和教学方面,首先,在公民的四项能力之外,还应加上精神和道德领域,因为根据莫拉蒂改革第 2 条第 1 款(b)项,关于精神和道德领域的培养是课程设置的一个重要组成方面。其次,历史和社会领域内相关的知识和能力基本上全部属于经济和法律范畴,不仅忽视了文化和道德因素,而且忽视了与公民能力相关的因素(Malizia, 2007;国家鲍斯高慈幼会事业中心——职业培训,2007 - 10 - 25)。此外,我们还必须指出的其他缺陷包括:缺乏总体的诠释性规定,以重申将所有 16 岁以下的年轻人纳入教育培训学校体制,并简化这一过程相关手续的必要性;与三年制学校相比,两年制教育培训的目标不明确;教师在诠释文件的时候可能会遇到实践层面的问题;某些目标要求太高;关于数学能力缺乏更具体的规定;数学能力与其他领域之间缺乏联系;忽视了对于学校中急需的科学实验室的配备(Pellerey,2007)。

最后,在对教育第一阶段的规定上,该规定所拟定的内容与《关于课程设置的全国性指示》相比,有着非常大的差异,由此也出现了两个教育阶段之间缺乏连续性的问题。

同时,非常值得赞赏的一点就是所建议的模式并没有立即实施,而是在2007—2008 学年开始了一段时间的实验。义务教育年龄的提高于 2007—2008 学年正式确定,同时需要相应的一些重要法令的实施作为配合,尤其是有关教育机构《认可法令》的通过。在这份文件中,职业培训机构提出了几项要求,特别值得一提的是其中两项:一项是在人事管理上使用职业培训的"国家集体劳动合同"(CCNL),为期至少 3 年;另一项是职业培训机构必须是为非盈利性教育培训机构。第一项要求提供了质量和效率的保证,使其达到国家和大区立法规定的必备能力水平标准。第二项要求保证了职业培训中心虽然是私人机构,但仍将遵循公共服务的目的,并同时有权享受国家的财政支持。

在经过一番艰难的协商后,这两项要求最后被写入了有关教育体制的《认可法令》之中。

五、关于第二阶段的教育调整

毫无疑问,另外一个重要的方面就是公共教育部对于第二阶段教育所做出的调整。首先,我们来回忆一下各个重要事件的发生顺序。

更新第二阶段教育的计划是在莫拉蒂改革框架中被提出的,但很快就被暂停,第二阶段教育的改革被推迟到 2009—2010 年度。因此,第 226/2005 号法案的开头又被重写,并清楚地指出第二阶段教育包括 高中教育体系和职业教育培训体系。正如之前所述,2007—2008 年度义务教育的年龄以及参加工作的最低年龄都被确定为 16 岁。技术和职业学校被重新引入,其目的在于发放第二阶段中等教育证书。同时,工艺学校(高中)和经济学校(高中)被废除。职业资格证书标志着学生达到了毕业的最低标准线,而这些职业资格证书仅仅被大区政府所认可;与此同时,预期在省及省以下地区设立职业技术联盟,即可以包括技术学校、职业学校、被认可的职业培训机构及高等技术教育培训机构的总体组织结构(Ifts)。

需要指出的是,在教育体制中重新引入技术和职业学校、废除工艺学校和经济学校,进一步加剧了职业培训的社会边缘化现象,这也是由于这些学校可能具有的职业化特点所导致的(国家鲍斯高慈幼会事业中心——职业培训,2007 - 10 - 25;Bordignon,2007;Colasanto,2007c;Sugamiele,2007b;Tonini,2007a e 2007b;Malizia e Nanni,2008)。另外,这些学校根据规定可以颁发高中毕业证书,只是以辅助的方式或在大区要求下它们才可以另外颁发职业资格证书(在与 2006 年 10 月国家大区大会规定的十四个职业形象保持有机关联的范畴以内)(《大区和自治省大会文件……》,2007 - 8 - 1)。另一个有利的方面就是,职业资格证书和文凭的权限被分配到了大区层面,并全部收录在一个特别的国家索引目录之中。

人们希望,技术学校"预科性"的主要特点可以得到认同,同时在职业学校和职业培训之间可以促成一种实质性的机构多元化。这样,公立机构和个人—社会机构都可以保留各自教育传统,进行平等竞争。关于这方面,大区大会还建议采取相应的措施,一方面在功能上将职业与技术教育相连接,以应对其相互冲突的状况;另一方面在地方经济系统出现职业化需求的时候,保证其独特性。

当然,关于设立职业技术联盟的相关规定非常值得赞赏。事实上,这样的规定体现了教育机会的理性化层面,否则各种机会就会分散各地而无法集中(事实上就像现在的情况一样)。同时,在实施的过程中,这样的联盟还保证了相关机构拥有同等的重要性。

最后,可以肯定的是,人们重新恢复了对于职业技术知识传承的关注,但职业培训与大区权限相结合的做法仍有问题,因为这一做法削弱了创建一个有组织的大区职业教育培训系统的设想。

六、关于教育阶段的其他措施:国家考试及各学科的学分和欠分问题

众所周知,"螺丝刀"政策的早期措施之一就是重新调整"国家考试"政策(第 1/2007 号法令)。国家重新设立联合委员会,由一位外界的委员负责,并重新由等级委员会评判入学标准(国家鲍斯高慈幼会事业中心——职业培训,国家鲍斯高慈幼会事业中心/学校,2007 - 12 - 23)。关于入学标准还提出了具体要求,在最后一年的表现占主要地位的同时,还需补全之前学年中所欠缺的学分。此外,考试不仅应评估学生对于最后一年学科知识的掌握情况,而且还应评估学生的综合文化基础以及批判能力。

毫无疑问,重新调整国家考试政策的法令旨在在所有人达到对于教育质量的要求,并以不同方式奖励最值得奖励的学生,奖励部分学费,并给予他们最高分加上嘉奖的成绩,使他们可以进入有人数限制的大学院系深造。总的来说,这样的措施更加保证了教育的严肃性,在对学生未来的指引方面提供了更为坚实的基础。根据 9 - 1 - 08 号照会,似乎受到歧视的非公立学校委员的费用最终也由国家承担(Ronchi,2007;Scagliotti,2007)。

在如此严格的路线之下,费奥洛尼部长还加入了新的学分和欠分制。(Rembado,2007b;Cianfruglia,2007;Rimandati ad agosto,2007)这在评估学习效果方面也是非常重要的。

正如之前所提出的那样,在最近几年里,对于每个学生、学校人事以及教育体制内学校的评估工作都被视为教育—学习过程和管理过程中重要的组成部分。家庭也出于对于他们子女的"成功教育"考虑,对教育评估方面提出了更多的要求,同时学校和教师也有如此的需求,并以此采用适当的形式制定教学和教育策略。应该看到,这对于中央和地方政府也具有重要意义,它们可以依此保证教育和培训方面政府工作的效率。而对于欧盟来说,这有利于在欧洲范围内的学术认同。至今为止,所使用的评估手段在学校和国家层面上促进了一种评估文化的发展,但是在结构上和技术上仍有很多的不足。

遵循切实性原则,费奥洛尼部长的政策中包括维持学校内的补考,从而保

证每一位学生获得成功的条件。但是,其政策中也清楚而明确地规定了正式的考试时间,并且不允许延后,这样可以避免学生在完成学习过程后却没有掌握一些重要的学科知识或学习方法。最后,学校也被赋予了一些任务,在结合自身教育资源的基础上提供重新激励学生参与学习并具有与标准课程设置不同的个性化设置,以及与其相符的评估形式。实际上,新的规定并没有重新采用已被废弃的旧补考制度,而是要求学校在固定的时间内举行学科欠分考试,也就是必须在学年内完成而不能拖至下学年开始的时候。在这样的框架下,暑假参加补课班学习便成为了极其罕见的情况。教学计划由教师协会负责,明确具体形式,同时保证针对每个学生的不同需求提供个性化的课程活动。

当然,这些政策的具体实施依赖于新的法令通过。从趋势来看,第 92/2007 号法令看来并不是一个好的出发点,因为它以绝对的中央集权为特点。这也恰恰表现出措施的不稳定性,并不是指经济层面的不稳定性,而是指政治—管理层面的不稳定性。

七、第二阶段教育之后时期:成人教育及终身学习

另外的一些措施是针对第二阶段教育之后的时期:成人教育以及终身学习。

关于第二阶段教育之后时期,高等技术教育培训(Ifts)的重组值得称赞。这种重组改变了其所处的不稳定的状况,并且使其与一个稳定的全国性教育培训计划相结合,并受到认可。这种重组还将其战略地位置于"职业—教育联盟"之中。事实上,如之前所提到的,"职业—教育联盟的建立集合了各种团体性机构:职业和技术学校、被认可的职业培训机构、大学、高等技术学校、基金会及其他组织(如地方机构)等。它们的目的都在于竞争职业—教育培训方面的专业化教育培训机会,这种培训与地区经济生产的发展相联系并得到其支持。"(国家鲍斯高慈幼会事业中心——职业培训,2007 - 10 - 25,p. 4)。因此,这个新的措施看来是有效的,但条件是综合培训教育机会的规划权仍由大区政府负责,并且以 2004 年 11 月 25 日的协议为基础,高等技术教育培训可以对职业—教育联盟这一新生事物加以利用(《大区与自治省大会文件》,2007 - 8- 1)。在这一方面,我们可以勾勒出一个由两部分课程组成的体制:一部分是高等技术教育培训课程,它提供第三产业性质、非学术、与中等教育以及职业培训的大区体制内教育相比不具有连贯性的教育机会);另一部分则是高等技术学校课程,它提供结构性、由基金会计划、组织、开设和认证的双年制高等技术教育课程,它与中等技术教育具有连贯性。

这个创新计划的成功在于,其明确提出了一个参与者广泛、形式灵活、划分细致以及能够回应地方市场上不同的生产需求的高等技术培训模式。另外,其成功还在于,对高等技术教育培训的课程以及高等技术学校的课程进行了精准的区分,避免了不必要的重复。此外,将合适的资源加以利用也是其成功的因素之一。无论如何,其最终目的就是创建一个与其他欧洲国家相类似的、稳定的国家高等技术教育体制(Fassora,2007)。

在另外一个领域,即成人教育和终身学习领域中,计划方案和实际实施之间也有着明显的协调和统一。随着 2007 年 10 月 25 日部门法令的颁布,成人教育被纳入了国家教育体制,与不同类别和层次的学校保持一致。每个省都设有成人终身学习中心,具有教学和管理自主性(国家鲍斯高慈幼会事业中心——职业培训,2007 - 9 - 29)。它为成人、包括移民提供服务,帮助他们获得更高层次的教育。除外,这些举措尤其旨在促进人们获得各项证书,证明已完成第一阶段的教育,补习义务教育阶段所需要的知识和能力,获得高中教育文凭,以及帮助外国人掌握意大利语。

确实,在第一次听证大会上大量提及的议题还包括"跨文化教育",其尤其指对于移民后代的教育,这些移民后代 2003—2004 学年占公立小学注册学生人数的 5%,并且仍在增长之中(Fioroni, 2006, p. 6; Sugamiele, 2006)。正是由于具体管理的学校教师的工作,使得移民后代入学初期的情况较为乐观,但在从基础教育向之后的学习和培训过渡的时期,他们推迟入学及学业失败的问题并没有得到重视。同样,在这个方面,我们不得不对各种职业培训课程的数量过多进行批评,这些课程包括职业化培训、高中学生—工作培训、移民者及其子女作为第二门语言的意大利语课程培训以及与成人教育相关的地区中心内的各种培训课程。

如果要进行辩解,那么我们可以将此归咎于有关的立法过程的提前终止,这使得终身学习方面的规定仍处于草案阶段,尽管它已得到了部长委员会的通过。

八、自主权的实际行使、平等性的滞后以及教师培训问题

之前我们已经提及,"螺丝刀"政策的一个基点就是对于自主权的加强。在改革过程中经常遇到的问题就是所谓的"改革"总是由政府部门独自决定的,并没有真正地咨询实际工作者的意见,也没有对结果作出评价。费奥洛尼部长在其工作中努力减少这方面的问题,并认可每个学校的权利,使它可以在合适的、系统的范围内进行掌控,在地方教学管理上扮演重要角色。总体上

说,中央政府的职责是制定总体目标,每个教育和培训机构的职责是实现其目标,但它们在细化具体目标以及决定战略、手段和实践方面都享有一个自由的空间。在这样的背景下,学科设置的类别以及学校培训计划制定又重新回到议程上(Ribolzi,2006;Rembado,2007b)。

之前我们已经论述过与自主权有关的一些举措,例如,《关于课程设置的全国性指示》中的内容。(Rembado,2007b)在这个方面,我们同样可以看到为简化向学校转移资源的程序、促进学校功能以及学校人员能力而进行的干预措施。同样,与此相关的还有各种起到提供和支持学校发展的手段,以实现技术更新,支持学校建设以及扩大机会。另外,我们高兴地看到,在这些法律完善的背景下,教育体制内出现了一个新的趋势,一方面表现在教育网络的产生上,它将教育机会和经济支持等多方面因素结合了起来;另一方面,法定意义上的基金会形式作为能促进这一新趋势的工具的价值得到了认可(Cosentino,2007)。同时被肯定的是,国家学校自主发展机构也随之产生,它并不是建立其他之前已有的机构之上,而是取代了大区教育研究院(irre)和国家教育创新与研究文献院(indire)。

国家教育培训系统评估院(Invalsi)的部分重组似乎与自主性原则背道而驰,因为它没有解决真正的问题,即其行政权力的独立。

除外,中右政府并没有实现公立学校与同等地位的私立学校之间的平等性,中左政府同样也没有实现,因为这可妨碍到一项人类的基本权利,即根据个人的信念自由选择学校(Agesc,2007;Colombo,2007)。另外值得赞扬的是,非盈利性的、同等地位的私立初中和高中得到了一笔财政拨款。尽管这项资助的优先顺序(幼儿园、小学、初中及高中)仍有待商榷,因为它会影响到教育延续性原则,并可能会导致人们放弃同等地位的私立小学和中学。十分遗憾的是,这项规定未能得到实施,而在宪法法院处受到了阻碍,因为其没能遵守新的国家和地方的机构的权利平衡原则。在提供给同等地位的私立学校的资源方面并没有得到增加,同时同等地位的私立学校也失去了利用公共财政对学生家庭减免部分学费的权利。

另外,还需要提出的是被认可的辅导教师问题。这些辅导教师的课时在同等地位的私立小学里并不多,而在初中和高中阶段却被彻底取消了。以往被认为的那种微乎其微的"辅导"……总之,留给"辅导"的通常是一个并不好的"符号",特别是意大利3月30日签署了联合国《全球残疾人人权公约》的情况下。这份公约堪称在该领域内三十年来最为先进的法律条款。

最后,关于教师问题。人们决定重新采取竞聘制度,采取正常选拔手段,并封闭了通向进入教师选拔中永久有效的排名表的途径(Cosentino，2007；Rembado，2007a；Ribolzi，2006)。人们开始了重要的三年计划,长期聘用150000位教师和20000位行政、技术和辅助人员(Ata)。其目的不仅是彻底解决教师的临时聘用问题,而且还要使教师团队既年轻化又更富有活力,虽然有些人对于录用标准提出了疑问,认为其评判并没有根据个人成绩进行(Rembado，2007a)。

总之,最根本的问题仍然存在,即学校虽然享有自主权,但对于教师招聘仍没有决定权。公共教育部的意图是重新考虑采取初级培训的路线,注重质量和出色的表现,同时也向年轻人提供机遇。但是,这一点伴随着有关立法过程的提前终止,仅仅留下了一个"美好"的意图。教师培训、知识更新以及他们的继续提高,仍然只是待写的一个篇章。

九、年轻人的学校和生活

很显然,"螺丝刀"政策大大促进了解决与学校日常事务有关问题的能力。在这一方面,我们当然还得提及 2007 年 2 月 5 日的部门指令第 16 条,即关于《国家防止与制止不良行为的总体路线和措施》。

正如在部门指令的前言中所提到的,"不良行为与暴力行为也影响到了我们的学校,有时亦被媒体过分的夸大,这是一个令人担忧的局面,必须向教育机构投入更多的资源和工具,使其能够采取措施,完全、切实地实现学校自治的基础目标,即注重个人的价值、单个学生的教育性、认知性以及社会性的成长与发展。这些都是通过个人化的学习、与实际所处现实社会的联系、相互合作、法制文化的推进以及保证孩童和成年人的良好生活状态来加以实现的。"

公共教育部宣称,学校的自主权中被赋予一个"机会的集合",即提供一些支持性的资源和工具,形成一种跨机构间的协同合作。同时,它还呼吁学校和地方机构采取措施,解决不良行为和暴力问题,鼓励学生以积极的态度和按年龄分组选择参加学校活动,以加强他们在学校和校外范围内的团结、合作、相互尊重和互相帮助的意识,符合学校教育方案提出的规定,在促进公民教育的同时防范不良及暴力行为。关于这些措施,可参照《全体学生章程》(第 249/1998 号法令)、《关于下午开放学校的规章制度》(第 567/1996 号法令及修正案)、《关于宪法文化的部门指令》(第 58/1996 号法令)、《关于学生参与活动的指令》(第 1455/2006 号法令),《关于公民民主与法制的路径方针》(2006 年第 5843/A3 号)。在这些法令之上,还加入了切实的举措以及支持性计划,提高教学质量,促进健康发展,防止青年问题及暴力、不良行为和违法问题。另外,还设立了大区长期观察员,关注不良行为问题,并与传媒部一起设立了全国免费咨询电话和进行相应的宣传。

但是,在这些总体现象中还暴露出更大的问题,需要得到学校和公共教育部的广泛关注。

在新一代人中,大部分的教育都是发生在"非传统场合"中的,例如,在同龄人中、朋友间、会面中、偶然的事件中、广场上、街道上、酒吧里、舞厅里、体育场中、上网时、聊天时、发短信时……这些场合都不是"传统场合",即生命的基本教育场所,例如,家庭、学校、教区、公众—公民社会生活之中。

这样的一些"非传统场合",尤其在西方(或更大意义上的、在整个社会传媒体系影响下已经全球化和国际化的"地球村"中),成为了青少年及年轻人独特的社会化场所。同时,它被提升为真正意义上的"平行学校",是一所"生活的大学",人们在其中认识到之前所无法想象的事物,采取新的认识事物的方法,以非正式的形式实践创新行为,虽然这些行为并不总是为社会所认同。

这样一些新的认识事物的方式正在"质问"着公众观点以及对于教育学的探索,这不应该被中央和地方政府政策管理层所忽视。事实上,人们开始探讨学校和校外教育本身的意义,至少人们需要更好地了解它们的特性和任务。那就是,应该是帮助对在"非传传统场合"中认识的和体验到的人性的、个人的、团体的意义进行反思、系统化、整合和认识,努力与"非传统场合"进行必要的联合,并且不应将这类新的学习的场所妖魔化,应该使其变成一种有用的教育资源,而不是对教育的一种损害。

除外,如《部门指令》前言中所说的,在学校范围内、也仅仅是在校内,才可以帮助学生"对社会现实进行深入的解读和诠释,与教育活动、教育进程相互结合。学校经历的教育意义,不仅仅在于对知识和能力的学习与掌握,更重要的是对于有意义的认知的渐进而深入的吸收,这种认知会转化为自觉的、有责任感的行为,渐渐促成对于社会现实的缓慢而又"艰难"的接受。每一个具有自主权的教育机构都应该根据意大利宪法所规定的原则和公共价值观,在社会范围内履行他们的教育职责。"

我们可以迅速认识到,这是一种对于所有人以及"城市教育"所负的责任。相比过去,这在现在更加必要,也更能有效地促进良性发展和注重个人及社会人格尊严的价值。

在这一方面,政府部门,无论其所属哪一个政治派别,都应该参与行动。

第二节　吉尔米尼部长的艰难起步

随着中右政府在 2008 年大选中获胜,吉尔米尼成为教育、科研与大学部部长。本节中,我们只探讨吉尔米尼部长上任一直到 2011 年为止的一些举措。

一、以明智和共同解决的手段回应所面临的问题

新部长吉尔米尼的规划报告以意大利教育糟糕的现状为开头(Gelmini,2008 - 6 - 10)。从国家比较的视角来看,15 岁的意大利学生与其他欧洲国家或世界国家相比,其教育质量处于较差的位置。尤其是在被调查的 57 个国家中,意大利学生的阅读水平排名第 33 位,科学文化排名第 36 位,数学排名第 38 位。如果只考虑欧洲国家,那么排名在意大利之后的只有希腊、葡萄牙、保加利亚和罗马尼亚。最让人担心的是,随着时间的推移,这种情况并没有好转,与 6 年前相比情况更为恶劣。

另外一个问题则是辍学和留级的问题,关于这个问题费奥洛尼部长也曾指出过。高中部分有 200 万名学生,其中在前四个月学习结束时有一门或多门课程不及格的学生达到 70%;在职业学校中,这个数字上升到 80%。除外,在这五年的学习过程中,共有 20 万人或离开了学校或未通过考试。最后,在 18 岁到 24 岁间,每五个年轻人中就有一人在未获得高中毕业证书或职业培训证书的情况下脱离了教育培训体系;而这个百分比高于欧盟国家的平均数 15.3%(欧盟委员会,2007,p31)。

然而,学校所面对的信息并不仅仅只有不利信息。关于有利的方面,我们应该指出,另外一个国际性调查显示意大利 9 岁小学生的阅读能力位于世界第八的位置;如果与欧洲国家相比,其结果则更令人满意,超过意大利的只有俄罗斯和卢森堡两个国家。除外,关于 15 岁学生的质量,其数据排列并不均衡,在北方地区和在高中里学习的学生质量与欧洲国家较好的学生质量持平,而南方地区和岛屿,以及在技术和职业学校里学习的学生则问题严重。

很显然,面对这些问题并不能采取统一的解决方案,而应该根据具体情况和学生情况采取不同的措施。根据宪法法案第 3/2001 号规定的国家与地方机构之间新的平衡关系,宪法法案与第 59/1997 号法案认可的学校自主权利,以及联邦制的引入可以帮助实现新环境下教育机会的平等性,采取适当的措施,为最有需要的人(尤其是在南方地区),提供帮助,在南方地区尤其需要采

取综合性的措施,同时解决学习能力低、贫困和社会落后等问题。

毫无疑问,我们需要排除一切放弃和挫折情绪,激励所有人为教育事业的发展作出贡献。在这个方面,吉尔米尼部长明智地呼吁所有党派超越政治思想的偏见:"国家正在大声地呼吁我们将党派偏见抛弃在学校之外。……这是呼吁明智的时代,是呼吁实用主义和共同的解决手段的时代。……今天我们所有人都应该意识到,我们必须拥有优秀的管理和优秀的政府,机构精简而公开透明。"(Gelmini,2008-6-10,pp. 4-5)这些对于"两党合作"的呼吁无疑是正确的,因为这决定了意大利年轻人的未来,而年轻人是国家未来最重要的资源。

但很遗憾的是,吉尔米尼部长在实施其推行的部分改革(所谓的"吉尔米尼法令")的几个月后便很快把这些忘记了,尽管这项法令也遭到了为数不少的,甚至较为坚决的反对意见。

二、学校自主权、评估和税收联邦制

吉尔米尼部长想要立刻开始进行的工作之一就是加强学校的管理,赋予它们权力、权限以及适当的资源,尤其是使自主权成为评估体系的核心。

事实上,自主权与评估体系具有非常紧密的联系。自主权督促评估体系以透明的方式对公共经济资源的利用情况以及所达到的成效进行评估。而评估体系对于不同机构和实施者所担负的具体责任提出要求,否则,评估结果就无法准确反映在个人或者团体上。

从另外一个方面来看,评估体系不能以抽象的教育进程或教育体系质量作为评估目标。它应该集中在每个学校层面上,评估每个学生从注册入学到毕业之时所取得的教育活动成果。同时,它还应该考虑到辍学和学级问题、社会文化的总体环境、家庭经济状况以及地方性环境等因素。

2008年10月29日获得议会一致通过的所谓的"吉尔米尼"法令(第169/2008号法令),又重新开始了对于学生在学年内的"综合表现"的评估工作。(《这是充满挑战的一年……》,2008)。这样的规定超越了将学生的认知与整个人格成长进行区分的理念。但是需要考虑到的是各个方面所具有的内在联系,也许需要设计一个学习方法的理论路线,以便有成效地将认知与行动、行为与态度、独立性与社会性、个人化与合作精神结合在一起,整合在民主的学校—团体的学习框架之中,就像在学生章程中所勾勒的那样。

同样的措施还有,重新引入以10分为标准的评分制。这仅仅对教育第一阶段的学校有效。从1977年开始,这些学校的评估采取的是评价制,之前是

分析性评价，而后采取了综合性评价（Govi，2009；Cicatelli，2009）。在我们看来，人们应该努力在评分制与总体成长等级评估制度之间寻求一个平衡点，而不是仅仅从可以用来的评估体系中选择一种。

另外，看来是重提第 169/2008 号法令规定中最重要的条文的时机了。规定虽然仍不是最终版本，但已在部长委员会第二次审阅时获得了通过。这份文件既正确地给评估体系赋予了总体性目标（注重结果），也赋予了教育性目标（注重过程）。它还强调了对于各项工作的需求，例如，促进自我评估，加强认识和追寻教育的成功，将评估体系的教育性放在首位。规定还尝试将新的法规进行系统化整理。在所有的学校里，中期评估和最终评估均为十分制。为了进入之后的班级学习或者获得国家第一、第二阶段毕业考试资格，学生应在每个科目上至少获得 6 分；学生获得的品行分数具有和其他任何科目一样的效力；在小学中学生无法入学应经过全体教师一致同意并且是特殊情况，而中学中学生无法入学则应由大多数教师商议而定；初中毕业全国考试在之前就有的意大利语、外语和数学三门科目考试基础上增加了一次全国性考试；判断是否有资格参加教育第一阶段毕业考试，以建立在学习、表现及课程成绩基础之上的十分制统一成绩为标准。

中右政府在赋予学校自主权方面更重要的举措是通过了确立税收联邦制的 2009 年第 42 号法律以及相关的实施法令，8 项实施法令中已有 5 项在近两年颁布执行（第五项法令于 2011 年 5 月 6 日颁布）。如果这些立法举措能够在政府多数派所希望的时间内实施，那么 2001 年颁布的第 3 号宪法中涉及地方财政支出自主那一部分改革将得以实现。42/2009 号法律规定了税收联邦制的总体性原则，而它的实施则通过后续的一些立法法令来实现。相同的法律条文为改革尽快实施和新原则的具体化开辟了一条道路。新的规定的实施可能会给教育和培训体系的财政问题带来革命性的变化，也对教育的其他方面产生很大影响（特别是在以怎样的方式来理解和实现学校自主权以及学校与地方之间的关系问题上，这主要体现在第五项实施法令中，即 2011 年 5 月 6 日颁布的第 68 号法令）。

（一）有关税收联邦制政令

根据 2001 年新修订的宪法，如第 4 章所述，国家在教育一般规范和主要教育层次方面拥有绝对权利；在确保学校自主权的同时，国家和大区在教育领域承担着同样的职责（第 117 条），大区对职业教育和培训享有绝对权力（Malizia e Nanni，2010a；Salerno，2011b）。换句话说，如我们在第 4 章中已提及的,立宪会议成员的意图是,国家和大区作为一方,大区、地方机构、学校和培训机构作为另一方,双方一起合作;并在不影响统一性、协调性和考虑到各方权力的情况下,能够制定一种既能服务青年和家庭又能满足地方需求的教育政策。这样就从一种中央集权的、等级制的教育管理模式(在这种模式下,教育部的教学大纲、行动指示或是法规都是通过省教育厅发给每所学校的)转变成一种多主体的管理模式,各主体的权力范围不同,协调和"指挥"各项用来实现教育和培训体系目标的活动(A 中心模式)。

与权力从中央向边缘转移相一致,2001 年的宪法改革对地方机构的收支"财政自主权"做了深层次的改革。

有一点需要先解释清楚的是对"联邦制"这个词的理解:"联邦制"是意大利公共机构在制度和功能上的实行分权化的较先进模式,而不是要在意大利引进一种真正的联邦州的形式。

具体来看法律规定的内容,它的目标是要实现新修宪法第 119 条中规定的"保证市、省、大都市和大区的收支自主权,保证社会的稳定和团结。"(第 42/2009 号法律,第 1 条第 1 款。)第一条中也明确指出此政令的目标是要确定"公共财政部门和税务部门协调工作的基本原则"以及规定"给纳税能力较低地区分配摊派基金的制度和运作模式"。

在各种政令规定的原则中,应该先提一提"地方性"这一原则,当然,必需考虑到政令将通过政府的一系列立法法令得以实施。根据这一原则,财税资源主要是留在生产这些资源的地方,在纳税能力很低的地方也是如此,尽管政府会采取一些摊派性的干预措施来帮助它们。第二点需要指出的是"历史性开销"标准被"标准化需求"标准所代替:实际上到目前为止,地方机构的资金主要是来自身的税收收入以及中央根据其前几年的开销情况所做的拨款。这种体系经过多年后造成了地方机构投机和不负责任的态度。相反,将来将以服务所需的标准费用来确定,标准费用根据有效性和适当性原则来确定的(当然,要乘以每个地区提供服务的水平,也就是提供的服务的数目。)第三点需要注意的是,根据此法,将不再可能对同一前提征收"双重税":也就意味着国家将把其中的一种纳税收益全部授予地方机构,否则会在引入一些新的纳税项目是不是涉及同一前提的方面引起争议。还有需要补充的是,根据这一原则,一方面在税收上对一些政绩优秀的地方进行奖励,另一方面对违反新规定的将进行处罚。人们很快就能感觉到,虽然这些原则是合理的,但要达到法律规定的目标,实施起来还是有困难的。

法律力求通过划分经费来保证"国家和地方机构之间的协调":一方面,

保障基本服务经费,比如卫生、教育和服务,主要是通过地方机构增值税共享以及摊派基金中的专项基金来解决;另一方面,即剩下的经费主要通过各自的税收收益以及摊派基金来解决。

（二）由 42/2009 号法律引发的对意大利教育和培训体制的反思

如上文所述,这一法律中的指示同样适用于教育和培训体系。

鉴于大区在教育上与国家享有同样的权力以及其在职业教育和培训上的绝对权力,并且为了使税收体系符合新的制度,政令将可追溯的用来保障基本教育服务的财政支出和不可追溯的的财政支出区分开来（Poggi, 2009; Salerno, 2010）。第一种类型的财政支出将完全通过个人收入税的附加税、共享增值税以及摊派基金的补充来解决。在国家—大区在教育上达成一致后,相应的职能将中央转移到大区。与教育主要阶段的服务相关的费用也将包括执行上面刚刚提到的职能所需要的开销。此外,市政府在这一方面的基本职能暂时包括托儿所—幼儿园服务、学校辅助性服务、学校提供的免费午餐和学校建筑,而省的基本职能只包括学校基础设施建设。还要补充的是学校重新进入到基础设备摊派系统中。因此,上文提到的双方达成的协议除了中央要将教育以及职业教育和培训方面权力下放到大区外,人员身份也应转向大区公务员,这样,大区应该被看作是雇主以及进行补充性谈判的负责人。

最新于 2011 年 5 月 6 日颁布的实施法令对此提出了更加细化的指示。

确实,由于这部法令的颁发,从 2013 年起将取消所有中央给大区的普通拨款。更具体地说就是废除了具有普遍性和永久性的、用来实现大区职能的,包括实现省和市职能的拨款。代替中央拨款的将是一种"各种收入总和"（insieme di entrate)的模式,大区可以按照自主权的不同程度来使用这部分收入。这些收入将主要包括个税附加、增值税共享、大区生产税、大区的特殊收入以及在政令规定的原则框架内可以依法征收的大区性纳税项目。当然,在意大利,由税收获得的资源会出现极大的差异,即不同地区之间的税收能力大相径庭。

政令试图解决这个问题,也力图能在以下两个原则之间找到一个平衡点:一是地方机构的财政支出应该与每个地方"财政取款"联系起来;二是社会团结和稳定需要消除社会和经济上的不平等现象。因此,应该在全国范围内非常公平地保证那些重要的服务;或者说,如新修宪法规定的那样,不管各个地方机构的财政情况如何,都应该保证所有公民都能享有与公民权利和社会权力有关的基本服务。

(三) 对税收联邦制的一些看法

即使想对税收联邦制做一个整体性的评价也是不容易的。但我们必须承认此政令是实现意大利宪法中的"财政宪法"的一个重要的、决定性的步骤；是意大利纳税体系发展中一个具有中心地位的转折点（Campione e Poggi，2009；Cerniglia，2011；Poggi，2009；Salerno，2011b；Vigato，2009 a e b）。它的通过将迫使意大利对由于资源的匮乏和不平等而出现的问题做一些反思，应该克服过去的错误，开始走一条能满足社会发展需求的、更美好的道路。换句话说，税收联邦制，除了是一种民主的、负责的、团结的、以追求社会生活质量为目标的具体参与形式外，也将成为减少浪费、提高公共资源的行政效率、增加被选举人对选民的责任感以及缩小南北差距的必要措施。此外，政令规定的实施程序确保更多的人自下而上参与进来，避免自上而下地推行法令。

无论如何，从根本来看新修宪法的精神和愿望决定了税收联邦制的诞生，新宪法带来的在理想和实践上的深刻变革已有 8 年了，改革是不能一拖再拖了。然后中央政府和地方机构在制度和财政上关系长期僵化的局面必须尽快解决。这样出台一项新制度曾是（现在也是）迫在眉睫的，这项新制度试图要在收入和支出责任间建立起一种正面关系，并让公民能直接对政府管理部门的决策进行评价和投票。我们不应忘记，这种模式是欧洲多国政府都在努力追求的目标。

此外，除了这些正面的评价外，也不乏有一些反面的评价（Salerno，2011b）。实际上，有人已经注意到，第 3/2001 号宪法法律中关于将跨部门关系转为一种合理、高效地管理体制的规定的实现是极其困难的。从实际来看，也有人指出意大利中央权力下放所取得效果并不令人满意。还有人指出税收联邦制会大额增加行政费用，增加税收负担，使意大利统一以后就存在的南北经济差异继续扩大。人们也否认了投票是对同样适用于地方的财政政策进行有意识评价的一种表现，以及西方社会民主中各国在努力实现中央权力下放时采取的模式也并不是每一种都是有效可行的。

不管怎样，从我们的角度出发，我们认为，至少在教育和培训方面，这种在上文已经提到过的多中心管理模式总比那种等级制的、中央集权制的模式要好，人们应该朝着这个方向努力，尝试各种方式，在实践中不断调整以适应时事，特别是要能满足人的、团体的需求。

不过存在一个严重的危险，那就是控制前进步伐的能力被削弱，但是只要能"组织"好，就可以排除危险。这就要求内部各种多元化的举措保持一致，排除官僚主义的机械性,这种机械性像是由一些法定的复杂、模棱两可的程序造成的;从外部要避免与其他部门采取的措施出现矛盾性重复。

三、教师、资源及体制的合理化

经济方面的问题是影响意大利教育和培训体系质量的大问题。当这个问题涉及教师们的社会—经济地位时就变得很特殊:教师的经济地位依然是经济方面问题的核心。

意大利教育与培训体制在具体成果方面与之前的期待相比,显得比较平庸。在这个体制之内,学校的意义和重视成绩的文化都在走下坡路。学校转型成为了社会的减震器,并且放弃了其全方位培养年轻人人格这一职责。两种广为流行的思想也导致了这种情况的发生:一种思想认为为了更加有利于学生,可以适当降低学习—教学过程的质量;另一种思想认为,在教师工作稳定的情况下,可以降低教师的薪水,这样就能够弥补教师职责及其社会地位下降的现象。但他们没有考虑到,一旦国家向教师支付低廉的薪水,就无法要求他们提供高质量的教育服务。

与经济合作与发展组织内的其他国家相比,意大利教师的薪酬水平明显处于劣势。这些国家教师薪酬的平均水平为每年 4 万欧元,而意大利一位教龄十五年的高中教师薪酬为 2.75 万欧元。用吉尔米尼部长的话来说,"我们的薪酬水平正在下降。……在学校中教师人数很多,但薪酬很低。这几乎是一个平庸的职业"(Gelmini, 2008 - 6 - 10, pp. 4 - 5)。

吉尔米尼部长认为,这是一种荒唐的逻辑,在她看来应被推翻。这意味着必须重新评估教师的职能,并重新开始对其职业状况进行认识。同时,还需要从公共开支中划出新的资源,而这在世界经济危机的环境下显得十分困难。

吉尔米尼部长明智地将其政策与前任政府已在进行的压缩公共开支的三年计划相结合(《这是充满挑战的一年……》,2008)。不能忽视的一点是,意大利的师生人数比例在欧洲范围内属于较为糟糕的一类,也就是说,教师人数远超过了相对应的学生人数。这样看来,吉尔米尼部长缩减教师人数的举措便可被视为向欧洲国家平均情况相靠拢的行为,也是一种保存资源的举措,以便将其利用在更高质量的教育服务上。对于反对者来说,他们认为精简教师团队这个举措会影响到学校活动的效率。从这个意义上说,这样的将教育网络"合理化"的举措和教师人数的缩减(重新投入教育体制的经费仅为由此节约下的经费的30%,而不是全部,并且没有正面说明缩减经费的原因),引发了工会的反对以及大量学生、教师、家长参与的广场抗议事件。

此外,反对者所针对的目标还包括废除了小学"多位教师模式"的相关法令。取代这一模式的"主要教师"模式重新被采用,即一个班级仅委派一位教师,仅由英语老师和宗教老师辅佐。在公众看来此法令又重新捡起了"唯一教师"的概念。反对者宣称,在知识极大增长的背景下,这样的教师模式简直可以说是一种退化。

除外,小学是意大利唯一在国际上被认可的教育阶段,若放弃教师多样化体制,那显得完全不合逻辑。但对于吉尔米尼部长来说,"主要教师"反而可以促进教学的统一性,增强家庭与学校的关系,学生和家庭都可以与同一个人建立持续且直接的联系。为了使论述完整,我们还必须指出,每周 24 课时的唯一教师负责班级制度并不是唯一可以选择的管理模式,还可以选择不包括选择性活动的每周 27 课时制以及包括选择活动的每周 30 课时制。

我们注意到,这个问题出现毛病完全是来自于在经费缩减的国家总体政策下削减教师开支的政府压力,尽管吉尔米尼部长辩解,这种考虑主要是为了能有经费来帮助学校的其他方面,例如,学校体制优化、教师技能更新、教学科研、创新以及实验等。实际上,关于主要教师还是教师多样化的问题,可以通过学校自主权来进行更好的解决,而只需设立关于教师课时的最少和最多标准的相关规定即可。

刚刚提到的关于教育第一阶段①独特的创新措施被系统地归纳在统一的第 169/2008 法令规定之下。这个规定于 2009 年 2 月 27 日被部长委员会通过,它修改了幼儿园、小学、初中的体制框架、管理体系以及教学体系(Govi,2009;Cicatelli,2009)。其中幼儿园和小学并没有很大的变化,其总体规定至今为止基本上没有变化。每周课时保持不变,仍然是 40 课时,但家庭可以要求仅仅采用上午课时,即课时缩减至每周 25 课时,或者增加课时至每周 50 课时。最重要的创新则是关于未到规定年龄的儿童入学的相关规定,规定年龄指的是入学学年 12 月 31 日前年满 3 岁的儿童。最后,教师的职责主要被规定为育人,而这个职能的变更在职业层面上有着重要而积极的意义。

在小学层面上进行的创新活动是最为重要的。首先,未到规定年龄的儿童提前注册入学再次被引入体制之中,这里的规定年龄是指每一学年 12 月 31 日前年满 6 岁的儿童。其次,取代了教师团队任务的是单独的一位教师,在同一个班级内负责所有的教务(22 课时),并在其课时基础上由其他教师补充至

---

① 关于教育第二阶段参见第四章第二节。

24、27 或 30 课时。第三,被确认的是第 169/2008 号法令规定的开设公民课程和宪法课程的实验性教学的开设,每周一课时。

相反,在初中层面进行的创新活动十分有限。其必修课程为 30 课时,即 29 课时加上一课时的文学科目高级学习(这是为外国学生考虑的)。相反,占 4 课时的选修性科目被删去。在适当的设施和服务条件下开设延长课时的班级,其课时增加到每周 36 课时,极少情况下会增加到 40 课时。同时,在课程设置中,公民课程和宪法课程教学被安排在历史—地理科目内。

四、教师入职培养新规定

我们要分析的另一个重要文件是《教师入职培养新规定》。

2008 年财政法律废除了第 227/05 号立法法令(即莫拉蒂改革中有关教师入职培养的规定),重新启用传统的考试机制。2011 年 1 月 31 日的官方报刊公布了 2010 年 9 月 10 日颁布的第 249 号部长法令,对幼儿园、小学、初中和高中教师入职培养做出新规定(Cisl Scuola, 2011, Corsi, 2011;Gobber, 2011;Luzzatto, 2011;Malizia e Nanni 2010a;Pellerey, 2011,Xodo,2011 a e b)。法令确定了所有教育阶段的师资培养都将依靠大学。但需要补充的是,即使规定中提出了改革的指导性方针,但各个部分的实施和监测仍需依赖随后颁布的部长法令。

幼儿园和小学教师必须在教育学系或是教育部授权的其他系修完 5 年制的本硕连读课程,这些系有规定的招生计划,学生要通过入学考试。目前,招生计划按照大区的人员编制计划以及由此产生的公立学校教师人事需求情况来确定的,并按照全国教育和培训体系的需求情况适当增加,最多不超过 30%。教师入职培养的本硕课程由符合条件的大学开设,由专门的教育部法令来确定,它的成立要通过同一大学不同系之间的竞争和协议,或不同大学的系之间的竞争,或依据大学的某个系与艺术、音乐、舞蹈高等学院之间达成的协议。从第二学年开始有 600 学时的实习(24 个学分),这是课程的一部分,从第二学年到第五学年每年实习课时不断增加。另外,课程加强了专业和教育学综合能力的培养,也引入了英语和新技术实验课。完成 5 年的学业后,学生获得到以上两种学校任教的文凭;毕业考试包括毕业论文的答辩和向由两名指导老师和一名大区学校办公室(USR)代表组成的学术委员会阐述自己的实习报告。

初学和高中教师需要在修完与将来要教授的专业相关的本科专业课程后,再修完两年制的硕士课程。同样,招生计划也是有限制的,规定如上文所述。硕士课程的开设也要按照上文阐述的规定来进行。培养方案的主要部分是要掌握英语、数字化能力和对残障学生一体化教学能力。修完硕士课程以后，必须进行积极、合格的教学实习，为期一年。学校对教学实习出勤率有硬性规定，因此中学教师的培养要比前面所说的幼儿园和小学教师的培养多一年，即需要 6 年时间。

中学教师的实习需要有 1500 学时（等于 60 个学分），其中 1025 个学时是关于教育学、专业教学和教育—教学实验室的教学，剩下的 475 小时（19 个学分）是在指导老师的指导下到一所学校进行直接的或间接的实习。实习活动由实习课程委员会管理，实习课程委员会由该专业的教师和研究员、指导—协调教师、两名校领导或是大区学校办公室制指定的教学协调教师和一名学生代表组成。能获得教师资格的毕业考试由一个由三名专业教师、两名指导老师或协调—指导老师以及一名大区学校办公室代表组成的委员会主考，考试包括对该生的学习活动进行评估、根据委员会选定的题目学生口头陈述教学过程以及对实习报告进行答辩。

为了开展实习活动，大区学校办公室会预先提供一份大区性的具有资质的学校名单，不仅包括公立学校，也包括具有同等地位的学校，学校是按教育部法令中规定的标准来确定的。它对大学签订一些必要的协议是有用的。各个系都会聘请一些公立学校和同等地位学校的教师和领导来担任法定的实习指导任务。在这些角色中，我们要分清实习指导老师、协调—指导老师以及组织—指导老师之间的区别：实习指导教师由大区名单中所列学校的教学协调员和领导来指定，并成为他申请过的学校的长期编制教师队伍中的一员。他们要指导实习学生遵守教学管理和班级活动；陪伴和监测实习学生开始进入教师角色和直接管理教学。协调—指导老师的任务是指导和管理指导老师之间的关系，将单个学生分配到各个学校的各个班级，准备实习计划，现场看学生准备毕业报告，为学生开展间接实习分组，检查完成的材料，对直接的和间接的实习活动进行监督和评估。组织—指导老师只有在幼儿园和小学教师实习中才有并发挥以下功能：管理大学、学校以及相关学校领导的关系；派遣协调—指导老师，开展一般的实习活动和与学校、大区学校办公室、学生关系相关的行政活动；每年给协调—指导老师分配他要带的班级。

至于"辅助学习有困难的学生"教师的培养的硕士学位课程只有在通过一些教育部授权的大学里程才能取得，这些课程由大学按教育部标准来确定。此外，大学也能开设一些高中教师"用外语教授一门非语言课程"的进修课程。

新的培养方案将于 2011—2012 学年正式启动，但高中教师的硕士学位课程除外，因为规定中与之有关的、被搁置到部长表中有待稍后再确定的要点未被审计处通过。此外，为了保护那些已经具有教师资格文凭（或者已经在相关课程注册学习）的人，法令将通过一系列过渡性的规定来逐步向教师入职培养新方案过渡。

这项规定无疑是一份重要的文件，因为它试图解决的问题是多年来一直存在和讨论的几个最关键的棘手问题之一。但是，在等待了那么多年后，人们希望的是一个更加有效和少一些临时性的法令。

当然，也有积极的方面。首先，如上文已提到的，终于结束了漫长而痛苦的师资培养改革（至少希望如此），教师和对教师的培养是保证教育体系高质量的最基本条件。此外，将幼儿园和小学教师的培养确定为 5 年制也是值得赞赏的（但要避免社会地位的不公平和经济方面的不平等）。第三个闪光点就是规定了教师培养唯一性，这样可以加强教师的职业认同感（可以在培养方案内部做一些细小的区分，这些区分是要关注在儿童成长的幼儿第二阶段和跨入"理性年龄"与小学之间，或是少年时期与高中的青春初期之间在一般性发展和学习发展上的不同之处。）还有，招生人数根据大区的计划来确定也可以被看作是一个积极的方面。另外，在培养方案中专门有一部分是关于特殊教育和残障学生教育的，这种教育学的敏感也是值得赞赏的。我们可以很肯定地说，与先前的制度相比，新规定突破了一些局限，即：通过引入实习突破了以前纯理论化的特点；通过按照师资需求来招生改变了以前制造代课教师的局面。

但也存在一些值得我们注意的"关键点"：首先是教师从事未来教育事业所需要掌握的综合能力与规定中教师培养方案之间的差距。实际上，师资培养方案中学科和专业知识是重头戏，而横向综合能力特别是心理—教育学方面的综合能力（更广泛地说，即使不提伦理的、道义的综合能力，还有人际关系、为人的综合能力，这些都是具有"角色的人格"所必需的）强调得很少。这样就体现不出教师专业性和社会—制度性特点。此外，即使教育部长已经承诺马上会启动改革，按以前的经验来看，真正会实施的时间仍然不确定。从这一点来看至少有两个主要困难，即定义协调—指导老师比例和确定注册人数。另外仍在继续一个严重的错误是想不花一分钱就完成一些如此重要的改革。

五、仍然处于理论阶段的同等性原则

关于同等地位的私立学校，吉尔米尼部长明智地将切入点放在了第 60/

2000 号法令上①。除外,她多次重申:将公立学校与非公立学校视为同一教育培训体系内相互补充的组成部分的规定具有根本性的革新意义。这样,便公开认同了由机构和私人建立的、并保证符合国家规定的非公立学校所拥有的同等性质及公共服务性质。除外,正如我们在第三章中已经提及的,同等性质非公立学校的学生仅占我国学生总人数的 10.6%,而且在这 10.6%的学生人数中五分之一的人进入的是由公共经营者管理的同等性质非公立学校。因此,有些人宣称的意大利教育体制私有化"危险",纯粹是空穴来风或出于一些政治目的。

在吉尔米尼部长看来,教育的自由选择权可以由多方面且确实有效的因素给以支持。在意大利的很多地区,家庭对于教育过程有着特殊的需求。宪法所规定的辅助性原则,使得家长和学生的权益被放在了首位。家庭为其子女自由选择教育方式的权利应当被认可,而同等地位的私立学校则增加了公共教育体制中的教育机会。相对于公共财政提供的 5 亿欧元教育经费,同等地位的私立学校每年为国家节省 55 亿欧元。

尽管所提出的论点都非常令人信服,但由这些论点出发的具体行动仍然十分模糊。吉尔米尼部长提出的计划报告中仅仅是指出:通过现有的经济资助方式提供的这些资助是远远不够的,它们构成"一个有效的出发点","政府将在这一方面做出选择,通过议会的讨论确定一个公平的和共享的体制"(Gelmini,2008 - 6 - 10,p. 9)。事实上,第 62/2000 号法律规定的资助本身数目就不多,在经历了从 1996 到 2002 年的微弱增长后,最近几年由于经费削减和规定的经费未到位而有所减少(Cssc,2010)。

六、每个人都有他自己的学校

根据之前的数据显示,意大利社会的流动性还比较有限,学校存在着"制造"不平等的情况而不是与社会不平等对抗。

我们总是需要强调,解决这个问题的一个关键战略在于,保证每一位学生都根据其应享有的公民权利和社会权利接受教育和培训,达到必备水平标准。具体来说,在愈加复杂的全球化社会和知识体系的背景下,人们应该致力于改善教育培训的权利和义务教育的状况,同时避免其知识体系的不完整。

另外一个战略则是坚持教学和学习过程的个性化。实际上,教育机会的

---

① 参见第三章的分析。

平等并不意味着对所有人持平等态度,而应该是指每个人都有平等的机会,根据各自的能力受到区别的对待。因此,应该以这样的方式来组织教育培训,使得每个人都可以按照适合自身的步调进行学习。

在这样的基础上,我们可以来解读吉尔米尼部长关于教育第二阶段的调整政策。吉尔米尼部长提出的目标是将所有的教育机会都提升至"A 系列"。她认为与其继续毫无头绪地讨论学生 14 岁就得在进入高中和进入职业教育培训学校之间进行选择是否过早的问题,还不如避开所有的理念上的冲突,集中精力安排教育进程,使所有的学生都能找到最适合自己的道路。"教育进程的无差异性,企图泯灭个人爱好、使每一个学生都遵循同样道路的理念,最终只会产生留级和辍学现象。我们为一个学生提供他自己的学校,每一个学生都能在他的学校里找到学习的动力"(Gelmini, 2008 - 6 - 10, p. 14)。当然,人们也应该享有重新考虑自身决定的机会,甚至是在整个人生的周期内都能进行重新选择。一个有效的终身教育体系可以保证这一点。

吉尔米尼部长的指示首先在职业教育和培训领域得到了重要的体现。正如我们在谈教育经费问题时提到的那样,调整后的教育与培训的第二阶段包括两个子系统:一是高中教育,我们将会看到,分为高中、技术学院和职业学院(包括公立学校和具有同等地位的学校);另一种是职业教育和培训(IeFP),由大区管理,分为 3 年制和 5 年制的职业教育和培训课程以及用来履行义务教育的学徒制课程,办学机构在正常情况下是具有资质的培训机构(培训中心),有时由一些公立的职业学校来辅助(Forma, 2011)。

其次,2011 年 2 月 4 日,针对高中的第 89/10 号总统法令、针对技术学院的第 88/10 号总统法令以及针对职业学校的第 87/10 号总统法令在二次正式宣读后由部长理事会通过,吉尔米尼部长正式启动了对意大利教育体制中长期没有得到改革的那一部分,即高中阶段教育改革(Tonini e Malizia, 2010;Cicatelli, 2010a)。对此的等待是漫长的,等待并不是从近 10 年改革(2000—2010)之初开始的,应该追溯到近 60 年前,即 1951 年的戈内拉(Gonella)计划。

通过进一步的观察我们可以看到吉尔米尼部长的做法很特殊:贝林格改革采用的是统一设置(全是高中),莫拉蒂改革采用的是双轨模式(高中子系统以及职业教育和培训的子系统),而吉尔米尼部长继承了她的前任费奥洛尼(Fioroni)部长的做法选择了一种三级模式:高中;技术学院和职业学院;职业教育和培训。

(一)《吉尔米尼规定》中教育第二阶段相关规定的横向性

《吉尔米尼规定》中的一些横向性也值得我们提一提。

首先是从"设置"的角度来看（Cicatelli, 2010a；Ferratini, 2009；Illiano, 2010）。高中、技术和职业学院的垂直设置是一致的，即两个两年制再加结束学业的一年；改革主要牵涉到了职业学院，职业学院原本采取的是一种 3＋2 的模式，现在按规定，我们认为也是合理的，不能再在三年学习后颁发职业资格证书了，因为现在的文凭是大区性的。实际上，这种莫拉蒂改革中典型的 2＋2＋1 模式在技术学院和职业学院是形式上的，实际上都是把第二个两年制和最后一年看作是一个"总的三年制"。另外一项新规定是关于第一个两年制的性质，第 139/07 号部长法令将其确定为义务教育的一部分。

我们再看一看设置上的共同点，着重指出的是对设置过多的课程进行合理调整和为减少大量课时所做的努力。特别是职业和技术学院的课时被减到平均每周 32 课时，而高中大约是每周平均 30 小时。对此，需要说明一下：每课时将重新为 60 分钟，这样在很多情况下学生可以享受到比以前更多的时间，教师也必须要用完所有的上课时间。虽然，经济原因给减少课时造成了很大的困难，但考虑到相对欧洲其他国家来说，意大利学生在校时间过长，很多人赞同对总学时进行削减。其实，问题的关键并不是要增加还是削减学时：增加还是减少课时所能达到的质量和效率是由教学的目标、内容以及策略来决定的。

从计划设置来看，我们应关注相关规定是如何沿着学校自主权这条最终成为一种体制的方针路线来正确发挥作用的。在过去中央集权式管理下，这些规定是国家用来管理教育体制的主要工具；是一种绝对的束缚并带有一种服务命令的特点（Rembado，2010；Benadusi，2010）。今天，这些规定代表了一种参照框架，是一个包含指导的复合有机体，虽然这些指导并不是绝对的，但学校必须在学校教育方案（Pof）设计中像盖房子要用砖头一样来使用它们。因此，规定也不再为学校办学过程中会出现的所有问题提供回答，而是由教育团体按照相关法规、当地的实际情况以及议定的学校教育计划（Pei）来编订和实施完整的教育方案。这并不是说这些规定失去了重要性，而只是它们的功能发生了变化：也就是说它们的作用在于，从消极方面来看，阻止了各种野性的分裂，从正面来看，为计划和实施教学活动提供了有机框架。

规定中自主权的表现方式是多种的。这里我们提一些原则：规定了理科和文科高中可选择的项目；一部分在校时间重新归大区管理；除必修课外，还设有选修课程；高中必修课程中可以有 20％～30％ 的灵活性，职业学院和技术学院课程自主比例可以从由一般的 20％ 直到最后一学年的 60％。这些都有助于满足技术革新、产业体系和地方的需求。

（二）结构上的革新

"治理"（Governance）模式上有两个结构性变革：成立了学部和技术—科学委员会（Petrolio，2010）。前一种，很多学校早已采用，也就是对教师委员会按功能进行设置，主要给教学和教育规划提供帮助和提高效率：它的成立既是从专业角度考虑，也是为了减少原先庞大的成员数。后一种，由教师和校外专家组成，承担与外界联系的中间人角色；它发挥一种顾问作用和提出一些学校承认的灵活性举措，并促使学校充分利用一些专业人士以及加强与外界的联系。但实践中也不是没有风险的，首先就是这两个机构在实际操作中很可能会与教师委员会出现权力重叠。

此外，即使吉尔米尼规定中做了大刀阔斧的调整，但仍然沿用了莫拉蒂改革最重要的革新之一、也是莫拉蒂改革标志的一项革新，即引入"教育的、文化的和职业的特征"（Pecup）（Cicatelli，2010a；Malizia e Nanni，2010）。这符合要明确在学生学校教育和培训的两个教育阶段结束时（14 周岁和 18/19 周岁）学生要成为一名积极的、负责的人和公民应该掌握哪些知识（学科知识和跨学科知识）和会做哪些事（操作能力和专业能力）这个目标。

在教育第二阶段，给每一种类型的高中、每一个技术学院和职业学院的方向都规定了专门的特征。与莫拉蒂改革的"教育的、文化的和职业的特征"有所不同，即吉尔米尼部长提出的"特征"更带有"实用主义"色彩并且更担心学生的学习成果以及如何向就业市场过渡，而原本的"教育的、文化的和职业的特征"则具有很强的教育性、更关注对人的总体培养。规定带有实用主义色彩是为了避免政治—意识形态上的紧张局面，但人们认为正是这个原因造成了在规定中没有提到精神和宗教方面，而只包括了宪法中提到的一些价值。

不过很明显的是，技术和职业学院的课程设置不同于高中。技术和职业学院的课程分为以义务教育 4 个文化轴心为中心的普通文化课（语言、数学、科学—技术、历史—社会）和专业课，而高中课程设置则分为 5 个领域：方法论、逻辑—观点、语言和交流、历史—人文和科学、数学和技术。

（三）是改革还是制度重整？

概括地来说，如奇卡泰利（S. Cicatelli）指出的那样，吉尔米尼规定"对一个从本质上来说由一直在意大利学校实施的规定来确定的体制进行了重新调整。因此，没有"吉尔米尼改革"。现在，也应该和"莫拉蒂改革"说再见了。换句话说，吉尔米尼只是纯粹地、简单地对已有的教育第二阶段的传统模式进行了合理化和现代化。假如大区不将职业教育和培训课程委托给职业学院的话,这些课程会重新成为提供给公立学校三种教育(高中、技术学院和职业学院)中"学业失败者"的课程。

贝尔塔尼亚(Bertagna)的评价看上去思路更紧密:"这样,今天我们可以说"莫(莫拉蒂)—费(费奥洛尼)—米尼(吉尔米尼)"改革正式生效了,这是继1936年的德·韦基(De Vecchi)改革后第一次对中学教育进行改革。它并不完美,本应可以做得更漂亮或是以更高明的手段来做。但它的结果是"划时代的",因为意大利的政界和工会界常常只是在夸夸其谈,现在终于有了结果并开始生效了。议会要求在3年后对其实施做一次严肃的审查。但愿审查时多数派和反对派、国家和大区、政府和社会各界都能参与进来,因为改革中不应有当前政治斗争中这种典型的意识形态的激化,学校教育是一个严肃的话题,它不应被轮流上台的多数党以及财团的利益所支配。"(2010, p. 10)

费拉蒂尼(P. Ferratini)分析后的评价是对这些不同的观点进行了概括(2009, pp. 725 - 726)。他认为吉尔米尼部长的学校教育政策是根据一种"传统—温和的意识形态"来重新思考意大利的教育体系,这种"传统—温和的意识形态"可以表达为这样一种口号,即通过3个"I"(互联网、英语和企业)的修正使学校回到过去。同时,不能否认的是它所达到的目标使历时10年的改革和持续将近60年失望的等待有了终结,意大利教育体制重新站在了新的起跑线上。为了使他的观点更站得住脚,费拉蒂尼在信中重提教育部长的申明:"权威、威信、等级、教学、学习、辛苦、成绩。这些是我们想要重建的关键词,要摈弃从意识形态上构建起来的空洞的"教育主义",它从1968年起就像病菌一样感染了意大利学校教育"(费拉蒂尼引用,2009, p. 725)。这些观点对公众都很有说服力,极大地削弱了批判意见所产生的影响,并阻止了这些批判意见集中起来形成重大的社会分歧。

看一看吉尔米尼规定中提出的"教学"方案将有助于我们对此做一个更加宽容和更经过深思熟虑的评价。以下两份文件中提到了教学方案:《高中全国性指示》和《技术学院和职业学院指导意见》(Cicatelli 2010ab; Tonini e Malizia, 2010)。这两份文件不仅仅是在名字上有所不同,总的思路也是不同的:后者是完全接纳了"知识、能力和综合能力"三分法,而前者主要还是要保护单个学科领域的认识论地位,很少且非常谨慎地提到了综合能力,以避免由于综合能力的抽象定义而丧失内容的重要性。

另一个值得关注的问题是评估。众所周知,意大利与其他欧洲国家相比,在评估方面的工作很不尽如人意:评估主要是学校自愿进行的内部评估,并没有重要性,各自采用的评估方式也五花八门(Vicoli, 2010)。新规定要求评估方式的设置要符合指导意见。我们认为,学校最好每年都进行一次评估,考查是否达到了全国性和地方性目标,争取能在专家顾问和地方政府代表的帮助下在办学中不断完善自己。此外,内部评估还应与法定的外部评估相结合以保证办学质量,并给中央决策机构全局性地完善教育体制提供信息。

上文探讨了吉尔米尼规定的价值的、教育学的、教学的和组织上的高层次特征,但我们不能忘记对高中子系统进行重整也是因为财政部长需要削减开支,他提出要在从 2009—2010 年开始的 3 年内削减 87000 个教师岗位和 45000 个行政、技术和辅助人员(Ata)岗位(Illiano,2010)。

由此带来的后果是全方位的:在当前所处的经济危机环境下,有必要对整个部门进行合理化调整以及削减开支,这是不可否认的,但我们不能故意避而不谈由此给一般的教育服务和专业教育带来的负面代价。也就是说,现在踢的这场球赛主要是通过呼吁教师和学校领导提高教育教学能力,以及呼吁大家共同努力,提高学校教育、教学和组织的质量。除此之外,改革也需要部长积极地扶持学校的发展,给予适当的财政拨款,在吉尔米尼规定实施阶段对其进行监管,光靠呼吁学校教职员工主观努力和刻苦教学是不够的。

七、社会融合、公民身份和跨文化

根据意大利社会特别引以骄傲的传统,吉尔米尼部长坚持以同等的政策对待残疾学生。她明确表示,他们受教育的权利应继续在所有学校内得到保障,同时也与他们的同学一样,享有个性化的教学目标、教学方法和学习工具。

在吉尔米尼部长的声明中,她同时强调成百上千的移民学生也应拥有同等机会,享有个性化的教学目标。在这一方面,他们具有的一项特别义务就是接受意大利语和共和国宪法课程的教育。

此外,推进关于“公民与宪法”知识和能力的课程,被视为需要学校内所有的人都应该承担的一个重要职责。吉尔米尼部长依据《教学方向文件》(2008年 12 月 11 日第 100 号文件)的精神,阐释了对于进行“公民与宪法”课程的教学实验及教师培训的相关指示,这项规定根据第 169/2008 号法令得到了正式的确定。“公民与宪法”课程将于 2009—2010 学年开始进行教学实验,具有自己的课时框架及评估标准,由历史—地理以及历史—社会领域教师负责,在所有类型和等级的学校中开展。除了学习宪法以外,还学习普通大区章程以及自治区章程。

尽管“公民与宪法”课程的教学在紧迫性以及文化和公民价值方面的重要性是无可非议的,但对《教学方向文件》的阐释并没有消除人们的恐惧。人们认为,"公民和宪法"课程的引入可能会导致和第二次世界大战后五十年里重复出现的一些提议,比如莫罗(Moro)政府时第 585/1958 号法案规定在初中和高中引入公民教育一样的结局,也就是说,根本无法真正实行。

吉尔米尼部长本应该采取的一个更加明确的立场,那就是支持跨文化教育。除了经济和政治影响外,全球化浪潮还对文化和生活造成的影响。在面对全球化对立的回应面前,有的人提出需要对教育培训体制进行重新的思考,立足全球化的视野,采取跨文化的视角(Bindi,2005)。无论如何,一种与时代结合、以跨文化战略为模式的教学和学习过程需要的是在不同文化之间真正的对话,而不能只用简单的"博物馆"参观者的眼光,仅仅关注移民学生所有的那些显著而令人好奇的习惯。"我们所推荐方法似乎是 ……尊重归属性的一种批判的和有意识的教育方法。这种教育方法将使得在每种文化中必须调解的特点显现出来,并且有巨大的潜能为文化融合提供服务"(Bindi,2005, p. 121)。

但是,在学校层面,需要尽快采取有效的措施,发挥其作为教育团体的作用。换句话说,学校作为一个管理学习者的团体,应该积极地与所处的各种环境相结合,通过自身努力以及与社会共同合作,实现其"教育服务"的功能。

结　语

对社会融合、公民身份和跨文化的关注给吉尔米尼改革注入了积极的方面,之前所提到的评价认为吉尔米尼改革只是以"传统—温和的意识形态"来重新思考意大利的教育体制,改革在很大程度上受到经济决策的支配,政府在每年的发展规划中都会制定特定的经济调控手段。有人认为吉尔米尼改革对社会公平和团结(以及个人和社会价值)关注不多,不过吉尔米尼改革追求高效、透明、功效、择优选用、质量这些价值,这些积极的方面淡化了人们对这次改革的负面印象。

不过,一些深层次的批判也是有道理的。首先是改革中规定的自主权仍在税收联邦制和目前占统治地位的中央集权制之间摇摆不定。更严重的是,改革只是停留在对教育体制做行政层面的合理化调整,还没有上升到要推动人全面发展和参加社会建设的教育文化这种高度,如宪法第 2、3、4 条规定的那样:21 世纪伊始,纵观教育事业中的革新、问题和需求,形势仍然十分严峻,这需要我们重新、积极面对这一切。

第六章 博洛尼亚进程中的大学改革[*]

高等教育尽管与普通学校和职业教育有着紧密的联系,但其发展态势依然在很大程度上有别于教育体系中其他的教育层次。因此,我们有理由用单独的一章来探讨大学这一主题。

第一节 对过去、尤其是近几年大学教育历史的回顾

1861 年意大利统一后,政府立即决定将统一前各地区已经存在的所有高等教育机构提升至大学层次(Galesi,2005;Camozzi,2005;Elevati e Lanzoni,2004)。这一政策导致大学的数量大幅增加,与有限的学生人数相比差距悬殊,因为当时的大学教育还仅仅是小部分精英所享有的特权。与此同时,政府采取的措施并没有成功地解决高等教育机构具有地方性特点的问题。在这样的大背景下,于 1859 年颁布的适用于撒丁王国的《卡萨蒂法案》被应用于全国,目的是通过这样一个自上而下的总政策来弥补大学在数量和质量上的不平衡。整个高等教育体系在政府和部门的层面上由中央政府统一管理。然而,这种集权化的管理并未得到完整的实施,各个大区依然执行着原有的地方政策。

随着 1923 年的泰梯利改革和 20 世纪 30 年代颁布的一系列措施,中央政府重新确立了对教育体系进行集权管理的地位,而大学教育依然属于小部分人的精英教育(Galesi,2005;Camozzi,2005;Elevati e Lanzoni,2004)。此外,有些人认为,高等教育有着浓厚的"反现代主义精英"色彩,也就是说,由于

*本章的第一部分参考以下著作: G. Malizia e C. Nanni (2004), Una riforma in cammino. Quali prospettive per le scienze dell'educazione, in: Orientamenti Pedagogici, vol. 51, n. 5, pp. 925 - 948; Malizia G. (2005), Le sollecitazioni della Riforma universitaria alla riconfigurazione delle Facoltà e degli Istituti teologici. Quali apporti significativi e utili?, in: Itinerarium, vol. 13, n. 30, pp. 205 - 224; Malizia G. (2007), La riforma universitaria in Italia: problemi e prospettive, in: Educación y Futuro, n. 16, pp. 59 - 84.

启示它的新理想主义前景,"教育培训仅限于一种认识观,即认为大部分职业性学科仅仅应该得到次要的关注"(Galesi,2005,pp. 18 - 19)。

在之后的几年直到第二次世界大战后时期,尽管社会各界舆论纷纷和方案不断,但意大利的高等教育始终未能在本质上脱离法西斯时期的色彩。换句话说,这些方案未能从源头上解开泰梯利改革中出现出的症结。

20世纪六七十年代,欧洲国家经济得到了飞跃的发展,高等教育也迈出了快速发展的步伐,其他的"旧大陆"国家尽管是秉着平均主义的逻辑,但也纷纷设立了与大学平行的以职业教育为目的的专科教育。尽管1968年学生反抗运动的目的是改变原来的精英式教育体系,使原本极为传统的教育体系在本质上和教学上进行一场全面而深入的改革,然而意大利仍然处于故步自封的状态。唯一凸显改革特色的是第910/1969号法案,它开放了大学的入学门槛,自此,大学招生面向拥有任何高中证书的意大利和外国学生,正式取消了不同高中之间在深造渠道上的差异性。但是,高等教育的多样化尚未被列入考虑的范围。此外,当欧盟其他国家政府开始重新审视国家对大学的管理权并将这些权利逐渐放开时,意大利的高等教育在整个80年代仍然维持着中央集权的管理模式。

从20世纪80年代末开始,尤其是在90年代,意大利终于也实施了一个全面的大学改革方案,旨在通过向大学授予充分的自主管理、财务、行政和教学等权力,以期实现大学的现代化。

这一进程被分为三个阶段,分别对应三个政策。

第一个阶段,随着第168/1989号法案的颁布,意大利成立了大学科研部(Murst)。自那时开始,国家第一次将自主制定规章制度的权利和义务下放给各大学。

第二个阶段第341/1990号法案则标志着第二个里程碑,它关系列大学的教育体制改革。根据该法案,大学可授予的学位分为4个:在传统的学士、硕士和博士学位的基础上,增加了无学位大学文凭(DU),亦称为"专科"。这一措施并不是为了在大学框架内创建另一个分支,而是为了使其课程依然得以在原来的院系内组织。专科的学制不得低于2年,也不得高于3年。专科教育的目的是,通过自然科学、文化、职业等教育元素构成的学习方案为既定的职业领域培养专门人才。换句话说,其目的在于培养中级职业人才。因此,专科教育在学制和培养内容上都区别于本科教育。每所大学都有权自行设置课程,并采取两种模式中的任意一种:衔接式,或平行式。衔接模式的课程设置是与本科学习衔接的,这使得学生在结束学业后,除了踏上工作岗位,还可以继续本科阶段的学习。这种模式的优点是能够最大限度地利用大学资源,具有极大的灵活性,允许学生继续在同一领域中完成本科学习;但这可能会造成在学习过程中过分关注继续教育而忽视职业培训的问题,或相反地在大学本科第三年的学习中出现功能职业化的危险。而平行式则要求设置专门的、有针对性的课程,配备与之对应的专业教师。这种模式的优点在于教师的专业性,他们注重教学方法、操作性和具体实践,并注重从实践出发总结出理论;但这可能会产生一定的局限性,对那些结束专科教育后有意继续进行本科学习的学生造成障碍。

即使弊端众多,但第341/1990号法案终结了过于学究式的教学方法,并对教学方法进行了本质上的改良。另外,每个学生不仅在学习的开始阶段,而且在整个教育过程中,都能够接受同一位教授的指导。该法案不仅明确了一对一的导师模式;而且利于学生积极参与到教学过程中,摆脱学习障碍和提高课程的出勤率;还明确了与高中在开展升学就业指导活动方面的合作。

第三个阶段,通往改革进程中的最后一站则是第127/1997号法案的颁布。该法案中的一系列紧急措施精简了管理机制,使决策和控制的程序更为迅速有效。财政和规划体制也得以改变,具体来说,与同一时期普通学校所经历的变革一样,大学开始拥有自主管理权,能够自主设立专业、确立教授的学科和选择教师。此外,国家大学评估观察院(Osservatorio nazionale per la valutazione del sistema universitario)建立了。

1999年是意大利大学改革中具有决定性意义的一年。以"博洛尼亚进程"(il processo di Bologna)[①]为契机,以《泽其诺条例》(Regolamento Zecchino)"为标志,意大利走上了更有自身特色的改革道路(第509/1999号部长法令)。

然而,在正式开始分析和评价这两个文件之前,还是有必要解析一下意大利大学在跨入21世纪时所面对的几个顽症。这不仅是为了更理性地看待改革带来的问题,而且是为了以更客观的态度评价从1999年至今所走过的改革之路(Associazione TreeLLLe, 2003, pp. 39 - 40)。

首先,大学的毕业人数在平均注册学生人数中所占的比例从1970年的62%下降到2000年的45%;1970年的辍学率达到了70%,但现在这一比例基

---

① 博洛尼亚进程,指欧洲各国建立"欧洲高等教育区"的改革过程。1999年6月18—19日,欧洲29个欧洲国家的教育部长在意大利的博洛尼亚开会,签署了实施欧洲高等教育改革的文件——《博洛尼亚宣言》,在2010年建立欧洲高等教育区。——译者注

本保持在 60％ 左右；无法按时毕业的学生几乎占到五成（2000 年为 41％），但 1970 年仅为 17％；完成本科学习的平均年限为 7—8 年，完成专科学习的平均年限为 4 年，也就是说，实际毕业所需年限比正常毕业年限超出至少 3 年；大学的平均毕业年龄为 27 岁；2000—2001 学年的本科毕业率最低，仅为 4％，但专科的同年毕业率则达到 37％，尽管如此，大学的总毕业率仅为 7％。总体来看，大学改革的负面效应集中表现在获得学位前的无法按时毕业人数增加、高辍学率以及毕业生在注册学生总人数中所占的绝对低比例上。

其次，与其他国家的相比，意大利高等教育的差异和落后就显现出来了（Associazione TreeLLLe，2003，pp. 40 - 41）。直到 2000/2001 学年课改之前，意大利大学教育一直严守刻板和单一的模式。撇开初有成效的专科教育不谈，教学在总体上呈现出相当多的弊端，为期 4～6 年理论学习的课程单一，缺乏多样性和灵活性。意大利的大学普及率位于低水平，在 25～34 岁的年龄群中只有 12％ 的人获得大学本科文凭；而在欧盟国家中，这一比例的平均值为 29％。当然，确保所有人拥有同等的受高等教育权利的政策的缺乏也对此有一定的影响。另外，意大利的人均大学拥有率在欧洲国家中也排名落后。如果算上根深蒂固的南北地区差异和一些古老大学学生人数过多的情况（罗马、帕多瓦、博洛尼亚等大学），那么这一现状就显得更为严峻。在人力资源方面，值得重视的则是教师的平均年龄偏高，而年轻博士的比例很低。此外，也不能忽视的是教学研究成果评估方式的局限性。其他负面因素还包括，与欧洲国家平均水平相比，少得可怜的大学教育经费只占国内生产总值0.8％，而欧盟国家平均值为 1.2％；大学科研经费几乎只占欧盟国家平均值的一半。

简而言之，意大利大学是欧盟国家中产出效益最低的大学之一。造成这一局面的主要原因是课程呆板、大学教育与劳动力市场脱节、高等教育多元化不够、缺乏有效的方向指导以及新生入学时的水平差异过大。

第二节　意大利大学的新背景

如果对转型中的意大利社会经济、文化和教育知之甚少，那么就很难理解意大利大学的改革和一些新的政策方针。在本书第一章中，我们已经提及经济和文化方面的转型，这里我们着重分析教育方面的内容，尤其是席卷整个欧洲大陆的"博洛尼亚进程"。

一、大学教育—教学的新现象

近年来,教育越来越注重理论与实践、脑力活动与实际操作、理论知识与实践技能、知识与能力等元素之间的紧密联系,并在充分尊重各自特色的基础上将它们有机结合起来。

在其结果和具体的实现之外,一种新的结合技术—科学—信息和人文学—文学—人类学的教学探索(换句话说,这是一种结合经验、自然科学、人文科学、理论、技术、信息的教学探索)正得到越来越大的关注。同样地,撇开两极化现象和纯粹的被动行为不谈,在学习过程中,学习比教授更重要;"创造"比"教条"更重要,也就是说,研究—发现比单纯获取知识更重要;比起表面的知识灌输,学习和认知过程中的个人塑造和再塑造得到更大的重视;生活和实践高于单纯地掌握科学文化知识和概念。

我们可以从前面所论及的这些现象中解读出教育、培训和教学上几个占主导地位的要点,它们也是现代教育学意识已经着手发展或试图发展的趋势,尽管它们并未被所有人认可,以及对其理解的程度也并不相同。

(1)对终身教育的展望,认为教育贯穿终生、属于整个生命阶段以及可在任何时间任何地点进行;并认可终身学习的权利,这是具有绝对优先地位的权利。

(2)阶段式学习的概念被提出,学习主体的中心地位被确定。学习主体不是以个人的身份出现,而是作为一个集体概念、以群体的身份出现,并被置于教育关系及其内在的相互联系的大环境下。学习不仅是学生的任务,而且也是教育者和教育体系内不同主体的任务,尽管他们采取的形式和承担的责任各有不同。

(3)根据1996年《德洛尔报告》所说,学习不仅仅是学会知识、学会做事和学会做人,还要学会与其他人共处。

(4)在学习策略方面,重要的不仅是怎样将经验与理论、理论与操作结合起来(更确切地说,应该是"联合"起来,并不是与传媒技术的学习相对立),而且是激励学习者合作学习("共同学习")、对话学习("与他人一起学习"),并培养他们具有"全球化"视野,即要持续并同时要考虑个人、地方、国家、国际、世界、时代、人类之间的联系。

(5)教育机构的场地、环境和学习主体有必要进行合理的内部区分和因地制宜,还要与其他的社会、教育、培训机构进行教育合作。

(6)强调教育关系和交流在创建学习平台、保证学习持久性和衔接性工作中的首要战略地位。

毋庸置疑,这些要点也为大学教育带来了一些新的变化:

(1) 以学生学习为核心,增加学生的课堂参与。

(2) 在各教学单元的实践课程外,一般引入培训活动。

(3) 关注可能出现的实践性职业性教育的不足或过剩。

(4) 不断探索和完善持续的、综合的教学评估。

(5) 建立更为个性化、在工作上更为有效的师生合作关系。

(6) 在大学校园内为学生工作创造更多的场地、空间、组织、服务设施和协调人员(可以从完善电子信息网络着手)。

(7) 为了提高竞争力(或者说,为了提高培训质量),不断提升文化内容中的科技含量和质量,以及学生所能达到的能力水平。

二、欧洲大学改革的"必要性"

总的来说,推动意大利大学改革的主要动力,很可能是来源于个体和社会的需求(Associazione Treelle,2003;Malizia e Nanni,2004)。与其他洲一样,欧洲教育培训体系的发展很大程度上取决于利益相关的推动者的需求,而由过去曾主导过教育制度发展的注入式教育来引导的旧模式影响正逐步退出历史的舞台。21世纪,知识就是力量,知识才能决定个体、组织机构乃至国家的成功。无论是青年人,还是成年人,都渴望接受能够符合个人和职业要求的、层次越来越高的教育;而社会也要求其成员具备越来越强的工作能力。适合学生和社会的教育需求正是大学被赋予的任务。大学教育必须以多元化、灵活性为特色,同时满足学生群体各种各样的教育需求,以及社会和生产的多元化需要。

在这种历史背景下,首要的任务是确保所有人都拥有同等的机会进入大学学习。尽管社会各界为此都付出了不少努力,但无论过去还是现在,处在社会—经济阶层中较低位置的学生在就读大学问题上依然呈现出弱势。无论如何,整个欧洲都在努力帮助这些年轻人,使他们更容易进入高等学府;而在过去,这些群体必然会被大学拒之门外。

在传统意义上,大学的基本任务主要在教学和研究领域,同时在新文化和精英文化的产生以及社会化过程中也扮演着重要角色。最近,大学作为地方团体的创新基地和高效资源这一服务性地位也被确立;同时,大学还被赋予满足青年人和成年人终身学习要求的责任。

新一代的信息和通讯技术,特别是电信网络的普及,创造了一个历史新纪元,也在很大程度上影响了大学,因为它改变了知识传递和创立的模式和方法,使新的教学和研究的可能性得以实现,催生了越来越多大学以外的知识产业领地。此外,高等教育和研究的国际化造成的影响也不容小觑,虽然这也产生了一些负面效应,即一方面有利于大学间的合作、另一方面也导致了大学之间的过度竞争。

全民上大学这一现象,也使得大学的教育质量和课程设置愈加令人担忧,而各国居高不下的辍学率也是值得注意的问题。为了解决当前出现的这些问题,在欧洲不少国家中提出了高校自我评估和外部评估的体系,这也符合政府和各高等教育机构更有针对性、更高效的需求,顺应民意,增加透明度。从这点来看,如果给大学越来越大的自主空间,那么这种自治就不能游离于责任而存在;与此相应的是,责任也不可与评估脱离。

从传统观念来说,欧洲各国的大学发展是不迈出国门的,这也造成了两个尤为明显的后果:一是各国的区分过于明显,给透明度、理解度和流动性造成了障碍;二是合作仅限于人际关系方面,双边协议很少。从 20 是世纪 80 年代中期开始,欧盟推行了不少促进国际合作的方案,其效果可喜,实现了每年超过 10 万名学生的流动。一个真正的、聚集了高素质的专门人才的欧洲工作市场开始建立,尽管大学不是唯一的参与者,但其功劳是不容忽视的。

三、博洛尼亚进程

上面所列举的欧洲各国共有的社会—文化和经济因素使各国政府意识到必须共同掀起一场大学改革。从这个意义上来说,1999 年欧洲大陆各国为实现共同利益而签署的博洛尼亚宣言(Dichiarazione di Bologna del, 1999)是顺应历史潮流、符合现实需求的产物(《关于欧洲高等教育区的博洛尼亚宣言》,2000 - 2 - 29)。该宣言的最终目标是,构建一个加强成员国的教育质量、增加工作机遇和公民流动的欧洲高等教育区。其具体目标如下:

(1) 建立容易理解并可以进行比较的学位体系。

(2) 建立一个以本科和硕士两个阶段为基础的高等教育体系。

(3) 建立欧洲学分转换体系。

(4) 促进师生和学术人员的流动。

(5) 促进欧洲在质量评估方面的高等教育合作,保证教育质量。

(6) 推动高等教育欧洲化。

《博洛尼亚宣言》不仅仅是宣布政策,其具体目标计划于 2010 年全面实现。

继《博洛尼亚宣言》之后,2001 年的《布拉格公告》(*Comunicato di Praga*)则提出以下三方面内容:

(7) 强调终身学习和教育的必要性。

(8) 强调高等教育机构与学生的关系。

(9) 推动欧洲高等教育区的发展(Towards the European higher education area. Communiqué of the meeting of the European Ministers in charge of higher education [Prague Communiqué], 2001)。

之后的 2003 年柏林公告(Comunicato di Berlino)则提出了第十项内容:

(10) 博士研究生的培养及在欧洲高等教育区和欧洲学术研究范围内的合作。

柏林会议还提出,高等教育的社会规模应该被看作是全局和横向发展的指导路线(Realising the European higher education area. Communiqué of the Conference of Ministers responsible for Higher Education [Berlin Communiqué], 2003; Comité Directeur de l'Enseignement supérieur et la Recherche (CDESR); 2004 - 9 - 21 - 22)。

毫无疑问,对于欧洲大学而言,"博洛尼亚进程"是近年来居于首位的大事件。这代表了一个向前发展的历史过程:因而需要付出极大的努力来实现自治,以避免推动一体化而造成的文化同化现象。当然,《博洛尼亚宣言》的一些核心内容很值得褒扬,例如,确立学习主体的中心地位、提高教育质量、加强不同国家之间的合作、促进教师和学生的流动以及实现学位透明化和可比性等。

与此同时,也有人担心这样是否会引起过分追求适应生产体系和劳动力市场的实用主义,高等教育必须涉及社会的各行各业;必须有利于学生人格发展;此外,还不能忽视人的思想、道德和宗教培养。因此,我们应该正面看待 2003 年柏林会议上对上述最后一点所作出的努力,在竞争方面和社会方面之间进行平衡。事实上,对于解决社会问题和实现更多公平的不利因素是市场的需求被过分强调(Zgaga, 2003)。

增加欧洲大学的竞争力和吸引力是非常重要的目标,但我们不能将它局限在只关心欧洲利益的想法上。在接受其他洲的学生时,欧洲大学应该为他们回到祖国做好准备,而不是自私地将他们留在欧洲,为欧洲生产系统的发展作贡献。另外,欧洲大学应该向各种文化开放,避免任何形式的文化殖民主义。竞争力的意义在于,其能转化为一种有效的、团结一致的服务力量,而不是仅仅以自身利益为目的。

《博洛尼亚宣言》提出,跨出欧洲高等教育一体化的第一步就是建立本科、硕士双阶段模式。第一阶段学制 3 年,特别注重学生完成学业的可能性,授予学士学位。第二阶段则要求达到 90~120 个 ECTS[①] 学分,这一阶段的硕士学位可以是学术性学位,可以是专业学位,也可以是两者结合。

推动这一进程的一个重要原因就是居高不下的学生流失率。因为学制长、课程难,不少学生无法获得大学文凭。另外,不得不指出的是,过分拔高职业培训实践的危险仍然存在,这可能会导致职业培训实践与理论科学基础及对实践本身的阐释和质疑缺乏明确的联系。尤其在本科教育阶段,在试图找到来自学科领域具有解释性特点的、具有科学特点的以及具有技术—实践特点的贡献之间的平衡时会遇到困难。也许,这些困难可以在课程中用一种跨学科、具有行动导向型的内部对话方式来解决。

然而,这一进程也有一个薄弱环节,即缺乏一个确定的导演来制定清晰的纲领,以避免整个进程陷入琐碎的条条框框之中。在这一点上,"博洛尼亚进程"跨政府合作本质的弊端便显露出来。对于那些不履行政策或者履行政策但认为总体上进程有负面影响的国家,很难使它们重新建立起对既定政策的尊重;此外,参与国家的不断增多会导致这一进程的根本目标被逐渐淡化。

第三节　意大利大学的改革

第三部分主要是对 1999 年的改革(即 1999 年 11 月 3 日第 509 号部门法令的试行)进行思考,并作概括性的阐述。我们将从中左派政府的泽其诺(Zecchino)部长提出该法令开始,讲到继任的中右派政府莫拉蒂(Moratti)部长的完善,再对新的中左派政府姆西(Mussi)部长作出的进一步修正进行分析,同时也将提及现任的新中右派政府吉尔米尼(Gelmini)部长颁布的措施,从而以总结的形式对 1999 年改革进行一个完整的评估。

一、1999 年改革:《泽其诺条例》

随着 1999 年 11 月 3 日高等教育部名为《关于大学教育自治的条例》的第509 号部门法令的颁布,意大利的大学改革热潮达到了顶峰。该条例亦称为《泽其诺条例》,是以意大利中左派政府的大学与科研部部长奥尔坦西奥·泽其诺(Ortensio Zecchino)的名字命名的 (Galesi, 2005; Camozzi, 2005;

---

① ECTS,即欧洲学分互认体系。

Elevati e Lanzoni，2004，Mastropasqua e Tigre，2006；Malizia e Nanni，2004；Malizia，2005 e 2007）。另外，之前提到过的第 341/1990 号法案已经允许大学拥有在总指导标准下自主管理教学的权力。然而，纵观整个 90 年代，大学依然未能真正享有这一权力，究其原因还是其中参数尚未明朗化。而第 509/1999 号法令的颁布实施。使得这一切都变得可行了。

首先，这场筹划已久的大学改革的目标可以简单概括为以下几点：

（1）缩短获得学位的时间，减少辍学人数，降低毕业生的平均就业年龄。

（2）通过引入实习经历来完善学生的文化知识和专业水平，提出跨学科教育。

（3）提供多层次教学，促进终身学习的实现。

（4）为学生无论国内还是国际范围内的横向和纵向流动提供便利。

（5）使教育更符合当代社会、经济和文化环境的需要（Camozzi，2005）。

1999 年高等教育改革的首创之举就是采用学分制，其灵感来源于欧洲学分互认体系（Camozzi，2005；Elevati e Lanzoni，2004）。这个体系有利于学生在不同课程之间的流动，打破了校与校之间的藩篱，消除了国与国之间的障碍；它能缩短获得学位的时间，保证学习平衡化；由于职业经历和技能也列入学分考评，它可以激励人们随时重返大学深造。在具体操作上，大学学分体系是衡量学习量的参数，自修也包含其中（第 509/1999 号法令第 1 条）；它不仅涉及教学内容，而且要考察学生的自身努力。通常一个学分（Cfu）代表 25 个学时；而学生自修和其他类型的独立学习的学时不得低于总学时的一半。一个全日制学年的平均学习量是 60 学分，相当于 1500 学时。《泽其诺条例》还规定了获得各项学位必须获得的学分和参加各类培训活动所获得的学分，但每所大学可以自主决定每门课程达到教学目标所必需的学分。

从学生的角度而言，学习可分为协助式教学以及独立和团队学习。第一类型的协助式教学，即为达到文化和专业培养目标的组织教学，包括课程、研讨会、组织实习、一对一指导、实习、实验课（特别是计算机操作）、参观工厂和研究中心等。第二类型的独立和团队学习则包括研究和撰写报告、小论文和毕业论文、课程内容拟定、练习和书面作业等。

如果说学分是用来衡量学习量的，那么分数则是用来评估学习质量和成果的（Camozzi，2005）。考试总分通常设为 30 分，而最后的考试总分最高为 110 分，最低为 66 分。考试由大学自行组织进行，形式可以是口试、笔试或能力评估。对于论文的拟定和讨论适用于研究生阶段，而三年制的本科阶段只要求对于特定主题的阐述或报告。

改革的另一项中心内容就是本科课程的重新设置,各类课程按照性质重新归类。这与学分体系一起构成大学自治的基石(Camozzi,2005;Elevati e Lanzoni,2004)。这场变革的关键概念在于本科和硕士阶段课程的分类设置;也就是说,形成一个容纳基本一致的课程的载体,并提前确定各门课程之间共同的并相互制约的特性。具体来说,全国范围内的本科和硕士课程分类要保持教育目标、就业出路、教学活动和投入的一致性,再为学生进行合理的学分设置。这保证了不同大学属于同类课程分类的学位具有平等地位,有利于学生的流动,确保不同名称和科目的课程分类具有同等效力。对各门课程分类的知识进行组织是一种意义重大的文化性选择,但不是一成不变的,每三年要进行一次修订。1999 年大学改革后,全国共有 42 个本科课程分类、104 个硕士课程分类。在卫生医疗方面,增加了 4 个本科课程分类和 4 个硕士课程分类;在国防和安全学方面,增加了一个本科课程分类和一个硕士课程分类。

此外,每个课程分类都制定了合乎规范和既定标准、同时又结合自身办学特色的培养目标。这次改革确立了六大类教学内容:基础课;专业必修课;拓展文化视野和跨学科的补充课程;学生的自主选修课;涉及学历学位考试、外语技能评估等的辅助活动;以及上面未列出的、与外语能力进修和计算机信息水平相关的其他对踏入职场有帮助的教学活动。此外,还有与专业相关的教学活动,尤其是教学实习和就业方向指导(第 509/1999 号法令,第 10,1 条)。

因此,四种新的课程划分应运而生,具体包括本科课程、研究生课程、一级专业硕士课程以及二级专业硕士课程。建立本科和硕士两级学位是这次改革的第三个要点,正在意大利大学中得以实施(Camozzi,2005;Elevati e Lanzoni,2004)。本科生通过 3 年的本科学习后可以获得学士学位,之后可以继续选择硕士研究生阶段的学习。这样做的目的是为了提高意大利在欧洲国家中排名落后的毕业率,以及降低在欧洲国家中排名居高的平均毕业年龄。用新的本科和硕士课程取代旧的专科和获得学士学位的本科课程并不仅仅是表面功夫,而是本质上的彻底改变,从一些目前意大利大学尚未开设、又即将诞生的新课程就可看出端倪。

申请攻读学位的生源主要有两类:一类是高中毕业生;另一类是符合入学标准、具有相应国外学位的学生。学校根据要求来确立衡量第二类学生是否具有入学资格的标准,若有需要则在正式注册前组织初步的评估测试。无论怎样,这种入学考试的目的并不在于为学校择优挑选学生,或限制入学人数。其根本的目的是引导学生选择适合自身基础的学习,从而能够在既定时间内顺利完成学业。如果入学考试结果不理想,也可以进入已选专业学习(只要该专业没有入学名额限制,下面将会提到),但这种情况类似于在教育上负债,也就是说,学生必须在一年期限内,在某些特定情况下、在课程正式开始之前,在导师的引导和系里所提供的本科或预科课程的支持下,弥补其入学水平的不足。如果该专业有入学名额限制,根据欧盟指导意见,入学考试无疑是具有筛选性质。

改革最大的创新之一,如同上面所强调的,就是引入了三年制本科的概念,学生修满180学分就可以被授予学士学位。本科教育不仅教授宏观的科学知识和方法技能,即为继续教育打下基础,而且要培养学生专门的职业技能,以便有准备地走上工作岗位。这反映了改革中的一项中心目标:即有大学文化的青年提前进入劳动市场的可能性。学分体系允许学生转校继续学习。

"硕士研究生"(laurea specialistica)的入学资格包括具有本国的本科学历或国外的同等学历,接受过规定的教育,并具备适当的个人能力。值得注意的是,本科所修得的180学分只有在学生所选的研究生专业与其本科专业直接衔接时才能全部得到认可。与本科入学不同的是,大学必须对个人的受教育程度进行核查,也就是核查学生已获得的知识的质量和水平,这在任何情况下都需要进行。

"硕士研究生"阶段的职业教育是高层次的,侧重于培养专门领域内的高级职业技能。换句话说,研究生教育所培养的人才更适合承担决策者、组织者和高级领导者的角色。这一标准对于那些非3+2模式的整体连续培养的学科,比如内科学和外科学也同样适用。

"硕士研究生"的学制2年,继本科的180学分后必须再修满120学分,出勤率达到规定次数方可获得学分。高级的跨学科教学是这一阶段教育的一个重要特色。毕业考试依然沿用传统的论文撰写和答辩形式。

"专业硕士课程"(Master)也是这次改革的一个显著亮点。其主要是涉及在获得本科或硕士学位后,科学性的进修课程或长期的和定期的高级培训课程,具体分为一级"专业硕士课程"和二级"专业硕士课程"。其基本目标是加深对专业知识的认知,因此,也对职业人士敞开大门。招生采用择优录取的方式(面试或其他评估方式),以确保学生人数和教师人数保持合理的比例。在获得本科课程的180学分和研究生课程的120学分后,学生修满这一阶段的60学分,方可获得文凭。而专业硕士的培养模式不再只拘泥于课堂授课,还包括了在机构和企业内的实习实践。

"高级培训班"(corsi di specializzazione))能够在职业实践中获得知识和

培养能力。所有的教学活动必须在符合法律和欧盟规定的前提下开展。其学制 2 年,在修满 300～360 学分后可获得高级培训班学位。

大学教育的最高层次是博士研究生教育(Dottorato di Ricerca),学制 3～4 年,入学时必须具有硕士文凭,并通过规定的学位和考试竞争。这一阶段教育侧重于在一个专门领域内开展高级的科研和学习活动。期末考试需提交一篇高质量的论文,不仅要体现所涉及的科研领域,而且要具有原创性的文化内涵和独特的科学理念。

二、后续的修正案

根据在 2001 年,替代成为 1999 年改革执行负责人的中右政府的观点:由 509/1999 部门法令提出的革新内容,即便才引入不久,已经出现了一些必须解决的问题:

(1) 三年制本科不仅要为学生提供能够立即应用到劳动市场的职业技能,而且要为那些有意继续深造的学生打下理论和研究方法的基础……这可能会迫使学校的本科课程在这两个目标之间左右摇摆。

(2) 国内对每个专业分配的学分数过于限制,这会给在市场、新技术和地方需求不断改变的情况下对专业进行及时更新增加难度。

(3) 过分强调在单一学科下从本科到研究生阶段的连贯性,这使得“3＋2”模式呈现过于“纵向”的形态,相反忽略了不同学科知识之间的横向渗透。

(4) 根据行业联合会所提供的信息,对于从事某些职业而言,三年制本科教育仍不够充分(Elevati e Lanzoni, 2004, p. 66)。

因此,2004 年 10 月 22 日,莱蒂奇亚·莫拉蒂部长(其把公共教育部和大学联合部合二为一)颁布了第 270/2004 号部门法令,其中涵盖了对先前中左派政府所颁布的部门法令的一些修订。为了能够全面地看待问题,在肯定了其修订的正面意义后,我们还是要指出,在法令通过期间,意大利大学校长会议(CRUI)曾表示过异议,认为在那么短的时间内就对刚刚推行的改革进行修正是不合时宜的,而且与先前的第 509/1999 号法令相比,这次的条例更严苛、更凸显集权色彩(2004－5－13)。

2004 年改革的最大创新在于提出了所谓的“Y”型本科模式,即经过第一年公共教学后,第二年开始分流,一类为职业化方向,另一类方向则致力于在后面的两年内打下研究生阶段教育的基础。职业化方向也要确保学生掌握必备的基础知识和科研能力。不同方向之间的基础或特色教育至少要有 60 学分是一致的。这种“Y”型本科模式对于跨学科教育非常有利,它打破了专业之间的壁垒,本科专业的设置也相应地改变。

由此,硕士研究生课程(laurea specialistica)也有了新的名称:"硕士课程"(laurea magistrale)而"研究生"("specialistico")更针对第三阶段,即博士或同等的"高级培训班",但一级和二级专业课程以及博士研究生课程尚未有重大调整。

为了增加改革后的新学位在欧洲劳动力市场中的含金量,本科和硕士还配备了文凭补充材料,以详尽易懂的方式记录学生的学习过程,目的是保证文凭透明度的最大化。最后,大幅削减国家规定的本科学分数这一举措确保了大学拥有更大的自主权。

2006年接任的中左派政府重新让公共教育部和大学科研部独立,法比奥·姆西(Fabio Mussi)担任了大学科研部部长。他在总体上不废除前一个法令的基础上,对大学改革采取的指导标准进行了必要的修改。新的方案在本科和硕士课程设置上肯定了"Y"型本科模式,并计划于2011年前全面推行。姆西部长上任后的一个重要举措就是减少本科和硕士阶段的考试数量,本科阶段考试课程最多20门,硕士阶段考试课程则以12门为上限。同样,为了改善这些年来教学过于分散的状况,政府要求所有大学新的本科班所配备的在编教师不得少于教师总数的一半。

三、大学管理改革

当今的意大利高等教育面临资源浪费、贪大求全、效率低下等问题。例如,有37个本科班只有一名注册学生,327个系科的学生人数少于15人。2008年中右派政府(两部重新合并)上台,新的教育部部长玛丽亚·斯特拉·吉尔米尼(Maria Stella Gelmini)的第一个重要措施就是削减教育经费(Ainis,2008;Casadio,2008;Giavazzi,2008)。然而,问题的根源不仅仅是对大学投入的多或少,还在于确定哪类大学应获得资助。

2010年12月颁布的第30号法律是第二任中右政府颁布的有关大学政策的更重要的法律。如法律标题中提到的那样,它重新规定了"大学组织,学术人才和人才引进,此外[…]鼓励大学要提高质量和效率",以扭转大学发展衰退的局面,刺激它的进一步发展。

各政党、工会组织和公众对这个法律的看法有很大的分歧:在介绍改革中的一些重要规定时,我们也尽量会说明为什么争论会这么激烈。

与浪费和大学的"裙带关系"(给儿子、配偶、亲戚和朋友入学、晋升提供方便)现象做斗争,再与终身校长制作斗争,重新确定大学在财政、科学和教学上的自主权,停止下雨式的拨款(也就是说,不按照质量高低来区别拨款,款子拨出去是为了把钱用出去),资助经费的使用有质量要求(也就是说如果管理不善,经费就会减少),根据"成绩"和"透明度"来管理:这些是这项法律想要实现的"美好愿望"。人们担忧的是能否真正实现这些愿望;有人害怕缺乏足够的财力以及有效的策略来实现;有人还进一步担心改革是不是会改变大学系统的公立性质;是不是能真正地让优秀青年加入到教学和研究队伍中来,避免"人才流失"(fuga dei cervelli)。

下面,我们将把法律分成三个部分来探讨。

(一)大学的一般组织形式

面对如此复杂的问题和天翻地覆的变化,在当前的情况下更需要有一个有魄力、有能力的领导队伍(Benadusi e Pompili,2010;Moscati,2010)。第240/2010 号法律规定大学的主要管理机构包括,校长、学术委员会、行政委员会、审计委员会、评估办和系主任。

关于校长,如上文所述,要解决的是如何来避免其任职终身制问题:为此,法律规定校长任职不能超过一届,每届最多 6 年;甚至可以因为得不到信任而被免职(Pellerey,2011)。

同时,也明确区分了学术委员会和新成立的行政委员会的职责范围:前者的职权是提出学术上的提议,后者的职权是人事和经费管理。行政委员会的 11 名成员中必须有 3 名校外成员,主席也可以是外校的。如其他政府机构一样,委员会有学生代表参加。

审计委员会有 3 名正式成员和 2 名补充人员组成,主席从地方行政官员、会计和国家级律师中挑选。

行政主任一职被总经理代替,承担一些重要职能,是一名真正意义上的大学管理经理。

法律规定评估办将主要由校外人员组成,这样可以避免评估中的片面性。

批评改革的人提出有校外人员参加行政委员会会造成大学的私有化,而那些支持改革的人认为,这项改革可以加强大学与地方的联系,特别是能加强与企业和劳动市场的联系。一种更加折中的观点认为,校外人员参加是更大程度地满足社会需求的一种很自然的选择;但是,这并不是说校外人员的参加就能自动保证高等教育的效率和健康发展;也不是说内部人员代表通过各种手段来监控,造成危险;更不意味着,校外人员发挥的只是一些补充作用。只有当他们能保证提供资源或是代表一些经费资助机构时他们的地位才能被合法化。毫无疑问,这两部分成员应该同心协力来保证同一机构的总体利益,而不是仅仅捍卫自己所属机构的利益。除了因社会伦理问题而引起的争论外,造成二者争论的原因恰恰是观念和看法上的不同。

人们提出,改革在这方面忽视了技术—行政人员(Benadusi e Pompili,2010;Moscati,2010)。具体来说,本来应该(无论如何都会需要)考虑他们待遇,包括薪水、资格、专业发展和奖励等,但实际做的并不令人满意。而当今,技术—行政人员在大学参与高水平竞争中的地位愈显重要,人们期望能通过改善待遇来减轻管理和组织任务给教师们带来的沉重负担,因为现在需要教师承担的任务越来越复杂,这需要教师们全身心地投入、付出特殊的努力才能来完成。

改革另一个重要的方面是对大学内部进行了重组(Pellerey,2011):法律将大力削减大学的学院数,规定每所大学的学院(Facoltà)数不能超过 12 个。科学—学科领域将被大量削减:预计将从目前的 370 个减少到一半,这也是因为法律规定每一个领域最少要有 50 正教授。这是想要反对那些阻碍思想传播和将权力集中到少数人手中的微型领域。研究所(Dipartimenti)将对学校简化内部组织结构做出贡献,它承担了研究、教学和对外活动的任务:每一个研究所必须有合适数量(35/40 名)的教授和研究员,也必须加强国际交流。不管怎样,协调和理性化都是必不可少的,至少,法律中规定了相邻学校可以合并或联合,以提高教学和研究质量,减少开销。

这次改革把研究所看作是一种过渡性的组织,试图使学院、传统的研究所以及本科课程之间复杂关系合理化(Benadusi e Pompili,2010;Moscati,2010)。但情况并不明朗:事实上,一方面研究所似乎升到了一个中心地位,承担了学校两项中心职能,即教学和研究;另一方面,承担研究任务的仍是一些专门研究小组、跨研究所和跨校的研究中心;教学上也可能需要请外校的教师。

(二)质量和效率

法律的第二个核心要点是教育部给大学拨款的基本原则是以研究和教学质量的考核为依据(Pellerey,2011)。很明显,法律是要结束教育部下雨式的拨款方式。所有课程和大学分部都必须具备资质,因此,也必须要接受教育部的考核。研究和教学成果的效率将由国家高校系统和研究评估机构(Anvur)来评估。

质量和效率也决定了经费的管理。经费管理将以教育部和国库部共同制定的国家参数为基础,采用统一的经济—财富核算方式;另外,要求经费预算更加透明。如果某大学出现财政困难,政府将"零"容忍,并派专门调查小组进行调查。

下面是对这个问题的一些看法。

对整个质量、效率和评估问题,最好能避免任何极端的诠释(Benadusi e Pompini, 2010; Moscati, 2010)。人们认为,一方面不能将此看成是解决所有问题的灵丹妙药,另一方面,也不应该先验地拒绝它或指控它会导致一些负面结果。在这方面,我们应承认,意大利与其他国家相比落后很多,必须要尽快赶上去。还需要补充的是,在这次与时间赛跑的比赛中,必须要考虑到质量不是"单一方面的":质量不只是通过一些可以测量的量化标准来确定;质量也不能(不应该)成为唯一的标准。实际上,还有其它可以参照的价值:比如说,公平(后面我们会再次提到)。评估也不应被看作是一种"上帝的审判",它提供的是对情况所做的一种大致性的看法(绝对不是客观的)。人们承认评估给我们提供了一个了解、认识和理解存在的机会,能帮助我们制定有效的策略。学生的学习成果,假如能考虑到环境和社会等级方面的制约(尽可能地,除了那些与个人和家庭历史有关的因素外),在评估中将会受到很大的重视。从更实际的角度出发,评估的结果应该成为资源分配的一个基本标准。不过,我们认为,在保障基本服务的拨款上不应采取这种方式,而只是在一些补充性的专用拨款上才应被采用。

从大局出发,我们有责任提出这样一个深层次的疑问:坚持质量、效率和评估,会不会导致按功能来区分大学和将大学划为不同档次?

对此,首先要提一提最近在教学型大学(teaching university)和研究型大学之间展开的大辩论,这次改革法律的第一条第一款对此做了规定:"大学是进行自由研究和自由教育的首要地方[…]。"与传统概念相一致,法律确定了高等教育机构根本上的一致性;区别可能在于是更侧重教学还是更侧重研究;为此,允许大学之间联合,以弥补各校相对薄弱的方面。大学之间区别是看得出来的,似乎这也并不是件坏事:因为这样可以使整个大学体系更有能力满足个人和社会的各类的需求;当然,前提是要保证以全国统一标准为参照的主要教育阶段的服务。

(三) 学术人才及其录用

公众谈论得非常多的话题是关于法律对"学术人才及其录用"问题的规定。

　　法律从法律地位着手,第一次明确规定了统一的全职教师衡量标准,全职教师每年要有 1500 小时与教学、研究和管理活动相关的工作时间,其中至少要有 350 小时用于教学和为学生提供服务(Pellerey,2011)。此外,给教授加工资主要是看有没有通过科研考评(和发表有学术价值文章,因为大学教师们有不可推卸的传播文化的义务,不过表现得并不明显)。

　　法律中最受到非议的地方是有关研究员及其录用的问题。法律规定采用有期限的合同制形式来聘用研究员,最长年限 8 年。合同结束时,要么成为副教授,要么离开高校。

　　研究员们反对这种规定,也有许多学生和教师站在他们一边,因为对研究员来说这种做法就像是悬在他们头上的"达摩克利斯之剑",这样他们不得不在一种内在的、永恒的不稳定状态下生存和工作。教育部长对此做了辩护,要大家将此看作是保证大学质量的一种方式。

　　另一个被议论得沸沸扬扬的是关于大学间人员流动的问题,促进这种人员流动的目的是要建立不仅高效,还具有现代性、充满活力和凝聚力的体系。

　　为了实现这个目标,在如何能成为副教授和教授问题上,以前每所大学自行公开选拔的做法被废除。取而代之的是一种"全国性的资格授予"机制,即通过一个由抽签组成的国家级委员会,根据质量标准来授予资格。然后,副教授、教授的职称由各个大学通过公开选拔来授予,不过只有先获得资格才能参加这种选拔。这样做是为了与地方主义做斗争,但一些人认为这种危险实际上并没有被完全消除。为了避免由于裙带关系引起的利益冲突,法律规定要采用一部伦理法规,首先是规定了 4 级以内的亲属关系不能参加同一所大学的公开竞争。很自然,这并不排除有人会相互达成协议在各自的校区给对方的人提供方便。

　　从某种意义上来说,授予资格这种做法总体上得到肯定,但它的积极效果并不会自动体现出来(Benadusi e Pompili,2010)。是否能成功,主要还是取决于考试委员会如何来确定要获得资格需具备的综合能力和成果。在委员会的评定过程中将会存在伦理层面(甚至是良心层面的问题),除主观意愿外,也由事情本身性质决定的,这是很难客观地控制和用法律来处理的。

　　同样,通过抽签而组成授予第一阶段和第二阶段教授资格的国家级委员会的做法也得到了肯定。也有人正面指出,与之前的做法相比,这种做法在最后一轮竞争中提前使用,明显体现出更加符合择优录取原则的做事风格。

　　另外,法律也试图为青年学者的培养和参加工作提供帮助,以避免上文已提到的,社会普遍担忧的"人才流失"现象。我们来看一看这些重要的表达:

重新确定和简化学术人员的工资结构,改变年轻教师在这方面的不利处境;重新确定研究津贴,通过提高总额来加强保障;废除额度很少又缺乏权力的博士后奖学金;颁布合同制教师新法规;进行录用改革(Pellerey, 2011)。从中很明显可以看到:改革把年轻人放在了第一位。不过,必须要立即付诸行动的是尽快地、积极地提供录用和提拔的机会,实现大学学术和管理上的更新换代,这是日趋老化的大学教师队伍提出的客观需求,也是大家期望看到的结果。

法律在这方面也出台了一些保障"学习权力"和帮助成绩优秀学生的措施,也得到了正面的评价(Pellerey, 2011)。法律委任政府对此进行改革,与大区达成一致,将津贴直接发放到学生手中,帮助学生进入到大学学习以及能在大学间流动。法律规定设立一种奖励成绩优秀学生的国家基金,给学习成绩优秀的学生提供奖学金,不考虑他的家庭收入,以及能通过低学费、助学贷款来进行统一的管理。

还要提一提的是数字和可用资源似乎与能够被接受的距离还很远,这需要以长远发展的眼光,尽快解决。

结 语

第 509/1999 号《泽其诺条例》以及第 270/2004 号《莫拉蒂部长法令》对教学进行了深入的改革,使意大利的大学变得更具灵活性,学制转变成三年制本科加两年制硕士(Malizia e Nanni, 2004;Malizia, 2005 e 2007)。更重要的是,教育的重心从教学—学习转移到学生和他的学习,教师和教学的中心地位逐渐减弱,因而能更好地激发学生的潜能。同时,改革也有利于建立有效的评估机制(Moscati, 2004;Azzone e Dente, 2004;但对于人文学科却相反Beccaria, 2004)。此外,改革还确立了新的教师职能,尤其是就业指导、学习引导和开展学生课外教育方面的职能。

另一项重大的创新举措就是学校成为了各自所在区域内的一种资源(Moscati, 2004;Associazione Treellle, 2003)。这是在研究与创造知识、通过教育来传播知识并将其社会化以及传播"高层次"文化等大学的传统使命的基础上衍生出来的一项新任务。大学与各自所在区域的结合,可以进一步将知识转化为资源,使其与区域环境相结合。这样,大学能够成为人文、经济、社会发展的一个关键因素;同时,区域特色对大学来说也是一个重要方面。大学的这一新角色也对教师队伍赋予了新的管理责任和社会责任。

　　另外,大学自主化也是其发展的一个显著趋势(Moscati, 2004; Azzone e Dente, 2004; Quindici anni di riforme nell'Università italiana, 2005)。在自治的环境下,一种完全不同于以往的大学决策和管理机制将得以实现,其中包括教师强烈的归属感和责任心。推行大学自治的目的是使每个大学机构建立在其基本成员、教授和学生之间的团结、沟通、合作的基础之上(也包括其成员各自的学习和教学自由),使它们得以制定和实施有效的文化、教育和科学等发展政策,正是这些政策使得大学在社会相关领域中显示出各自的特色,同时也能增进大学与社会各界的关系。

　　然而,改革与大学的"自我性"(也就是大学看问题的方式以及它的利益)出现了冲突(Moscati, 2004)。对于涉及本科和硕士课程的新作用的课程的内容进行重新考虑的反对声不断出现。根据工作性质的比较以及学生对于将来是继续攻读硕士还是直接参加工作的不同需求制定不同的学习培训方案,这一任务遇到了重重阻碍。"由于各个系只考虑学科利益的简单逻辑,因此,助长了一些学科教学之间的不恰当的组合,这些教学往往是针对一些想象出来的职业形象,或者是在实际经验和可以预测的劳动市场的发展中尚未被人所知的职业形象。"(Moscati, 2004, p. 474)。在这一点上需要补充的是,与地方生产系统和机构的代表进行沟通对话的过程并不总是一帆风顺的。在学分的使用和课程的程式化过程中也遇到了问题,这往往是由于内部各个过程之间缺乏协调而造成的。其结果往往会造成学习中的不连贯现象和割裂现象。

　　我们还可以看到,尽管大学教育被分成了本科和硕士两个阶段,但它仍然是高等教育的唯一途径(Associazione Treellle, 2003)。另外,大学自主化迈出的步伐并不明显,也没有达到一种能够激励合作和团队工作形式的管理模式。在对教育体系和大学评估方面的创新并不充分,在许多人看来,要想使创新举措达到既定的目标,那就必须将其实施到底(Moscati, 2004; Azzone e Dente, 2004;《意大利大学改革十五年》,2005)。

　　撇开上述问题不谈,在阴云笼罩的大环境下,大学改革正在显示出其初步正面成效(Giannessi, 2006;国家大学系统评估委员会 Cnsvu, 2004;大学康采恩 ALMA LAUREA, 2006; Censis, 2006)。改革的一些主要指标显示出令人鼓舞的数据。总的来说,大学满足社会需求的能力增强了,也更能抓住在教学改革实施的过程中发生的变化。意大利的大学正呈现出慢慢地向其他欧洲国家大学靠拢的趋势,尽管其步履依旧蹒跚。

　　总之,大学改革带来的正面成效虽然不少,但也不是很多。无论如何,我们不能忽视其积极成果,因为正是这些积极成果给予我们在征途上继续前进的勇气。道路是坎坷的,但前途是光明的。

小而言之,我们不能否认第 240/2010 号法律颁布的原因是将与现实发生冲突的意大利大学体系重新纳入正规(Benadusi e Pompini,2010;Malizia,2010;Moscati,2010)。大而言之,我们可以说改革在"治理"(governance)层面上对大学做了重新规划。

不过,如果只是按个人和效率或团结和公平(这个词在法律中像是没有提到)的精神来使用资源,那么资源问题,特别是以什么样的精神去使用资源的问题依然存在。此外,如何达到高效、透明和择优这些目标,主要由将来制定的法规来解决,已通过的法律中并没有明确的指示。

毫无疑问,所有改革都会面临的共同问题是,如何获得所有利益集团(以及公众意见)真正的一致同意。实际上,改变可能会被感觉到是一种最好能尽快摆脱的干扰和障碍。由此,由改变产生的一些变化也可能只是些停留在表面的东西。这样看来,第 240/2010 号法律要获得成功,需要包括大学在内的所有主角一起有意识地、积极地努力,即使保留意见仍然存在,但至少可以共同努力来实现法律中一些有价值的地方(似乎并不少);要不就以实践来检验哪些是不合适的或可以改进的地方。如果教育文化,不管在根本观念上还是在内容和全局眼光上,仍然采用老一套的做法,所有的提议,包括那些最佳提议,都只是在纸上谈兵,基本上不太可能实现或是需要很长的时间才能实现。

人们不禁要问:第 240/2010 号法律所采用的"治理"模式是不是符合,以及在多大程度上符合目前占主流地位的,以自治、评估和竞争三位一体为基础的欧美模式(Benadusi e Pompini,2010;Moscati,2010)。根据竞争原则,大学在管理上成功与否取决于系统—大学这种组织结构,在这种组织结构中不同层次、不同领域的机构通过竞争和完成国家确定的目标来加强自身的功效。国家会明文规定在一个评估体系中,达成目标的等级以及大学受到奖励和惩罚的等级。这种模式最有效的地方是它能很好地满足个人和社会的教育需求。上文引用过观点的学者都认为,意大利的模式仍然受到传统中央集权制的左右,因为一些管理的和财政上的重要权力并不属于大学,例如,如何利用工资这个工具来刺激和不鼓励一些具体做法的权力不属于大学,这些权力仍是一些属于中央政府(主要由部长以及通过政府经济规划来规定)的"天授神权"。

确实,政府和多数党想通过改革来结束大学滥用自主权的倾向,但没有考虑到经费问题带来的负面影响。同时,上文引用过的一部分作者也承认,"意大利全国性的评估程序仍处于准备阶段,全部都看评估结果,目前来看是不够谨慎的,必须规定一系列的限制条件,规定对大学获得的资源、程序和过程进行的检查"(Benadusi e Pompini, 2010, pp. 203 - 204)。换句话说就是:在当前的处境下,意大利大学的管理模式还不能完全采取一种自主、竞争的机制。

第三部分　总　结

第七章　意大利教育改革趋势

在对自 1861 年国家统一以来、尤其是在最近的"教育改革的十年"（1997—2007 年）里，意大利学校与大学发展的略述接近尾声之时，有必要进行一次总结性概括，而不是将目光回到发展中的单个战略或各次改革上。这种概括旨在突出那些似乎支撑着（也许更正确地说，应该是人们期望它们能够支撑）当今融入国家发展中的意大利教育培训体制的基本框架，而不去考虑它们是否在改革行动中获得了成功。

一、个性全面发展依存于终身教育

与过去的一个时期相比，意大利的教育培训表制体现出了有意将教育功能置于教导、培训功能之上的特点；换句话说，学校和教育培训机构的首要任务是更重要意义上的教育任务，即个性的全面发展。这种全面发展既包括认知层面，也包括情感和价值观层面；既包括个人方面，也包括社会层面（Delors et alii，1996；Nanni，2000；Malizia e Nanni，2002）。从结构层面上来看，它使得工作—学习交替政策显得尤为重要，也就是说，在终身教育的大环境下人们可以走出学校参加工作，也可以放下工作回到学校。在此之前，它还使得教育与培训相整合的体系被提出。从管理层面上来看，它增加了培训机会，除公立学校之外，还有同等地位的私立学校（由公共机构、协会、教会、私人创立）与大区职业培训中心。从教育学—教学层面上来看，它使得教育体系与职业培训体系联合起来。从理论—文化层面上来看，它试图拉近理论与实践、知识与能力、人文素养与科技素养、学术文化与工作文化之间的距离。教育的目的被细化在团结、发展、环境保护、全民与个人的人权维护、世界性与人性化的可持续发展方面的价值之中。创新在民主进程和参与过程中被实现；具体来说，每个学校—培训教育团体（宪法确立了其特有的行政、教育、教学及在创新性和提高性研究方面的自主权）成为了培训体系管理和地方教育布局建设的主要工具。

这包含了在建立"公民社会的学校"而不是"国家的学校"的前景下，对自主性和辅助性的选择，对规划性和灵活性的选择，以及对国家、大区及社会"私立"主体之间的合作的选择。除外，从功能的角度来看，这可以纠正学校行政机构庞大的、不恰当的局面。

另外需要强调的一点是，正在研究的方案是以联合国教科文组织《德洛尔报告》所提出的"四大支柱"为基础的。在《富尔报告》（Rapporto Faure）[①]被提出的 25 年之后，德洛尔报告提出，要将知识与学会做事、学会做人、学会与他人共同生活联系在一起。在处于全球化浪潮和世界市场环境下不平静的 21 世纪初期，最后一点显得尤为具有新意。理解他人、理解他人的历史、传统与精神成为了占据绝对优先地位的教育目标。从这一共同基础出发，在当今社会不断增长的相互依赖的背景下，我们需要推动一种新的精神，以实现共同目标，或者至少能够有效而平和地处理矛盾。

我们所处的当代社会的另一个特点就是被信息和交流方面的新兴科技所深深影响，正是这些新兴科技催生了"知识社会"这一概念的产生。这一特点要求学校能够为所有人提供采集信息、筛选信息、整理信息、管理信息和使用信息的工具。另外，在这种情况下，足够广阔的普通文化素养和对某些知识领域的深入掌握变得愈加必要。

普通文化是终身学习的基础。

教授"学会做事"意味着，培养面对问题和解决问题（这些问题常常是无法预料的）与有利于团队工作的能力。这些能力应该通过不同形式的学习—工作交替，在受到保护的情况下以获取直接经验的形式来获得。

最后要说的是"学会做人"。这涉及将人培养成为具有判断力和自主能力的、全面发展的人，强调在实现自己的、同时也是为他人和为所有人而活的生命过程中的个人责任感。

在战略层面上，新的模式将"终身学习"作为长远目标。正如我们在第一章中所论述的，"终身学习"可以被概括为四个原则：

（1）终身学习建立在每个人、整个完整的人、人的整个一生的教育需要学校与所有的教育机构参与其中的信念之上。尽管各个教育机构因为其本质、方法论与方式的不同，在参与教育的时间、方式、形式上各不相同，但它们享有平等的培训地位（也就是我们所说的"培训多中心性"）。

（2）培训体系应当预见到教育过程会被拆分到不同时期中的可能性——

①《富尔报告》，即以法国前总理和教育部长富尔（Edgar Faure，1908—）为主席的国际教育发展委员会向联合国教科文组织提交的报告，题为《学会生存——教育世界的今天和明天》。——译者注

在青年时期过后的某一时间重新接受培训——以及学习与工作的交替（也就是我们所说的"学校—工作交替"或"学习的反复进行"）。

（3）教育是全社会、公民团体、群体与个人的共同责任，他们应当民主地管理培训项目（也就是我们所说的"教育城市"或"教育社会"）。

（4）教育应当成为所有人、所有民族的权利，具有目的性，为个人生活规划提供工具，激励受教育者用批判和创新的眼光看待社会上传递的信息和流行的价值观（也就是我们所说的"解放教育"）。

二、以人为本的教育理念

学校教育行为的核心是年轻人的发展和价值实现（Nanni，2007；Malizia，Cicatelli，Fedeli e Pieroni，2007）。教学过程不能被简单地描述为教师对学生或为了学生而进行的活动，而应该表现为教育者和受教育者在年轻人能力、个性成长过程中的一种关系。学生不应被认为是培训行为的客体、用户或收货人，而应该根据他们发展的不同阶段所允许的方式，以主体与主角（或者说"共同主角"）的姿态主动参与到培训过程之中。

在教育学—教学层面上，这就意味着，需要采取一种考虑到个人及不同学生群体的具体需求的教育措施，尤其是要关注最弱势群体的需求。也许应该更确切地说，不同的培训行为方式将会出现。

对于那些在解决学习问题和融入生活问题上具有更好的价值观与战略的学生，可以采取使他们能够在个人、家庭及社会生活中不断以"自我"身份参与其中，并对共同"命运"与全民"命运"承担更多责任的教育方式。而对于那些弱势群体学生或未能充分融入教学的学生，教育行为应当主要针对让那些不善言语表达的主体重新开启交流之门；支持他们丰富自己的内心世界，并帮助他们走出去获取经验，将他们从自己的世界里拉出来，同时还要避免他们陷入纯粹的消费主义；通过提出有意义的问题来扩展他们的批判眼光与判断力；激励他们找到能够实现远大理想的实践行动机会和场所。

最后，可以想到的是，在当今的人类环境中，所有人都应该获得支持与鼓励，以避免承受来自成人世界的担忧、对不同事物的无法容忍以及对新事物、全球化、平等可持续发展的社会不适应带来的负面结果。同时，在积极方面，做到对人热情友好，充分认识到自身的局限性，将自己的能力慷慨地与他人分享，将对全球化世界的恐惧转变为努力和对个人和团体"财富"资源的寻找。当今，尤其是西方，在信息化、通信化的社会交流系统背景下，通过针对共同参与、共同承担责任和相互依存的培训，帮助每个学生超越局限的社会眼光，避免陷入完全的个人主义和以自我为中心的生活方式变得非常重要。

三、以教育关系网络为中心的教育团体

由于对人的教育重视，因此带来了对于教育过程的集体性的强调（Nanni，2007；Malizia，Cicatelli，Fedeli e Pieroni，2007）。个人的成长和工具性、陶冶性知识的学习并不是私人的、有限制的事情，而是学校团体、也就是后来的教育团体的所有部分都广泛参与的一系列互动的结果。在这一教育团体中，占据特殊中心地位的是教育关系网络，即在所有团体的组成部分之间建立起来、并在人与教育目标的关系中巩固的优先的和功能性的关系。

具体来说，教育关系网络允许学校根据其成员的培训需求来"建设"和巩固自身，并敦促其成员提前根据不同的学生、地域情况和需求，参与性地、负责任地、集体地制定相应的计划。个人和集体责任的全部潜力，将通过其在重大的行为领域中被共同认可和通过法律得以确定而得到承认和促进。另外，教育关系网络也保证了在文化和培训多元化的不同情况下，教育机构的定位和选择在本质上的一致性。这需要通过基于合作精神的关系的建立以及全民对于团体自身建设、角色定位、目标达成的有效参与来实现。关于这方面的典型事例就是2007年的《家校教育协议》，该协议还被收入1999年学生章程之中。

从教育学层面上来说，环境的教育性既是其自身的特点，也是其作为直接教育的条件所具备的特点。事实上，如果一个教育团体能够体现程序性特色、建立亲切密而理智的关系、保障激发和规范个人、群体、集体行为的想法与价值观的流通，那么它就能成为实现学校根据学生整体需求而制订的培训计划的责任助推器。另外，如果一个各部分开放且敏感的团体能够与地方建立良好的互动关系，那么就能认识到其所在的环境下发生的组织、社会和文化的变化。

四、个人生活道路上教师的方向指导

近年来，方向指导的定义逐渐从通常是置于教育培训之外或独立存在的为帮助个人进行职业选择服务的协调，转变为主体成为进行选择的主动角色的方向指导过程（Nanni，2007；Malizia，Cicatelli，Fedeli e Pieroni，2007）。因此，我们可以肯定，方向指导是一个持续的教育过程，旨在帮助人们获取并使用各种知识、能力和态度。它们是人们走在自己选择的生活道路上所必须掌握的，既包括生活层面，也包括事业层面。

当然，问题的中心在于选择能力的获得。从本质上来看，它无疑是一个教

育问题,以对自由选择的培养为中心;同时,它也假定了对能够支持个人谨慎而负责的选择的自身及他人的可能性、个人资源、地方资源及其可使用性的充分认识。

尽管这是与所有教师都有关的任务,但同时应该肯定的是,为了优化和协调不同的教师与学校所进行的方向指导性培训与教学活动,因而需要指定一位教师(如果没有该学科方面的专家组),在承担教学工作的同时,负责这些活动的协调和实现。因此,针对这一必须考虑的教育需求,至少方向指导功能需要加强。这种功能旨在在教育团体内部,在根据地方具体环境和教学过程中不断增强的个性化背景下,对良好的班级关系与家庭和学校的关系进行加强、支持和维持。

也就是说,在任何一个层面上,每一种学校教育关系都应当在给予信心、热情和支持,提供共存的价值观和规则以及共同制定生活规划这三方面努力实现动态平衡。另外,教育工作者还应当帮助人们认清"所有事都可以不经过磨炼而完成"这一假象。因此,教育工作者不能认为可以代替青年人承受成长的痛苦,他将不得不放弃由于自己是教师而具有的各个方面的权威性,这将无法避免地使他对学生的行为及由此得到的成功结果经受挑战。

五、新人文主义与人的全面教育

在知识社会、快速变化、纷繁复杂、多元文化和新兴信息交流技术不断发展的大环境下,考虑到现今对知识、文化、科学和技术的理解的新型课程的制定已迫在眉睫(Nanni, 2007;Malizia, Cicatelli, Fedeli e Pieroni, 2007)。在这一问题上,需要将自然科学与人文社会科学联系起来、将专业与全局联系起来、将分析与概括联系起来、将定义与阐释联系起来、将科学与智慧联系起来。在尊重真理、尊重人的跨文化对话的基础上,有必要勾勒出一种能够应对生产和文化的全球化需求的新人文主义的轮廓。

因此,不难理解实现一种既有全球性、又能够整合与帮助人们理解当今人类生活中所表现出的多样化关系的人文主义显得尤为重要。这种相互关系主要表现在:地方与全局、现实世界与虚拟世界、共性与差异、经验世界与内心世界、创新与永恒等。同时,真正具有综合能力的人的概念也表现出其必要性,也就是说,人能够在个人单一的微观世界中集中人类的宏观世界的不同方面。我们要培养全面认识个性的眼光,尤其是要将人看成是人类权利的象征,也就是具体的人与人的一生所享有的权利(简称为"属于人且属于整个人")的"主体":这里的权利指的是健康生活的权利,而不仅仅是拥有物质的权利。

也就是说,这种人类学和文化的前景将能够建立在对"人的尊严"(所有人、每个人、个人、社会团体、国家、民族以及现在和将来的人类的尊严)的有效推进的信任之上,并在其中找到其基础和最终归宿:政治与教育。

事实上,人权尽管绝对包含着公平和正义,但也要求在预防、维护和推进方面(所谓的人权的"三P",prevenzione/protezione/promozione)作出努力。更进一步说,应该强调奉献和服务的精神。这两者都是作为在传统意义上的城市中共存的前提和力量的"公民情谊"的表现形式,或是基督教中超越任何一种"过于人性化"的标准及任何一种纯粹分配性公平的仁爱和宽恕的具体形式。

如果从学生的角度来看,根本的担忧在于怎样帮助他们既能获得学会获得知识的能力、又能学会怎样学习,怎样帮助他们拓宽个人知识、意识、行为及生活的广度,怎样激励他们利用不同的认识手段去获取人性及社会—操作层面上结构愈加灵活且愈加重要的知识。从这一角度来看,激发年轻人对于学习及在完成义务教育后继续深造的欲望就显得尤为必要。事实上,学校在教育层面上的效用不应该体现在有效传播预先包装好的文化方面,而应该体现在其所唤起的对知识的渴求、所推进的态度、所教授的方法以及它产生文化的能力之中。这种产生文化的能力能够在受教育者身上得到发展,并最终成为受教育者的一种生活方式。

这个新的"人的全面教育"问题的中心在于,科学技术的能力与深厚的人文素养培训之间的协调。这应当有助于保证人的全面发展、平稳而负责任的公民共同生活和民族平等的可持续发展。但是,以人为中心的学校不能不开展道德和精神教育,也不能忽略多变的个人和集体生活中所固有的先验性。

从教学层面上来看,这个"人的全面教育"问题要求教师的讲授不再是呆板的而是充满活力的,抛弃对内容纯粹的简单传授,而开展对知识的主动建构的实践,使学生在学习中扮演积极的角色。在我们看来,这会给我们提出以下几方面的要求:

——从丰富的校内外知识资源中,选择人的全面发展所必需的知识和能力。

——深入研究从教到学的转移问题,这个问题已不再仅仅建立在心理无意识行为或文字回忆的潜力之上。

——求助于所有的学习方式,同时也不能忽略知识的实用价值和情感价值。

——使用研究室实现的和基于实际任务基础的教学,所提供的学习过程不一定是线性的,但应当建立在与现实实际过程相联系的知识元的基础之上。

——让学生参与评估实践,讲明评判的标准,发展学生对于事件、人和培训战略等方面的个性化评价能力,由此创造一个真实的、参与性的学习团体。

——在所处的外部环境中,找到利用在学校中学到的知识的正面答案。

六、积极的和民主的公民教育

我们已经看到,当今的年轻人对政治表现出极大的冷漠。在这种情况下,民主的公民教育显得尤为重要(Nanni,2007;Malizia,Cicatelli,Fedeli e Pieroni,2007)。

在这个问题上,首要的但不是简单的目标在于,通过教育使人们获得批判地辨别、理解和评价深层的实际社会政治问题的能力,尤其要关注支配当今知识社会所使用信息的多样方式。另外,还需要加强对那些能够使人们深入透彻和认识社会现实的知识的获得。具体来说,必须强调严肃的科学素养的重要性,这能够在年轻人中传播严谨的学风和对经验的检验。一方面,使他们避免对众多政治和社会事件采取简单主义、教条主义和冒险主义;另一方面,也使他们能够在对真理和价值的追求中与在对有用性和社会有效性的追求中严格要求、勇敢面对。在更确切的道德—文明层面,对于在人的价值、自由、正义、平等、和平、对未来的热爱、信仰与宗教自由的价值以及所谓的"民主章程"包含的其他方面采用能够综合概括的根本衡量标准也有待推进。

第二个目标在于,培养对实现公共利益的参与愿望。我们认为,支持对社会政治工作的主观能动性的个性化巩固也十分重要。具体来说,需要营造一个道德—社会习惯,从而能够促使个人在人类的共同事件中作出自己的贡献并证明自我,如果需要的话甚至可以牺牲自我。在确保所有人都能拥有实现自身个性发展的必要条件、体现的共同利益的工作中,为他人和民族服务是构建、推进这项工作所不可忽略的目标。

第三个目标在于,培养与想象能力联系在一起的个性化的、令人信服的创造能力。这样的表述所指的当然不是对梦想的狂热,也不是逃避直接责任的借口或托辞,而是一种高瞻远瞩的想象。它能够在当今情况下发现被忽视的潜力,并制定出社会转型的长远规划,使人们为了它的实现而作出积极和具体的努力。另外,这显然要与具体动手能力的培养联系起来。在这一点上,有必要先提到想象的范围。所谓"想象",就是对"新"的计划的预示,也就是在今天勾画出未来项目的指导框架。同时,一些政治和技术上的能力也值得一提,具体包括获得对领导者或代表的计划和选择的共识、运用政治组织结构来履行权利和实现共同利益、懂得在达成协议时不带偏见的强硬态度以及不在不能进行商榷的问题上让步。此外，对语言的掌握、交流的能力、群体的活跃性、决断力和推销能力也是需要具备的能力。

如果人们想要确立一项共同认可和共同负责的任务，以促进可持续发展和每个人都能享有符合人的尊严的生活质量的话，那么持有"全局性"、"长远性"的眼光本身就很值得重视。在进 21 世纪不平静的这些年里，无论是好是坏，经济和交流的全球化已为所有人生活中的一个特点。尽管一所学校希望自己不仅仅是知识社会和复杂社会的体现方式，同时主要是作为人类为了达到能满足经济和全球化所带来的需求的高度而促进学生行为的"优先途径"，但事实上这是它最终的价值远景。

附　录

附件 1　改革前后意大利教育体制图

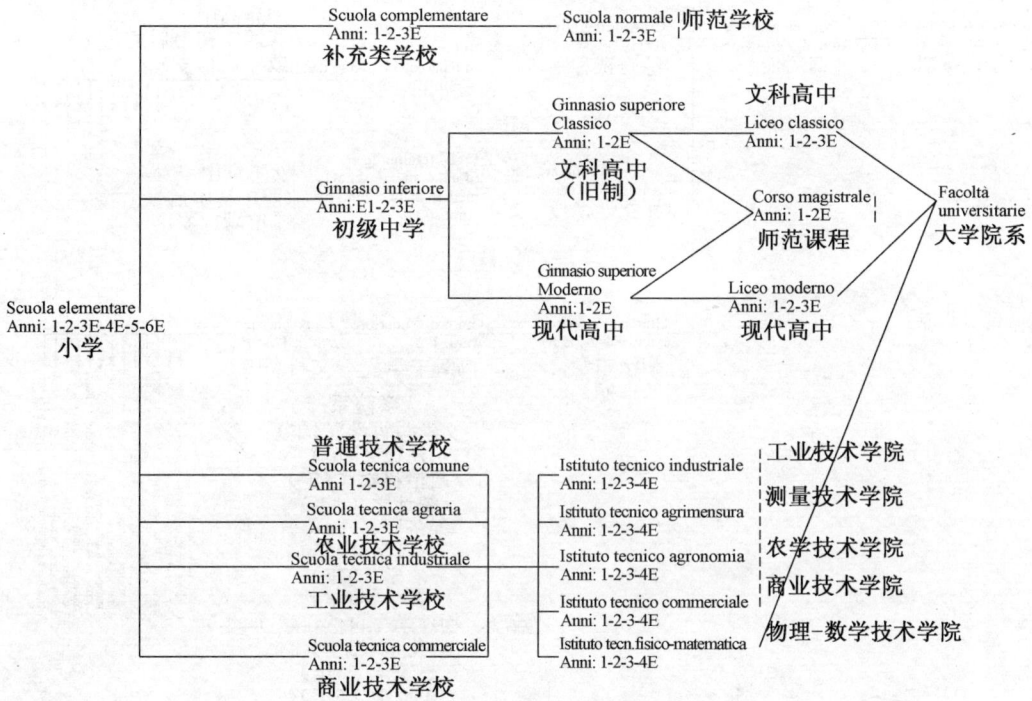

Scuola complementare
Anni: 1-2-3E
补充类学校

Scuola normale 师范学校
Anni: 1-2-3E

文科高中
Ginnasio superiore
Classico
Anni: 1-2E
文科高中
（旧制）

Liceo classico
Anni: 1-2-3E

Ginnasio inferiore
Anni:E1-2-3E
初级中学

Corso magistrale
Anni: 1-2E
师范课程

Facoltà
universitarie
大学院系

Ginnasio superiore
Moderno
Anni: 1-2E
现代高中

Liceo moderno
Anni: 1-2-3E
现代高中

Scuola elementare
Anni: 1-2-3E-4E-5-6E
小学

普通技术学校
Scuola tecnica comune
Anni 1-2-3E

Istituto tecnico industriale
Anni: 1-2-3-4E
工业技术学院

Scuola tecnica agraria
Anni: 1-2-3E
农业技术学校

Istituto tecnico agrimensura
Anni: 1-2-3-4E
测量技术学院

Scuola tecnica industriale
Anni: 1-2-3E
工业技术学校

Istituto tecnico agronomia
Anni: 1-2-3-4E
农学技术学院

Istituto tecnico commerciale
Anni: 1-2-3-4E
商业技术学院

Scuola tecnica commerciale
Anni: 1-2-3E
商业技术学校

Istituto tecn.fisico-matematica
Anni: 1-2-3-4E
物理-数学技术学院

图 1　1923 年之前的意大利学校体制

Ist.magistrale
inferiore
Anni: E1-2-3-4E
初等师范学校

Ist.magistrale
superiore
Anni: 1-2-3E
高等师范学校

Istituto superiore
di Magistero
Anni: E1-2-3-4
(poi Facoltà dal 1935)
高等师范学院

Ist. tecnico
superiore (agrimensura)
Anni: E1-2-3-4E
高等技术学校
（土地测量）

Istituto tecnico
inferiore
Anni: E1-2-3-4
初等技术学校

Ist. tecnico
superiore (commerciale)
Anni: E1-2-3-4E
高等技术学校
（商业）

Grado preparatorio
Anni: 1-2-3
预备期

Scuola elementare
Anni: 1-2-3E-4-5E
小学

Corso integrativo
Anni: 1-2-3E
综合课程

Liceo scientifico
(dopo 4 anni di scuola
mediao al 14° anno d'età)
Anni: E1-2-3-4E
理科高中
（四年初中后
或年满14岁）

Scuola complementare
Anni: E1-2-3E
补充性学校

Liceo femminile
(dopo 4 anni di scuola
mediao al 14° anno d'età)
Anni: E1-2-3E
女子高中
（四年初中后
或年满14岁）

Ginnasio inferiore
Anni: E1-2-3E
初级中学
（旧制）

Ginnasio superiore
Anni: 1-2
高等中学

Liceo classico
Anni: 1-2-3E
文科高中

大学院系：
文学与哲学（4年）
法律（4年）
政治科学（4年）
统计学（4年）
经济贸易（4年）
兽医学（4年）
农学（4年）
药学（4年）
数学、物理学与自然科学（4年）
化学（5年）
建筑学（5年）
工程学（5年）
医学与外科学（6年）

Facoltà universitarie
Lettere e filosofia (4 anni)
Giurisprudenza (4 anni)
Scienze politiche (4 anni)
Scienze statistiche (4 anni)
Economia e commercio (4 anni)
Veterinaria (4 anni)
Agraria (4 anni)
Farmacia (4 anni)
Scienze matematiche, fisiche, naturali (4 anni)
Chimica (5 anni)
Architettura (5 anni)
Ingegneria (5 anni)
Medicina e chirurgia (6 anni)

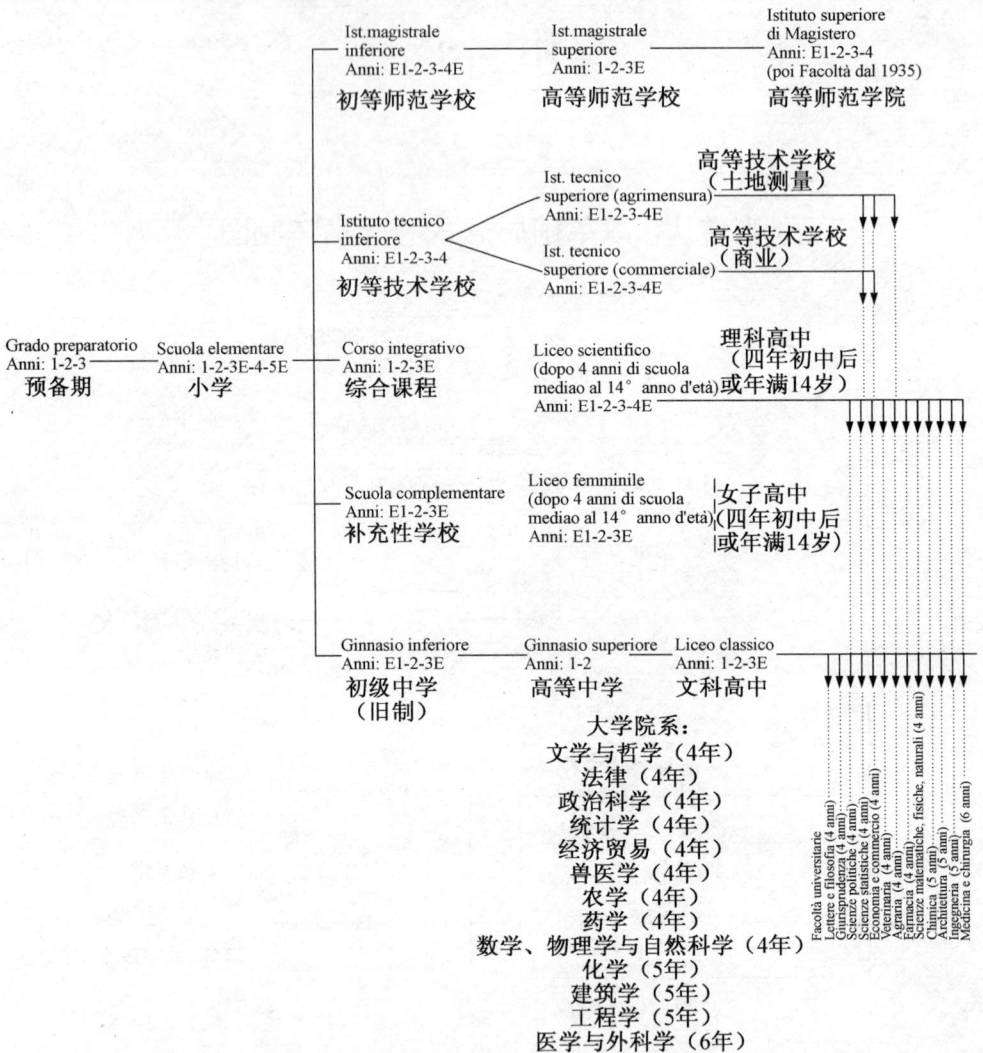

图 2　从 1923 年改革到战后时期意大利学校体制

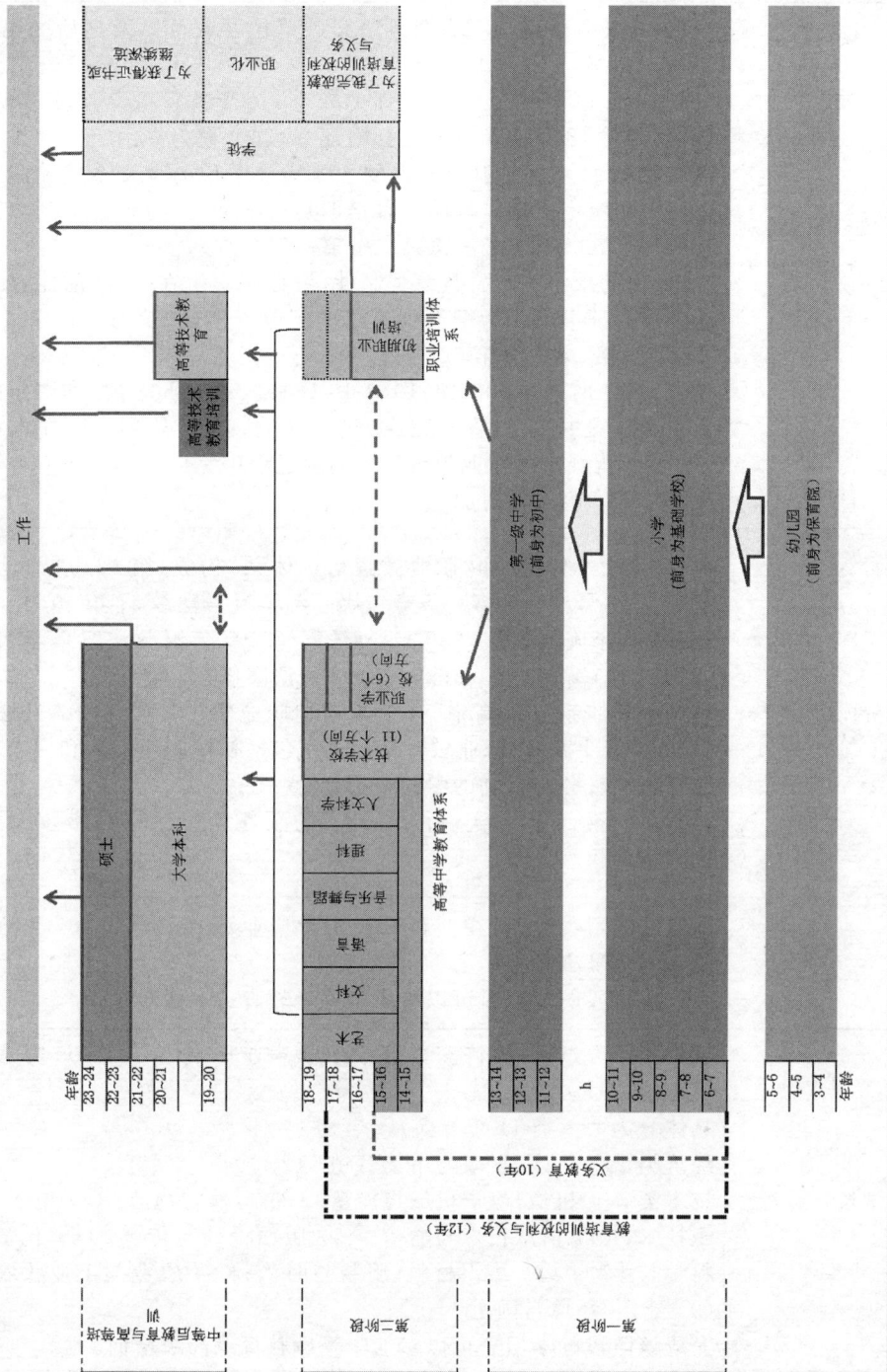

图3　Gelmini改革下的教育体制

表 1 Gelmini 改革下的教育体制

教育培训的权利与义务和义务教育	"权利与义务由第 53/2003 号法案("莫拉蒂改革")及之后的第 76/05 和 226/05 号法令所规定。 "所有人都享有接受教育培训的权利,接受教育的年限至少为 12 年,或者在 18 岁前获得职业资格证书;这个权力在由宪法第 117 条第二款第 M 项规定其全国性的主要实施条件的教育系统和职业教育培训系统中实现。享受教育培训是一项义务,违者将受到法律的制裁"(第 53/3003 号法案第二条第一款 C 项)。 "至少为期十年的教育具有强制性,旨在使学生在 18 岁前能够获得高中毕业证书或是为期至少三年的职业资格证书"(2006.12.27 第 296 号法案,第一章第 622 款)。 义务教育"也能在 2005 年 10 月 16 日的第 226 号法令中所规定的职业教育过程中实现,直到完成其包含的规定,另外还可以在本章第 624 款中所规定的职业教育培训实验过程中完成"(第 13/2008 号法案,第 64 章第 4 款附加)。"
第二阶段	由"高等中学体系"和"职业教育培训体系"构成(第 53/03 号法案;第 226/05 号法令,第一条第一款;第 76/0 号法令 5;第 40/07 号法案,第 8 条附加;第。296/06 号法案(2007 年财政法案),第 112/08 号法令,第 64 条,由第 133/08 号法案修正)。 高等中学体系包括高中、技术学校和职业学校(第 40/07 号法案,第 13 条第 1 款)。职业教育培训体系包括初期职业培训和用来完成教育培训义务与权利的学徒经历。 在教育的第二阶段,实现直到 16 岁的义务教育与直到 18 岁的接受教育培训权利义务。
高中	五年制学习过程,旨在获得高级中学毕业证书(第 226/05 号法令;第 40/07 号法案)。 完成该阶段的学习后可以参加中等后教育或高级培训。
技术学校	五年制学习过程,允许获得高级中学毕业证书(第 226/05 号法令;第 40/07 号法案)。 具体分为两大类 11 个方向。 经济类(1)行政、财政与市场营销;(2)旅游。 技术类(1)机械、电子机械与能量;(2)运输与物流;(3)电子与电子技术;(4)信息技术与通信;(5)版面设计与传媒;(6)化学、材料学与生物;(7)纺织材料、服装与时尚;(8)农业与工业化农业;(9)建筑、环境与国土 完成该阶段的学习后可以参加中等后教育或高级培训。

职业学校	五年制学习过程,结束时获得高级中学毕业证书(第 226/05 号法令;第 40/07 号法案)。 具体分为两大类 6 个方向。 工业与手工业类;工业生产与手工业生产 服务业类:(1)农业与乡村发展服务;(2)社会卫生服务;(3)技术保养维修服务;(4)宾馆餐饮接待服务;(5)商业服务 完成该阶段的学习后可以参加中等后教育或高级培训。 在各大区要求下,在从属于职业培训体系提供的培训机会的条件下,职业学校可以颁发职业资格证书(三年后)和职业毕业文凭(四年后)。
职业培训	包括初期职业培训和用来完成教育培训义务与权利的学徒经历(第 5/03 号法案及其后续法令)。 初期职业培训历时三年,最终颁发职业资格证书,毕业生可进入职场工作。 一些大区的职业培训可延长至四年,学生最终获得职业毕业文凭,并可参加高等技术培训。 如果完成了第五年的学习(转向教育体系内的学习或者开设第五年课程的职业培训体系中),学生可以参加高等技术教育和中等后教育(进入大学学习)。
中等后教育	具体分为:大学教育(综合性大学,理工大学,专科性学院);艺术音乐高级培训(音乐学院与美术学院);语言协调者学习。 经过大学的学习,学生能够获得大学毕业证书(三年制学习),还可以继续深造两年,直至获得硕士学位。也有五年制的大学课程(如法学),有些课程甚至历时更久(医学与临床医学)。
高等培训 (IFTS-ITS)	具体分为:为期一年的高等技术教育和为期两年的高等技术教育。 该包括职业化学徒经历、为了获得毕业文凭的学徒经历和为了能获得高级培训的学徒经历。

附件 2 意大利学校与大学统计数据[①]

表 1 公立学校的普通教师和辅导教师(2000—2001—2009/2010 学年)

（单位：千人）

学年	总数		普通教师和辅导教师					
	绝对数	与上一年相比的百分比变化	普通教师和辅导教师总数	正式编制		合同制		
				总数	辅导教师	总数	一年期	辅导教师
2000/2001	839	2.8	816	699	37	117	22	28
2001/2002	853	1.7	830	734	43	96	24	28
2002/2003	851	−0.3	827	722	43	105	26	33
2003/2004	839	−1.3	815	705	40	111	33	42
2004/2005	850	1.3	826	699	42	127	33	38
2005/2006	860	1.1	835	711	44	124	26	40
2006/2007	877	2.0	852	699	43	152	32	47
2007/2008	869	−1.0	843	701	45	142	22	44
2008/2009	861	−0.9	836	705	51	131	20	40
2009/2010	822	−4.6	795	678	54	117	23	35
2000/2001—2009/2010 间的变化								
绝对差	−17	−21	−21	17	−0.03	1	7	
百分比(%)	−2.1	−2.5	−3.0	44.2	0.0	5.8	24.9	

文献来源：大学教育和研究部根据本机构、经济财政部(年度报表)以及国家统计局的数据整理。

[①] 参考公共教育部(2008)；学校数据(2007)，罗马，Sistan；国家统计系统；参考公共教育部(2008)；大学数据(2007)，罗马，Sistan；国家统计系统；

表 2　公立学校正式编制的教师和合同制教师（2009/2010 学年）

（单位：千人）

学校级别	绝对值		合同制（每 100 名教师）		
	正式编制	合同制	总　数	合同期限	
				一年期	非一年期
总　数	678369	116973	14.7	2.9	11.8
幼儿园	81197	10001	11.0	3.7	7.3
小学	231392	27241	10.5	2.3	8.3
第一级中学	148149	32677	18.1	4.4	13.7
第二级中学	217631	47054	17.8	2.3	15.4

表 3　不同性质幼儿园的学生数量（1999/2000—2009/2010）

学　年	公立幼儿园		私立幼儿园		每 100 名入园人数中进入公立幼儿园的人数
	绝对值	与上一年相比的百分比变化（%）	绝对值	与上一年相比的百分比变化（%）	
1999/2000	925406		657121		
2002/2003 *	952771	3.0	670458	2.0	58.7
2003/2004	961505	0.9	682208	1.8	58.5
2004/2005	965138	0.4	689695	1.1	58.3
2005/2006	967345	0.2	694794	0.7	58.2
2006/2007	952571	−1.5	700118	0.8	57.6
2007/2008	960987	0.9	694399	−0.8	58.1
2008/2009	966650	0.6	685063	−1.3	58.5
2009/2010	993226	2.7	687761	0.4	59.1

* 2002/2003 学年百分比的变化是与 1999/2000 学年相比计算而得的。

表 4 不同性质小学学生数量以及一年级学生数量发展情况（1999/2000—2009/2010）

学　年	所有学校		公立和具有公立性质的学校	
	绝对值	与上一年相比的百分比变化（%）	绝对值	与上一年相比的百分比变化（%）
所有学生				
1999/2000	2820470	—	2573578	—
2004/2005（a）	2771247	1.7	2521638	−2.0
2005/2006	2790254	0.7	2539298	0.7
2006/2007	2820150	1.1	2565094	1.0
2007/2008	2830056	0.4	2575310	0.4
2008/2009（＊）	2819193	−0.4	2624647	1.9
2009/2010（＊）	2822146	0.1	2677671	0.1
一年级学生				
1999/2000	540244	—	495565	—
...				
2004/2005（a）	548332	1.5	500123	0.9
2005/2006	557311	1.6	508786	1.7
2006/2007	569591	2.2	519335	2.1
2007/2008	557083	−2.2	507213	−2.3
2008/2009	558769	0.3	520181	2.6
2009/2010	564236	1.0	524969	0.9

（a）2004/2005 学年百分比的变化是与 1999/2000 学年相比计算而得的。

＊ 从 2008/2009 学年开始也包括奥斯塔、特兰托和博尔扎诺 3 个省的公立学校。

表5 不同性质第一级中学(初中)学生数量发展情况（1999/2000—2009/2010）

学　年	所有学校		公立和具有公立性质的学校	
	绝对值	与上一年相比的百分比变化(%)	绝对值	与上一年相比的百分比变化(%)
所有学生				
1999/2000 (b)	1773754	—	1682440	—
2004/2005	1792244	1.0	1693496	0.7
2005/2006	1764230	−1.6	1664908	−1.7
2006/2007	1730031	−1.9	1629970	−2.1
2007/2008	1727339	−0.2	1623947	−0.4
2006/2009 (a)	1758384	1.8	1686780	3.9
2009/2010 (a)	1777834	1.1	1704274	1.0

（a）2008/2009 和 2009/2010 学年中也包括了瓦莱达奥斯塔和特兰托的公共非公立学校，即所谓的具有公立性质的学校。

（b）2004/2005 学年百分比的变化是与1999/2000 学年相比计算而得的。

表6 第二级中学(高中)学生数量发展情况（1999/2000—2009/2010）

学　年	所有学校		公立和具有公立性质的学校	
	绝对值	与上一年相比的百分比变化(%)	绝对值	与上一年相比的百分比变化(%)
所有学生				
1999/2000	2552148	—	2360808	—
…				
2002/2003 (b)	2616678	2.5	2435415	3.2
2003/2004	2634135	0.7	2451598	0.7
2004/2005	2654222	0.8	2474920	1.0
2005/2006	2691713	1.4	2509985	1.4
2006/2007	2729010	1.4	2539752	1.2
2007/2008	2740806	0.4	2547997	0.3
2008/2009	2716943	−0.9	2560460	0.5
2009/2010	2680667	−1.3	2527188	−1.3

（b）2002/2003 学年百分比的变化是与1999/2000 学年相比计算而得的。

表7　14～18周岁青少年的入学率 * （2002/2003—2009/2010 年）

学　年	14～18周岁总数	14周岁	15周岁	16周岁	17周岁	18周岁
2002/2003	85.8	100.9	94.4	85.8	79.2	69.6
2003/2004	86.9	101.5	94.7	87.6	80.4	70.6
2004/2005	86.6	98.3	93.1	87.4	81.8	71.7
2005/2006	87.1	98.1	93.4	87.9	82.4	73.5
2006/2007	86.8	97.7	92.9	87.7	82.1	73.7
2007/2008	86.9	97.5	93.4	87.8	82.3	74.1
2008/2009	86.7	97.2	93.7	87.5	81.8	74.1
2009/2010	86.4	96.8	93.5	87.5	81.6	73.9

表8　　第二级中学(高中)不同类型学校的学生数量 (2009/2010 学年)

学校类型	绝对值	组　成		100 名注册学生中在同等地位学校注册的学生数
		2009/2010	2000/2001	
总　　数	2680667	100.0	100.0	5.7
高　　中	918270	34.3	29.2	6.1
前师范学院	215721	8.0	7.3	1.9
技术学院	901283	33.6	38.2	5.7
职业学院	549476	20.5	21.5	1.9
艺术教育	95917	3.6	3.8	4.9

表9　不同级别学校非意大利籍学生数量发展及百分比(1999/2000—2009/2010 学年)

学　年	总　　数	幼儿园	小　学	第一级中学	第二级中学
		绝　对　值			
1999/2000	119679	24103	52973	28891	13712
2004/2005	370803	74348	147633	84989	63833
2005/2006	431211	84058	165951	98150	83052
2006/2007	501420	94712	190803	113076	102829

学 年	总 数	幼儿园	小 学	第一级中学	第二级中学
2007/2008	574133	111044	217716	126396	118977
2008/2009	629360	125092	234206	140050	130012
2009/2010	673800	135840	244457	150279	143224
每 100 名学生					
1999/2000	1.5	1.7	2.0	1.7	0.6
...					
2004/2005	4.2	4.5	5.3	4.7	2.4
2005/2006	4.8	5.0	5.9	5.6	3.1
2006/2007	5.6	5.7	6.8	6.5	3.8
2007/2008	6.4	6.7	7.7	7.3	4.3
2008/2009	7.0	7.6	8.3	8.0	4.8
2009/2010	7.5	8.1	8.7	8.5	5.3

表 10　不同级别学校残障学生数量发展及百分比(1997/1998—2009/2010 学年)

学 年	总 数	幼儿园	小 学	第一级中学	第二级中学
绝 对 值					
1997/1998	123862	13402	51953	43365	15142
...					
2002/2003	156009	15044	62795	48429	29741
2003/2004	161159	15713	63744	49648	32054
2004/2005	167804	14876	66315	51334	35279
2005/2006	178220	17481	67755	55244	37740
2006/2007	187718	18656	71383	56747	40932
2007/2008	188713	18934	70825	56023	42931
2008/2009	192997	19313	71620	56969	45095

学 年	总 数	幼儿园	小 学	第一级中学	第二级中学
2009/2010	200462	20151	73964	59345	47002

每 100 名学生

学 年	总 数	幼儿园	小 学	第一级中学	第二级中学
1997/1998	1.4	0.8	1.8	2.4	0.6
...					
2002/2003	1.8	0.9	2.3	2.7	1.1
2003/2004	1.8	1.0	2.3	2.8	1.2
2004/2005	1.9	0.9	2.4	2.9	1.3
2005/2006	2.0	1.1	2.4	3.1	1.4
2006/2007	2.1	1.1	2.5	3.3	1.5
2007/2008	2.1	1.1	2.5	3.2	1.6
2008/2009	2.2	1.2	2.5	3.2	1.7
2009/2010	2.2	1.2	2.6	3.3	1.8

表 11 参与职业教育培训实验的课程和学生(2003/2004—2006/2007 学年)

学 年	课 程		学 生	
	绝对值	变化百分比	绝对值	变化百分比
2003/2004	1460	—	25347	—
2004/2005	4032	176.2	72034	184.2
2005/2006	5347	32.6	93338	29.6
2006/2007	5926	10.8	109933	17.8
2007/2008	7269	22.7	139486	26.9
2008/2009	7642	5.1	150247	7.7
2009/2010	8406	10.0	162257	8.0

表 12　2009/2010 学年不同级别学校、年级、性别学生的留级现象（每百位受调查者）

学校级别	总　数	一年级	二年级	三年级	四年级	五年级
总　　数						
小学	0.5	0.8	0.4	0.3	0.3	0.5
第一级中学	4.8	5.5	4.6	4.1	0.0	0.0
第二级中学	14.5	20.4	13.7	11.2	11.4	0.0
男　　生						
小学	0.4	0.7	0.3	0.2	0.2	0.5
第一级中学	5.7	6.8	5.4	4.7	0.0	0.0
第二级中学	17.6	23.3	16.8	14.1	14.9	0.0
女　　生						
小学	0.6	0.9	0.5	0.4	0.4	0.6
第一级中学	3.8	4.1	3.8	3.4	0.0	0.0
第二级中学	11.2	17.2	10.4	8.2	7.9	0.0

表 13　不同级别学校、年级、性别学生就学情况（2009/2010 年）（每百名学生）

年　级	提　前			正　常			推　迟		
	男、女	男	女	男、女	男	女	男、女	男	女
小　　学									
总数	9.3	8.4	10.1	87.4	87.7	87.0	3.4	3.9	2.8
一年级	8.6	7.8	9.5	89.0	89.3	88.6	2.4	2.9	1.9
二年级	9.1	8.2	10.0	87.9	88.3	87.6	3.0	3.5	2.4
三年级	9.2	8.4	10.1	87.3	87.6	86.9	3.5	4.0	3.0
四年级	10.0	9.2	10.9	86.2	86.6	85.9	3.7	4.3	3.2
五年级	9.3	8.6	10.1	86.4	86.6	86.3	4.2	4.8	3.6
第一级中学									
总数	6.3	5.6	7.1	82.2	80.4	84.1	11.5	14.0	8.8
一年级	7.8	6.9	8.7	82.6	81.4	83.9	9.6	11.7	7.3

年　级	提　前			正　常			推　迟		
	男、女	男	女	男、女	男	女	男、女	男	女
二年级	7.0	6.2	7.9	81.2	79.3	83.3	11.7	14.5	8.8
三年级	4.0	3.6	4.5	82.7	80.4	85.1	13.3	16.0	10.4
第二级中学									
总　数	3.4	3.0	3.8	69.0	64.8	73.4	27.6	32.2	22.8
一年级	2.9	2.5	3.3	71.8	68.8	75.0	25.3	28.7	21.7
二年级	3.1	2.7	3.5	71.4	68.0	75.0	25.5	29.3	21.5
三年级	3.3	2.9	3.7	66.6	62.0	71.3	30.1	35.0	24.9
四年级	3.7	3.3	4.0	68.0	62.9	73.1	28.3	33.8	22.9
五年级	4.1	3.7	4.6	66.5	60.7	72.2	29.4	35.7	23.3

表 14　大学注册人数(1996/1997—2005/2006 学年)

学　年	总　数		
	绝对值	与上一年相比的百分比变化(%)	每100名注册学生中女生人数
1996/1997	1685883	1.4	52.7
1997/1998	1672280	−0.8	53.1
1998/1999	1674186	0.1	54.2
1999/2000	1676702	0.2	54.7
2000/2001	1673960	−0.2	55.4
2001/2002	1688804	0.9	55.9
2002/2003	1722457	2.0	56.0
2003/2004	1768295	2.7	55.9
2004/2005	1820221	2.9	56.1
2005/2006	1823886	0.2	56.4

表 15　大学毕业人数（1996—2005 学年）

年　份	总　数		女性百分比（%）
	绝对值	与上一年相比的百分比变化（%）	
1996	124457	10.5	54.3
1997	131987	6.1	55.3
1998	140126	6.2	55.5
1999	152341	8.7	55.8
2000	161484	6.0	55.8
2001	175386	8.6	56.4
2002	205235	17.0	56.1
2003	234672	14.3	56.0
2004	268821	14.6	57.5
2005	301298	12.1	57.2

表 16　不同学历、年龄级别、性别、地区大学生的失业率（2005 年）

学　历	初中文凭	高中文凭和专科文凭（a）		大学毕业	
	15～19 周岁	20～24 周岁	25～29 周岁	25～29 周岁	30～34 周岁
总失业率	35.6	19.7	10.1	21.9	8.7
性别					
男	31.6	17.8	9.0	20.0	7.4
女	44.3	21.8	11.4	23.2	9.8
地区分布					
北部	24.4	9.2	4.3	11.9	4.0
中部	33.4	16.6	8.4	21.4	6.8
南部	46.6	37.1	21.6	40.4	19.6

（a）包括那些不能用于进入大学学习的文凭。

（b）包括本科、硕士、进修硕士和博士。

参 考 文 献

第一章

All-European Study on Education for Democratic Citizenship Policies (2005), Strasbourg, Council of Europe.

Augé M. (1983), *Nonluoghi. Introduzione ad una antropología della surmodernità*, Milano, Elenthena.

Augenti A. (1998), *Europa chiama scuola*, Roma, Sermitel.

Avallone F. (1995), *La metamorfosi del lavoro*, Milano, Franco Angeli.

Birzea C. (2000), *L'éducation à la citoyenneté démocratique: un apprentissage tout au long de la vie*, DGIV/EDU/CIT (2000) 21, Strasbourg, Conseil de la Coopération Culturelle (CDCC).

Botta P. (a cura di) (2003), *Capitale umano on line: le potenzialità dell'e-learning nei processi formativi e lavorativi*, Milano, FrancoAngeli.

Breton P. (1995), *L'utopia della comunicazione: il mito del villaggio planetario*, Torino, UTET.

Carnoy M. et alii (1993), *Reflections on the New World Economy in the Information Age*, University Park Pennsylvania, Pennsylvania State University Press.

Chistolini S. (a cura di) (2006), *Cittadinanza e convivenza civile nella scuola Europea*, Roma, Armando.

Commissione delle comunità Europee (2000), *Pensare l'istruzione di domani. Promuovere l'innovazione con le nuove tecnologie*, Bruxelles.

Commissione delle Comunità Europee (30 - 10 - 2000), *Memorandum sull'istruzione e la formazione permanente*. Documento di lavoro dei servizi della Commissione, Bruxelles, SEC (2000) 1832.

Commissione delle Comunità Europee (21 - 11 - 2001), *Realizzare uno spazio europeo dell'apprendimento permanente*. Comunicazione della Commissione, Bruxelles, COM(2001) 678 definitivo.

Commissione europea. Direzione generale dell'istruzione e della cultura (2003), *eLearning. Migliorare l'eLearning per l'Europa*, Bruxelles.

Comunicato di Maastricht sulle priorità future di una maggiore cooperazione europea in materia di istruzione e formazione professionale (VET) (2004), Bruxelles.

Conclusioni della Presidenza. Consiglio Europeo di Lisbona. 23 e 24 marzo 2000 (2000), Bruxelles.

Conclusioni della Presidenza. Consiglio Europeo di Stoccolma. 23 e 24 marzo 2001 (2001), Bruxelles.

Conclusioni della Presidenza. Consiglio Europeo di Bruxelles. 20 e 21 marzo 2003 (2003), Bruxelles.

Conclusioni della Presidenza. Consiglio Europeo di Bruxelles. 12 e 13 dicembre 2003 (2003), Bruxelles.

Conclusioni della Presidenza. Consiglio Europeo di Bruxelles. 22 e 23 marzo 2005 (2005), Bruxelles.

Il confronto europeo. Prefazione (2001), in *Obbligo scolastico e obbligo formativo. Sistema italiano e confronto europeo*, Studi e documenti degli Annali della Pubblica Istruzione, vol. 92/93, pp. 134 – 139.

Consiglio (14. 6. 2002), *Programma di lavoro dettagliato sul follow-up circa gli obiettivi dei sistemi di istruzione e di formazione in Europa*, in "Gazzetta ufficiale delle Comunità europee", C 142, pp. 1 – 22.

Consiglio dell'Unione Europea (2001), *Gli obiettivi dei sistemi di istruzione e formazione. Relazione del* 14/02/01, Docete, vol. 56, n. 9, pp. 439 – 452.

Consiglio dell'Unione Europea (14 febbraio 2001), *Relazione del Consiglio (Istruzione) al Consiglio europeo "Gli obiettivi futuri e concreti dei sistemi di istruzione e di formazione"*, Bruxelles.

Consiglio dell'Unione Europea (18 ottobre 2002), *Progetto di risoluzione del Consiglio sulla promozione di una maggiore cooperazione europea in materia di istruzione e di formazione professionale*, Bruxelles.

Consiglio dell'Unione Europea (3 marzo 2004), *Istruzione e Formazione 2010. L'urgenza delle riforme per la riuscita della strategia di Lisbona.*

Relazione intermedia, Bruxelles.

Consiglio dell'Unione Europea. Commissione delle Comunità（2000），*eEurope* 2002. Una società dell'informazione per tutti. Piano d'azione, Bruxelles.

Consiglio dell'Unione Europea. Commissione delle Comunità（2002），*eEurope* 2005. Una società dell'informazione per tutti. Piano d'azione, Bruxelles.

Cresson E. e P. Flynn（1995），*Insegnare e apprendere. Verso la società conoscitiva*, Bruxelles, Commissione Europea.

Decisione n. 2318/2003/CE del *Parlamento europeo e del Consiglio del* 5 *dicembre* 2003 *recante l'adozione di un programma pluriennale*（2004—2006）*per l'effettiva integrazione delle tecnologie dell'informazione e delle comunicazioni*（*TIC*）*nei sistemi di istruzione e formazione in Europa*（*programma eLearning*）（*Gazzetta Ufficiale L.* 345 *del* 31. 12. 2003）. *Sintesi.* In http：//europa. eu. int/scadplus/printversion/it/cha/c11073. htm, 22/072005, pp. 3.

Delors J.（1997），*Nell'educazione un tesoro*, Roma, Armando, 3 ed.

Di Agresti C.（1999），*Le politiche formative dell'Unione Europea*, Orientamenti Pedagogici, vol. 46, n. 3. pp. 441 – 448.

La Dichiarazione di Copenhagen（2002），Bruxelles, 2002.

Garelli F. e M. Offi（1997），*Giovani. Una vecchia storia*, Torino, SEI.

Giddens A.（2000），*Il mondo che cambia*, Bologna, Il Mulino.

La Fay G.（1998），*Capire la globalizzazione*, Bologna, Il Mulino.

Levy P.（1996），*L'intelligenza collettiva. Per un'antropologia del cyberspazio*, Milano, Feltrinelli.

Levy P.（1997），*Il virtuale*, Milano, Cortina.

Linee di tendenza nell'UE, *in Obbligo scolastico e obbligo formativo. Sistema italiano e confronto europeo*（2001），Studi e documenti degli Annali della Pubblica Istruzione, vol. 93/93, pp. 140 – 161.

Lyotard J. -F.（1981），*La condizione postmoderna*, Milano, Feltrinelli.

Malizia G.（2000），*La formación profesional y las transformaciones socio-culturales.* Problemas y perspectivas en la Unión Europea, Educación y Futuro, n. 3, pp. 25 – 36.

Malizia G. （2005）, *L'Europa dell'istruzione e formazione professionale. Da Lisbona a Maastricht. Il bilancio di un quinquennio*, 《Rassegna Cnos》, vol. 21, n. 2, pp. 208 – 224.

Malizia G. （2006）, *Comunicazione, educazione ed e-learning nell'UE*, Orientamenti Pedagogici, vol. 53, n. 1, pp. 179 – 190.

Malizia G. e S. Cicatelli (a cura di) （2008）, *Dieci anni di ricerche (1998—2008). Scuola cattolica in Italia*, Brescia, La Scuola.

Malizia G. e C. Nanni (2002), *Istruzione e formazione: gli scenari europei*, in Ciofs/Fp e Cnos-Fap (a cura di), Dall'obbligo scolastico al diritto di tutti alla *formazione: i nuovi traguardi della Formazione Professionale*, Roma, pp. 15 – 42.

Malizia G. e C. Nanni (2004), *Una riforma in cammino. Quali prospettive per le scienze dell'educazione*, Orientamenti Pedagogici, vol. 51, n. 5, pp. 925 – 948.

Malizia G., V. Pieroni e A. Santos Fermino （2008）, *Individuazione e raccolta di buone prassi mirate all'accoglienza, formazione e integrazione degli immigrati*, Roma, Cnos-Fap e Ciofs/FP.

Mantovani M. e S. Turuthil (a cura di) （2000）, *Quale globalizzazione? L' "uomo planetario" alle soglie della mondialità*, Roma, LAS.

Maragliano R. （1997）, *Essere multimediali. Immagini del bambino alla fine del millennio*, Firenze, La Nuova Italia.

Margiotta U. (a cura di) （1997）, *Pensare in rete*, Bologna, CLUEB.

Mari G. (1995), Oltre il frammento. *L'educazione della coscienza e le sfide del postmoderno*, Brescia, La Scuola.

Melucci A. (1994), *Passaggio d'epoca*, Milano, Feltrinelli.

Minardi E. （a cura di） （1999）, *Dove va il lavoro in Italia*, Faenza, Homeless Book.

Morin E. （1995）, *Introduzione al pensiero complesso*, Milano Sperling & Kupfer.

Morin E. （2000）, *La testa ben fatta*, Milano, Cortina.

Nanni A. （1998）, *Quale educazione per il ventunesimo secolo*, ? Proposta Educativa?, vol. 3, pp. 19 – 31.

Nanni C. （1998）, *Educazione e pedagogia in una cultura che cambia*,

Roma, LAS.

Nanni C. (1999), *I nuovi saperi*, Orientamenti Pedagogici, vol. 46, n. 3, pp. 585 – 593.

Nanni C. (2000), *L'educazione alle soglie del XXI secolo*, Salesianum, vol. 62, pp. 667 – 682.

Nanni C. e P. C. Rivoltella (a cura di) (2006), *La comunicazione formativa. Contributi per la riflessione pedagogica*, Orientamenti Pedagogici, vol. 53, n. 1, pp. 5 – 236.

Niemi H. (1999), *Moving horizons in education. International transformations and challenges of democracy*, Tampere, University Press.

Oecd (1998), *Human capital investiment. An international comparison*, Paris, Centre of Educational Research and innovation.

Orsi M. (1998), *Educare ad una cittadinanza responsabile*, Bologna, EMI.

Pellerey M. et alii (a cura di) (1997), *Mente e cuore. Per un progetto educativo dei giovani tra istituzioni, mass media e nuove forme culturali, religiose e di relazione*, Orientamenti Pedagogici, vol. 45, n. 5. pp. 943 – 1115.

Per un'Europa della conoscenza. Comunicazione della Commissione al Consiglio, al Parlamento Europeo, al Comitato Economico e Sociale e al Comitato delle Regioni (1998), Professionalità, vol. 18, n. 46, pp. 89 – 92.

Pera M. (a cura di) (1995), *Il mondo incerto*, Bari, Laterza.

Rifkin J. (1999), *L'era dell'accesso. La rivoluzione della new economy*, Milano, Mondatori.

Ruini C. (2000), *Prolusione*, in Cssc-Centro Studi per La Scuola Cattolica, *Per un progetto di scuola alle soglie del X XI secolo. Scuola cattolica in Italia. Secondo Rapporto*, Brescia, La Scuola, pp. 55 – 68.

Scanzio F. (a cura di) (1998), *La società dell'apprendimento. Istruzione e formazione nella nuova Europa*, Roma, Edizioni Associate/Editrice Internazionale.

Tarozzi M. (a cura di) (2005), *Educazione alla cittadinanza*. Comunità e diritti, Rimini, Guerini.

Taylor C. (1994), *Il disagio della modernità*, Roma-Bari, Laterza.

Terrin A. N. （1992）, *New Age. La religiosità del postmodemo*, Bologna, EMI.

Vattimo G. (1985), *La fine della modernità*, Milano, Garzanti.

Vattimo G. e P. A. Rovatti (a cura di) （1983）, *Il pensiero debole*, Milano, Feltrinelli.

Volli U. (1992), *Per il politeismo*, Milano, Feltrinelli.

第二章

Agazzi A. et alii (1984), *Quale scuola media?*, Brescia, La Scuola.

Barbagli M. （1974）, *Disoccupazione intellettuale e sistema scolastico italiano*, Bologna, Il Mulino.

Bellerate B. M. e D. Novacco (1973), *La scuola in Italia dal secolo ⅪⅩ ad oggi*, in M. Debesse e G. Mialaret （a cura di）, *Trattato delle scienze pedagogiche. Vol. 3. Pedagogia comparata e strutture scolastiche*, Roma, Armando, pp. 417 – 505.

Bencini S. (1982), *L'atteggiamento dei genitori italiani verso la scuola e il suo finanziamento: un'inchiesta d'opinione*, 《Einaudi Notizie》, vol. Ⅱ, n. 12 – 13, pp. 1 – 5.

Bertolini P. （a cura di） （1984）, *La scuola dell'infanzia verso il 2000*, Firenze, La Nuova Italia.

Bertoni Jovine D. (1967), *La scuola italiana dal 1870 ai giorni nostri*, Roma, Editori Riuniti.

Bosna E. （2004）, *Tu riformi... io riformo. La travagliata storia della scuola italiana dall'unificazione all'ingresso nell'Unione Europea*, Milano, ETS.

Calidoni M. e P. Calidoni (1985), *Continuità educativa e scuola di base*, Brescia, La Scuola, 1985.

Censis (1983), ⅩⅤⅡ *rapporto/1983 sulla situazione sociale del Paese*, Milano, Angeli.

Censis (1984), *Tempo scuola, quanto e come?*, Milano, Angeli.

Censis （1985）, ⅪⅩ *rapporto/1985 sulla situazione sociale del Paese*, Milano, Angeli.

Censis (1988), ⅩⅩⅡ *rapporto/1988 sulla situazione sociale del Paese*, Milano, Angeli.

Censis (1990), ⅩⅩⅣ *rapporto/1990 sulla situazione sociale del Paese*, Milano, Angeli.

Censis (1991), 25° *rapporto/1991 sulla situazione sociale del Paese*, Milano, Angeli.

Censis (1993), 27° *rapporto/1993 sulla situazione sociale del Paese*, Milano, Angeli.

Censis (1994), 28° *rapporto/1994 sulla situazione sociale del Paese*, Milano, Angeli.

Cesareo V. (1974), *La scuola tra crisi e utopia*, Brescia, La scuola.

Cesareo V. (1976), *Sociologia e educazione*, Firenze, La Nuova Italia.

Chiosso G. (1992), *Libertà e popolarità nell'esperienza storica della scuola cattolica*, in Conferenza Episcopale Italiana, *La presenza della scuola cattolica in Italia*, Brescia, La Scuola, pp. 69 - 112.

Cipollone L. (a cura di) (1986), *L'operatore pedagogico*, Firenze, La Nuova Italia.

Confindustria (1987), *Innovazione, formazione e sviluppo*. Convegno, Mantova, 10 - 11 ottobre 1986, Roma, Sipi.

Corradini L. (1987), *Funzione docente e politica del personale*, 《Orientamenti Pedagogici》, vol. 34, n. 2, pp. 207 - 222.

Dalla Torre G. (1999), *Il dibattito sulla parità: gli aspetti giuridico-politici*, in Cssc-Centro Studi Per La Scuola Cattolica, *Scuola cattolica in Italia. Primo Rapporto*, Brescia, La Scuola, pp. 85 - 100.

Damiano E. (1982), *La funzione docente*, Brescia, La Scuola, 4 ed.

Damiano E. (2004), *L'insegnante. Identificazione di una professione*, Brescia, La Scuola.

Decollanz G. (2005), *Storia della scuola e delle istituzioni educative. Dalla Legge Casati alla riforma Moratti*, Bari, Laterza.

Dei M. (2007), *La scuola in Italia*, Bologna, Il Mulino.

Di Pol R. S. (2002), *Il sistema scolastico italiano: origine, evoluzione, situazioni*, Torino, M. Valerio.

Fadiga Zanatta A. L. (1976), *Il sistema scolastico italiano*, Bologna, Il

Mulino, 2 ed.

Fadiga Zanatta A. L. (1977), *Le contraddizioni della scuola media*, 《Riforma della Scuola》, vol. 23, n. 3, pp. 21 – 26.

Fornaca R. (2000), *La politica scolastica della Chiesa : dal Risorgimento al dibattito contemporaneo*, Roma, Carrocci.

Frabboni F. , R. Maragliano, e B. Vertecchi (1986), *Una cultura per l'infanzia*, Firenze, La Nuova Italia.

Franchini R. e R. Cerri (a cura di) (2005), *Per una istruzione e formazione professionale di eccellenza*, Milano, Angeli.

Gallo A. (1980), *Gli organi collegiali nella scuola*, Roma, La Nuova Italia Scientifica.

Garancini G. F. (1985), *Costituzione, scuola e libertà*, Roma, Fidae.

Gozzer G. (1986), *Senza oneri per lo Stato*, Roma, Anicia, 1986.

Isfol (1986), *Rapporto Isfol 1986*, Milano, Angeli.

Isfol (1990), *Rapporto Isfol 1990*, Milano, Angeli.

Isfol (1991), *Rapporto Isfol 1991*, Milano, Angeli.

Livolsi M. , R. Porro e A. Schizzerotto (1980), *Per una nuova scuola dell'obbligo*, Bologna, Il Mulino.

Lodigiani R. (1999), *La formazione come risorsa*, 《Studi di Sociologia》, vol. 37, n. 3, pp. 345 – 368.

Malinverno A. (2006), *La scuola in Italia. Dalla legge Casati alla riforma Moratti*, Milano, Unicopli.

Malizia G. (1977), *Verso quale scuola ci muoviamo? La riforma della secondaria superiore tra modello cooptativo e educazione ricorrente*, in Istituto di Catechetica dell'Università Salesiana (Roma) (a cura di), *Insegnare religione oggi*. Vol. 2° - nella scuola secondaria, Leumann (Torino), Elle Di Ci, pp. 45 – 72.

Malizia G (1988), *Scuola e strategie educative*, in C. Bissoli e Z. Trenti (a cura di), *Insegnamento della religione e professionalità docente*, Leumann (Torino), Elle Di Ci, pp. 47 – 81.

Malizia G. (2003), *25 anni di storia e di esperienze della Federazione CNOS-FAP in Italia*, Rassegna Cnos, vol. 19. n. 2, pp. 26 – 65.

Malizia e Cicatelli (a cura di) (2008), *Dieci anni di ricerche (1998—2008)*.

Scuola cattolica in Italia. Cssc-Centro Studi per la Scuola Cattolica, Brescia, La Scuola.

Martinez C. (1980), *Il governo della scuola*, Roma, La Nuova Italia Scientifica.

Mautino F. (1981), *L'ordinamento della scuola non statale*, Roma, La Nuova Italia.

Mencarelli M. (1985), *Handicaps: progetto educazione*, Teramo, Lisciani e Giunti.

Mencarelli M. (1985), *Motivi e problemi della scuola elementare*, Brescia, La Scuola.

Mencarelli M. (a cura di) (1987), *Infanzia progetto pedagogico*, Brescia, La Scuola.

Mion R. (2007), *Evoluzione della domanda educativa dei giovani*, Orientamenti Pedagogici, vol. 54, n. 2, pp. 227 – 248.

Moscato M. T. (2008), *Diventare insegnanti*, Brescia, La Scuola.

Nanni C. (2003), *La riforma della scuola: le idee, le leggi*, Roma, Las.

Nicoli D. (1991), *Formazione professionale linee del disegno innovativo*, Professionalità, vol. 11, n. 5, pp. 33 – 41.

I nuovi programmi per la scuola media (1984), Brescia, La Scuola, 6 ed.

Pajno A., G. Chiosso e G. Bertagna (1997), *L'autonomia delle scuole*, Brescia, La Scuola.

Parente M. (1987), *Commento sistematico ai nuovi programmi*, Bergamo, Juvenilia.

Pazzaglia Luciano et alii (1988), *Eguaglianza, autonomia e riforma: prospettive di sviluppo del sistema di istruzione*, Brescia, La Scuola.

Perna V. (1989), *Amministrazione scolastica*, in M. Laeng (a cura di), *Enciclopedia pedagogica*, vol. I, Brescia, La Scuola, pp. 530 – 538.

Pontini G. et alii (1986), *La scuola superiore*, Venezia, Liviana.

La questione insegnante (1983), Roma, Ministero della Pubblica Istruzione/Istituto dell'Enciclopedia Italiana.

Rapporto di base sulla politica scolastica italiana (1998), Educazione comparata, vol. IX, n. 30 – 31, pp. 65 – 120.

Reguzzoni M. (1970), *La riforma della scuola superiore*, Aggiornamenti

Sociali, vol. 21, pp. 219 - 228.

Ribolzi L. (a cura di) (2002), *Formare gli insegnanti*, Roma, Carocci.

Ricuperati G. (1973), *La scuola nell'Italia Unita*, *in Storia d'Italia. I documenti*, Vol. V/2, Torino, Einaudi.

Rocchi G. (1985), *Una riforma per il duemila?*, Milano, Angeli.

Romei P. (1995), *Autonomia e progettualità*, Firenze, La Nuova Italia.

Saba V. e R. Brichetti (1972), *I giovani e la scuola*, Roma, Isvet.

Santelli Beccegato L. (a cura di) (1984), *Integrazione scolastica e solidarietà sociale*, Brescia, La Scuola.

Santoni Rugiu A. (2007), *La lunga storia della scuola secondaria*, Roma, Carocci.

Scarpati R. (a cura di) (1973), *La condizione giovanile in Italia*, Milano, Angeli.

Scotto di Luzio A. (2007), *La scuola degli italiani*, Bologna, Il Mulino.

Scurati C. e P. Calidoni (1985), *Nuovi programmi per una scuola nuova*, Brescia, La Scuola.

Tamborlini A. (1991), *Relazione sullo stato della formazione professionale in Italia*, Roma, Isfol.

Valentini A. (1984), *Formazione e professionalità*, Napoli, Tecnodid.

Versari S. (a cura di) (2002), *La scuola della società civile tra Stato e mercato*, Soveria Mannelli, Rubbettino,.

第三章

Augenti A. (1998), *Europa chiama scuola*, Roma, Sermitel.

Bauman Z. (2006), *Modernità liquida*, Bari, Laterza.

Bertagna G. (2000), *Com'è difficile riordinare*, Tuttoscuola, vol. 26, n. 406, pp. 16 - 20.

Bertagna G. (15 marzo 2001a), *L'essenziale e l'accessorio*, Scuola e Didattica, vol. 46, n. 13, pp. 8 - 17.

Bertagna B. (15 giugno 2001b), *Fare i conti con la riforma*, Nuova Secondaria, vol. 18, n. 10, pp. 8 - 15.

Buzzi C., A. Cavalli e A. De Lillo (a cura di) (2007), *Rapporto giovani*.

Sesta indagine dell'Istituto Iard sulla condizione giovanile in Italia, Bologna Il Mulino.

Cartocci R. （2002）, *Diventare grandi in tempi di cinismo*, Il Mulino, Bologna.

Censis （1991）, 25° *rapporto/1991 sulla situazione sociale del Paese*, Milano, Angeli.

Censis （1993）, 27° *rapporto/1993 sulla situazione sociale del Paese*, Milano, Angeli.

Censis （1994）, 28° *rapporto/1994 sulla situazione sociale del Paese*, Milano, Angeli.

Censis （2003）, 37° *rapporto sulla situazione sociale del paese*. 2003, Milano, Angeli.

Censis （2006）, 40° *rapporto sulla situazione sociale del paese*. 2006, Milano, Angeli.

Cnpi. Consiglio Nazionale Della Pubblica Istruzione (11 Aprile 2001), *Parere sulla Bozza di Regolamento recante norme in materia di curricoli della scuola di base*, *ai sensi dell'art*. 8 *del D. P. R. n.* 275/99, Prot. N. 1909.

Commission of the European Communities （2007）, *Progress towards the Lisbon Objectives in Education and Training*. Indicators and Benchmarks, Brussels, Commission staff working document.

Corradini L. （2000）, *Coerenza e realismo di fronte alla legge 30*, La Scuola e l'Uomo, vol. 47, pp. 297 – 298.

Cresson E. e P. Flynn （1995）, *Insegnare e apprendere. Verso la società conoscitiva*, Bruxelles, Commissione Europea.

Cssc-Centro Studi per la Scuola Cattolica （2002）, *A confronto con le riforme. Problemi e prospettive. Scuola cattolica in Italia. Quarto rapporto*, Brescia, La Scuola.

Curricoli e competenze. Criteri per l'elaborazione （2000）, La Scuola e l'Uomo, vol. 47, pp. 47 – 51.

Dalle Fratte G. （1999）, *Autonomia o decentramento?*, Orientamenti Pedagogici, vol. 46, n. 3, pp. 528 – 533.

Delors J. et alii （1996）, *L'éducation*. Un trésor est caché dedans, Paris, Editions Unesco/Editions Odile Jacob.

Eurispes (1994), *Rapporto Italia '94*, Roma, Koinè.

Eurispes (2006), *Settimo Rapporto Nazionale sulla condizione dell'infanzia e dell'adolescenza*, Roma, Eurispes.

Fondazione per la scuola-Iard (2005), *Crescere a scuola. Il profilo degli studenti italiani*, Torino, Fondazione per la scuola della compagnia di San Paolo.

Forte B. (2001), *Editoriale*, Il Maestro, vol. 53, n. 3, pp. 1 – 2.

Garelli F. (2007), *La condizione giovanile*, in CSSC-Centro Studi per la Scuola Cattolica, *In ascolto degli studenti. Scuola Cattolica in Italia. Nono Rapporto*, Brescia, La Scuola, pp. 17 – 58.

Garelli F., A. Palmonari e L. Sciolla (2006), *La socializzazione flessibile*, Bologna, Il Mulino.

Grassi R. (a cura di) (2006), *Giovani, religione e vita quotidiana*, Il Mulino, Bologna 2006.

Guasti L. (2000), *Curricolo, competenze, significati*, Pedagogia e Vita, vol. 58, n. 4, pp. 102 – 131.

Indirizzi per l'attuazione del curricolo (2001), il Maestro, vol. 53, n. 3, pp. 5 – 60.

Iosa R. (1999), *Autonomia*, in I. Fiorin - D. Cristanini (a cura di), *Le parole dell'autonomia*, Torino, Petrini, pp. 9 – 33.

Ipotesi per la scuola secondaria (2001), La Scuola e l'Uomo, vol. 58, pp. 172 – 179.

Malizia G. (1995), *Il sistema formativo italiano a una svolta. Le sfide per la Scuola e la Formazione Professionale*, Rassegna CNOS, vol. 11, n. 1, pp. 49 – 54.

Malizia G. (2000), *A confini aperti*, il Maestro, vol. 53, n. 10 – 11, pp. 33 – 34.

Malizia G. e C. Nanni (1998), *Il mosaico delle riforme. Luci ed ombre di un disegno*, Orientamenti Pedagogici, vol. 45, n. 5, pp. 773 – 794.

Malizia G. e C. Nanni (2001), *Il riordino dei cicli: una difficile attuazione*, Orientamenti Pedagogici, vol. 47, n. 2, pp. 190 – 215.

Malizia G. e C. Nanni (2002), *La riforma del sistema italiano di istruzione e di formazione: da Berlinguer alla Moratti*, in Ciofs/Fp e Cnos-Fap (a cura di), *Dall'obbligo scolastico al diritto di tutti alla formazione*: *i nuovi traguardi della Formazione Professionale*, Roma, pp. 43 – 63.

Malizia G. e B. Stenco (1999), *Il cammino delle riforme tra razionalizzazione e libertà*, *tra efficienza ed eguaglianza*, in Cssc-Centro Studi per la Scuola Cattolica, *Scuola cattolica in Italia. Primo rapporto*, Brescia, La Scuola, 1999, pp. 11 – 57

Malizia G. et alii (1999), *La riforma scolastica*: *le tendenze internazionali e la proposta italiana*, Orientamenti Pedagogici, vol. 46, n. 3, pp. 419 – 610.

Malizia G. et alii (2007), *Conclusioni generali*, *in CSSC-Centro Studi per la Scuola Cattolica*, *In ascolto degli studenti. Scuola Cattolica in Italia. Nono Rapporto*, Brescia, La Scuola, pp. 341 – 398.

Ministero del Lavoro e delle Politiche Sociali (2006), *L'eccezionale quotidiano. Rapporto sulla condizione dell'infanzia e dell'adolescenza in Italia*, Firenze, Istituto degli Innocenti.

Nanni C. (1999), *I nuovi saperi*, Orientamenti Pedagogici, vol. 46, n. 4, pp. 585 – 593.

Nanni C. (2000a), *Un codice deontologico per gli insegnanti*, Orientamenti Pedagogici, vol. 47, n. 1, pp. 201 – 210.

Nanni C. (2000b), *L'educazione alle soglie del* X XI *secolo*, Salesianum, vol. 62, n. 4, pp. 667 – 682.

Nanni C. (2003), *La riforma della scuola*: *le idee*, *le leggi*, Roma, Las.

Niceforo O. (2001), *La scuola dell'ulivo*, Roma, Ruggero Risa.

Pajno A., G. Chiosso e G. Bertagna (1997), *L'autonomia delle scuole*, Brescia, La Scuola.

Programma quinquennale di progressiva attuazione (2000), Annali della Pubblica Istruzione, vol. 46, n. 3/4, pp. 11 – 74.

Rapporto di base sulla politica scolastica italiana (1998), Educazione comparata, vol. IX, n. 30 – 31, pp. 65 – 120.

Relazione al Parlamento sullo stato di attuazione della Legge 10 marzo 2000, n. 62 (2004), Roma, Ministero dell'Istruzione, dell'Università e della Ricerca.

Riforma della scuola ai nastri di partenza: *dalle materie ai programmi. Tutte le novità tra i banchi*. Sintesi dei nuovi curricoli della scuola di base.

M. P. I. Trascrizione a cura della Presidenza Nazionale FIDAE（7 febbraio 2001）, Roma.

Risoluzione 6 — 00057 （approvata dal Senato il 22 dicembre 2000）. Programma quinquennale di progressiva attuazione della legge concernente il riordino dei cicli di istruzione（Doc. Ⅹ Ⅵ-ter）, Roma.

Romei P. （1995）, *Autonomia e progettualità*, Firenze, La Nuova Italia.

Speciale riordino （2000）, il Maestro, vol. 53, n. 10 – 11, pp. 1 – 47.

Stefanangeli A. M. （2001）, *Il nuovo che c'è*. Dagli indirizzi al curricolo,《Il Maestro》, vol. 53, n. 3, pp. 62 – 63.

Versari S. （a cura di）（2002）, *La scuola della società civile tra Stato e mercato*, Soveria Mannelli, Rubbettino.

Vico G. （2001）, *La scomparsa del preadolescente*, Scuola e Didattica, vol. 46, n. 14, pp. 5 – 6.

Zecchini G. （2001）, *Ma che storia è questa?*, Scuola e Didattica, vol. 46, n. 14, pp. 17 – 18.

第四章

Accordo Stato-Regioni su istruzione e formazione, firmato il 19 giugno 2003 （2003）Presenza Confap, vol. 27, n. 3 – 4, pp. 5 – 8.

Agazzi E. （2003）, *La riforma della scuola: fine di un'odissea*, Nuova Secondaria, vol. Ⅹ Ⅹ, n. 9, pp. 6 – 8.

Aimc, *Note sulle Indicazioni Nazionali*, Roma, maggio 2003.

Allegato A. *Profilo educativo, culturale e professionale dello studente a conclusione del secondo ciclo del sistema educativo di istruzione e di formazione*, Dlgs n. 226/05.

Andis. Associazione Nazionale Dirigenti Scolastici （2003）, *Andis: pareri e posizioni*, Dirigenti Scuola, vol. Ⅹ Ⅹ Ⅳ, n. 8, pp. 53 – 59.

Approfondimenti sullo schema di Decreto del secondo ciclo （2005）, Rassegna Cnos, vol. 21, n. 2, pp. 51 – 224.

Astrid-Associazione per gli Studi e le Ricerche sulla Riforma delle Istituzioni Democratiche e sull'innovazione nelle amministrazioni pubbliche （15 maggio 2003）, *Il documento*, Nuova Secondaria, vol. Ⅹ Ⅹ, n. 9, pp. 102 – 110.

Bertagna G. (2002), *Il profilo educativo, culturale e professionale: testo, contesto, funzioni.* Paper, Seminario Miur, Roma, 19 dicembre.

Bertagna G. (2003), *La scuola tra ⟪theoria⟫, téchne e apprendistato.* Limiti e virtù di un (dis)adattamento epistemologico, ⟪Orientamenti Pedagogici⟫, vol. 50, n. 2, pp. 215 – 240.

Bertagna G. (15 aprile 2003), *Programmi o Indicazioni? Equivoci di letture incrociate*, Scuola e Didattica, vol. XLVIII, n. 15, pp. 11 – 14.

Bertagna G. (15 maggio 2003a), *Istruzione e formazione dopo la modifica del Titolo V della Costituzione.* Osservazioni al documento di Astrid, Nuova Secondaria, vol. XX, n. 9, pp. 102 – 112.

Bertagna G. (15 maggio 2003b), *Profilo e Indicazioni: un rapporto da chiarire.* Prestazionismo o personalizzazione?, Nuova Secondaria, vol. XX, n. 9, pp. 11 – 15.

Bertagna G. (15 giugno 2003), *Gli indirizzi del Liceo, le abitudini del passato le possibili novità della Riforma Moratti*, Nuova Secondaria, vol. XX, n. 10, 15 Giugno, pp. 22 – 32.

Bertagna G. (2005a), *Il decreto attuativo del secondo ciclo di istruzione e formazione appunti di riflessione*, in G. Malizia e S. Cicatelli (a cura di), Atti dei seminari: *Nuovi percorsi formativi per i docenti della scuola cattolica e Prospettive per il secondo ciclo. Riflessioni e proposte sul decreto attuativo*, Roma, 30 – 09 – 2004/19 – 2 – 2005, Roma, Centro Studi per la Scuola Cattolica, pp. 235 – 246.

Bertagna G. (2005b), **Quale cultura educativa per lo sviluppo? Centralità della formazione e significato del campus nella riforma del secondo ciclo di istruzione e di formazione**, Orientamenti Pedagogici, vol. 52, n. 2, pp. 277 – 310.

Bertagna G. (2006), *La figura del docente nella riforma*, in Cssc-Centro Studi per la Scuola Cattolica, *Il ruolo degli insegnanti nella scuola cattolica. Scuola Cattolica in Italia. Ottavo rapporto*, Brescia, La Scuola, pp. 66 – 121.

Capaldo N. e L. Rondanini (2002), *La scuola italiana al bivio*, Trento, Erickson.

Cicatelli S. (2003), *Il profilo dello studente: secondo ciclo*, La Scuola e l'Uomo, vol. LX, n. 7, pp. I – II.

Cicatelli S. (2005), *Il sistema dei licei*, in G. Malizia e S. Cicatelli (a cura di), Atti dei seminari: *Nuovi percorsi formativi per i docenti della scuola cattolica e Prospettive per il secondo ciclo. Riflessioni e proposte sul decreto attuativo*, Roma, 30 – 09 – 2004/19 – 2 – 2005, Roma, Centro Studi per la Scuola Cattolica, pp. 247 – 261.

Confindustria (2003), *Istruzione e formazione professionale e licei tecnologici. Il punto di vista delle imprese.* Paper, Roma.

Corradini L. (2003), *Riforma scolastica e autonomia scolastica*, La Scuola e l'Uomo, vol. LX, n. 3, pp. 49 – 51.

Decollanz G. (2005), *Storia della scuola e delle istituzioni educative. Dalla Legge Casati alla riforma Moratti*, Bari, Laterza.

Delors J. et alii (1996), *L'éducation.* Un trésor est caché dedans, Paris, Editions Unesco/Editions Odile Jacob.

Fiorin I. e D. Cristanini (a cura di) (1999), *Le parole dell'autonomia*, Torino, Petrini.

Fism (2003), *Indicazioni nazionali per i piani personalizzati delle attività educative nelle scuole dell'infanzia: perplessità e considerazioni.* Paper, Roma.

Indicazioni Nazionali per i Piani di Studio Personalizzati nella Scuola Primaria (6 novembre 2002). In http: www. istruzione. it /news/2002/ allegati/sperimentazione/indicazioni_061102. pdf, 31 luglio 2003, pp. 36.

Indicazioni Nazionali per i Piani di Studio Personalizzati nella Scuola Secondaria di 1° grado (30 luglio 2003). In http: www. istruzione. it,/ normativa/2003/allegati/indicazioni_media_05_03. pdf, 31 luglio 2003, pp. 36.

Indicazioni Nazionali per i Piani Personalizzati delle Attività Educative nelle Scuole dell'Infanzia. (6 novembre 2002). In http: www. istruzione. it/news/2002/allegati/sperimentazione/in-dicazioni_infanzia_061102. pdf, 31 luglio 2003, pp. 8.

Legambiente (2003), *Osservazioni sulle indicazioni nazionali per i piano di studio personalizzati*, Legambiente Scuola News, Supplemento al n. 15.

Lupidi Sciolla M. T. (a cura di) (2003), *Intervista a Giuseppe Bertagna*, La Scuola e l'Uomo, vol. LX, n. 4, pp. XII - XVI.

Malinverno A. (2006), *La scuola in Italia. Dalla legge Casati alla riforma Moratti*, Milano, Unicopli.

Malizia G. e S. Cicatelli (2005), Atti dei Seminari. Nuovi percorsi formativi per i docenti della scuola cattolica e Prospettive per il secondo ciclo. Riflessioni e proposte sul decreto attuativo, Roma, 30 – 09 – 2004/9 – 2 – 2005, Roma, Centro Studi per la Scuola Cattolica, 2005.

Malizia G. , S. Cicatelli e C. Fedeli (2006), Atti del Seminario. *Il contributo delle università alla formazione degli insegnanti della scuola cattolica*, Roma, 3 febbraio 2006, Roma, Centro Studi per la Scuola Cattolica.

Malizia G. , S. Cicatelli, C. Fedeli e V. Pieroni (2006), *Conclusioni generali*, in Cssc-Centro Studi per la Scuola Cattolica, *Il ruolo degli insegnanti nella scuola cattolica. Scuola Cattolica in Italia. Ottavo rapporto*, Brescia, La Scuola, pp. 347 – 386.

Malizia G. e C. Nanni C. (2002), *Condivisioni e istanze : osservazioni di* Orientamenti Pedagogici *sul processo della riforma Moratti*, Orientamenti Pedagogici, vol. 49, n. 1, pp. 7 – 26.

Malizia G. e C. Nanni (2003), *Dalla delega ai decreti attuativi : il difficile percorso della* 53/2003, Orientamenti Pedagogici, vol. 50, n. 5, pp. 873 – 904.

Malizia G. e D. Nicoli (2005), *Lo schema di Decreto sul secondo ciclo tra conservazione e riforma. Un primo commento*, Rassegna Cnos, vol. 21, n. 2, pp. 25 – 50.

Malizia G. , D. Nicoli e V. Pieroni (a cura di) (2002), *Ricerca azione di supporto alla sperimentazione della formazione professionale iniziale secondo il modello CNOS-FAP e CIOFS/FP. Rapporto finale*, Roma, CIOFS/FP e CNOS-FAP.

Malizia G. e V. Pieroni, *Le sperimentazioni del diritto-dovere nei CFP del CNOS-FAP e del CIOFS/FP del Lazio*. Rapporto di ricerca, Roma, CIOFS/FP e CNOS-FAP, 2007.

Montemarano A. (2005), *Dall'obbligo scolastico al diritto-dovere all'istruzione e alla formazione*, Rassegna Cnos, vol. 21, n. 3, pp. 110 – 116.

Moscato M. T. (15 maggio 2003), *Il profilo educativo dello studente*, Nuova Secondaria, vol. ⅩⅩ, n. 9, pp. 13 – 15.

Nanni C. (2000), *L'educazione alle soglie del* X XI *secolo*, Salesianum, vol. 62, n. 4, pp. 667 – 682.

Nanni C. (2003), *La riforma della scuola : le idee*, *le leggi*, Roma, Las.

Nanni C. (2005), *Lo schema di Decreto sul secondo ciclo : riflessioni pedagogiche*, Rassegna Cnos, vol. 21, n. 2, pp. 137 – 152.

Nanni C. e G. Malizia (2004), *La riforma del sistema educativo di istruzione e di formazione*, in Z. Trenti (a cura di), Manuale dell'insegnante di religione, Leumann, Elledici, pp. 58 – 75.

Nicoli D. (2002), *Verso una formazione professionale matura. Quali prospettive?.*, in Ciofs/Fp – Cnos-Fap (a cura di), *Dall'obbligo scolastico al diritto di tutti alla formazione; i nuovi traguardi della Formazione Professionale*, Roma, pp. 105 – 146.

Nicoli D. (2003), *Il nuovo percorso dell'istruzione e della formazione professionale*, Professionalità, vol. X XI II, n. 75, pp. XI - X XI V.

Nicoli D. (2006), *Diritto-dovere di istruzione e formazione o obbligo scolastico?*, Presenza Confap, vol. 21, n. 1 – 2, pp. 53 – 59.

Parte la riforma della scuola (12. 09. 03). In http : //www. istruzione. it/ prehome/co-municati/2003/120903. shtml, 13 settembre 2003, pp. 2.

Porcarelli A. (15 febbraio 2005), *Un'analisi e un commento. Le linee della riforma del secondo ciclo al 12 – 13 gennaio 2005*, Nuova Secondaria, vol. 22, n. 6, pp. 27 – 36.

Profilo educativo, culturale e professionale dello studente alla fine del Primo Ciclo di istruzione (6 – 14 anni) (2002). In http : // www. istruzione. it/news/2002/allegati/sperimentazione/profilo _ terminale. pdf, 31 luglio 2003, pp. 7.

Raccomandazioni per l'attuazione delle Indicazioni Nazionali per i Piani di Studio personalizzati nella scuola primaria (9 ottobre 2002). In http : // www. istruzione. it/news/2002/allegati/sperimen-tazione/raccomandazioni_ primaria. pdf, 31 luglio 2003, pp. 83.

Raccomandazioni per l'attuazione delle Indicazioni Nazionali per i Piani Personalizzati delle Attività Educative nelle Scuole dell'Infanzia (2002). In http : //www. istruzione. it/news/2002/allegati/spe-rimentazione/raccomandazioni_infan-zia. pdf, 31 luglio 2003, pp. 47.

Ransenigo P. (2005), *Istruzione e formazione professionale*, 《Docete》, vol. 60, n. 6, pp. 277 – 284.

Rapporto del Gruppo Ristretto di Lavoro costituito con D. M. N. 672 del 18 luglio 2001 (2002), 《Annali dell'Istruzione》, vol. XLVII, n. 1/2, pp. 3 – 176.

Romei P. (2005), *Diritto-dovere all'istruzione e alla formazione: qualche considerazione*, Dirigenti Scuola, 24, n. 4, pp. 20 – 26.

Sacchi G. C. (2003), *La riforma della scuola tra Stato, regioni, Enti locali e organi collegiali*, 《La Scuola e l'Uomo》, vol. LX, n. 3, pp. 54 – 60.

Sacristani Mottinelli M. (2003), *Le parole della riforma. Inserto-Ricerca*, Scuola Italiana Moderna, vol. 110, n. 17, pp. 1 – 16.

Sandrone Boscarini G. (2004), *Un percorso di lettura della riforma del sistema educativo nazionale*, Isre, vol. XI, n. 2. pp. 9 – 29.

Scotto di Luzio A. (2007), *La scuola degli italiani*, Bologna, Il Mulino.

La scuola e la sua... controriforma. Dossier-Dibattito (2002), Studi sulla formazione, vol. V, n. 1, pp. 11 – 37.

Scurati C. (2006), *Essere insegnanti oggi in Italia: problemi e prospettive*, in Cssc-Centro Studi per la Scuola Cattolica, *Il ruolo degli insegnanti nella scuola cattolica. Scuola Cattolica in Italia. Ottavo rapporto*, Brescia, La Scuola, pp. 21 – 35.

Seminario FISM sulla riforma Moratti. I problemi aperti (2003), Prima i bambini, vol. XXVIII, n. 53, pp. 8 – 9.

Sugamiele D. (2005), *Il secondo ciclo*, Docete, vol. 60, n. 6, pp. 267 – 276.

Testo e contesto dei Documenti. Guida alla lettura (2002). In http://www. istruzio-ne. it/news/2002/allegati/sperimentazione/guida _ lettura _ 061102. pdf, 31 luglio 2003, pp. 4.

Uciim (2003), *Parere dell'Uciim sulle Indicazioni nazionali per i Piani di studio personalizzati nella scuola dell'infanzia, primaria, secondaria di 1° grado e sul Profilo dello studente*, La Scuola e l'Uomo, vol. LX, n. 5 – 6, pp. I - IV.

第五章

AGeSC (2007), *Per capirci qualcosa*. Libro bianco sulla nuova riforma della scuola (giugno-dicembre 2006), Roma.

Benadusi L. (2010), *Riforma degli ordinamenti e governance della scuola*, Autonomia e Dirigenza, vol. 19, n. 1 – 2 – 3, pp. 4 – 8.

Bertagna G. (2006), *Pensiero manuale. La scommessa di un sistema educativo di istruzione e di* istruzione e formazione professionale *di pari dignità*, Soveria Mannelli (CZ), ed. Rubbettino.

Bertagna G. (2010), *Entra in vigore la "Morfiormini"* (*Moratti, Fioroni, Gelmini*), 《Nuova Secondaria》, vol. 27, n. 7, pp. 9 – 10.

Bindi L. (2005), *La scuola*, in L. Baldassarre – L. Verderosa (a cura di), *Uscire dall'invisibilità*, Roma, Caritas Italiana/Unicef, pp. 109 – 126.

Bordignon B. (2007), *Scuola e formazione professionale*, Cultura oggi, vol. 25, n. 2, pp. 40 – 50.

Campione V. – A. Poggi (2009), *Sovranità. Decentramento, regole*, Bologna, Il Mulino.

Castoldi M. (2008), *Si possono valutare le scuole? Il caso italiano e le esperienze europee*, Torino, SEI.

Censis (2007), *41° rapporto sulla situazione sociale del paese. 2007*, Milano, Angeli.

Cerniglia F. (2011), *Federalismo fiscale: quale progetto in cantiere?*, 《Aggiornamenti Sociali》, n. 04, pp. 251 – 261.

Chiosso G. (2007), *Da dentro. La personalizzazione dopo Moratti*, in "Nuova Secondaria", vol. 24, n. 5, pp. 12 – 13.

Chiosso G. (2008), *Dal di dentro. Mal di scuola, mal di riforma*, in "Nuova Secondaria", vol. 25, n. 5, pp. 20 – 22.

Cianfruglia L. (2007), *Recupero del debito formativo e qualità dell'istruzione*, Autonomia e Dirigenza, vol. 16, n. 7 – 8 – 9, pp. 25 – 29.

Cicatelli S. (2009), *Il regolamento del Primo Ciclo: quali effetti sulla scuola cattolica paritaria*, Newsletter CNOS/SCUOLA, n. 4, in http: // www. cnos-scuola. it/newsletter/allegati/aprile/04_Commenti_Rifor-ma/04

_Cicatelli_04_2009. pdf（28. 07. 11）.

Cicatelli S. （2010a）, *La nuova scuola superiore*, Newsletter CNOS/ SCUOLA, n. 2, in http：//www. cnos-scuola. it/newsletter/allegati/ 2010/febbraio/12_a_Cicatelli_ISS_testo. pdf（23. 02. 2010）.

Cicatelli S. （19 marzo 2010b）, *Le Indicazioni Nazionali per i Licei* （*discipline umanistiche*）, Newsletter CNOS/SCUOLA, n. 3, in http：// www. cnos-scuola. it/newsletter/allegati/2010/marzo/3 _ b _ Cicatel-li _ 180310%20. pdf（26. 07. 10）.

Cisl Scuola（1° febbraio 2011）, Regolamento sulla formazione iniziale degli insegnanti. D. M. 10 settembre 2010, n. 49. Schede, Roma, Ufficio Sindacale.

Cnos-Fap. Sede Nazionale（29 settembre 2007）, *Elementi di scenario nazionale e regionale sulla situazione nella FPI*. Alcune iniziative della Federazione svolte, in svolgimento e da programmare, paper, Roma.

Cnos-Fap. Sede Nazionale（25 ottobre 2007）, *Elementi di scenario nazionale e regionale sulla situazione nella FPI*. Alcune iniziative della Federazione svolte, in svolgimento e da programmare, paper, Roma.

Cnos-Fap e Cnos/Scuola（23 dicembre 2007）, *Le principali riforme del sistema educativo di istruzione e formazione*（schede aggiornate al mese di dicembre 2007）, Roma.

Colasanto M. （2006a）, *Perché non riparta la giostra*, Professionalità, vol. 26, n. 93. pp. 2 – 3.

Colasanto M. （2006b）, *Ritorno al futuro*, Professionalità, vol. 26, n. 94. pp. 4 – 5.

Colasanto M. （2007a）, *Obbligo di istruzione e formazione professionale nello scenario di Lisbona*, Presenza Confap, n. 1 – 2. pp. 33 – 41.

Colasanto M. （2007b）, *Riformare senza riforma*, 《Professionalità》, vol. 27, n. 96. pp. 2 – 3.

Colasanto M. （2007c）, *Sull'istruzione tecnica e professionale*, 《Professionalità》, vol. 27,, n. 97. pp. 2 – 5.

Colombo M. G. （2007）, *Scuola: per capirci qualcosa*. Libro bianco dell'AGeSC sulla nuova riforma della scuola, in: Cultura oggi, vol. 25, n. 2, pp. 32 – 39.

Commissione delle Comunità Europee（10 – 11 – 2005）, *Proposta di raccomandazione del Parlamento Europeo e del Consiglio relativa a competenze chiave per l'apprendimento permanente*, COM（2005）548 definitivo 2005/0221(COD), Bruxelles.

Commission of the European Communities（2007）, *Progress towards the Lisbon Objectives in Education and Training*. Indicators and Benchmarks, Brussels, Commission staff working document, p. 31.

Corsi M.（2011）, *Il regolamento sulla formazione iniziale dei docenti*, Nuova Secondaria, vol. 28, n. 7, pp. 16 – 17.

Cosentino G.（2007）, *Il progetto di riordino del sistema educativo nazionale*, in G. Malizia, S. Cicatelli e C. Fedeli（a cura di）, Atti del seminario *Fondazioni e reti formative nella scuola della società civile*, Roma, 10 maggio 2007, Roma, Centro Studi per la Scuola Cattolica, pp. 13 – 22.

Cssc-Centro Studi per la Scuola Cattolica（2010）, *A dieci anni dalla parità. Scuola Cattolica in Italia. Dodicesimo rapporto*, Brescia, La Scuola.

Documento della Conferenza delle Regioni e delle Province autonome in merito a: obbligo di istruzione, istruzione tecnica e istruzione professionale, ITS e Poli tecnico – professionali, Roma, 1 agosto 2007.

Elementi di legislazione scolastica e ordinamento del Ministero della Pubblica Istruzione（2008）, Napoli, Edizioni Giuridiche Simone.

È l'anno della sfida: si parte con lo stop al carosello dei docenti（208）, Tuttoscuola, vol. 34, n. 484, 14 – 25.

Fassora G.（2007）, *Istruzione e formazione tecnica superiore*. Verso un sistema nazionale, Autonomia e Dirigenza, vol. 16, n. 7 – 8 – 9, pp. 22 – 24.

Ferratini P.（2009）, *Liceo Gelmini*, il Mulino, vol. 58, n. 5, pp. 724 – 733.

Fiorin I.（2007—2008a）, *L'orientamento metodologico-didattico*, Dirigenti Scuola, vol. 28, n. 2, pp. 41 – 47.

Fiorin I.（2007—2008b）, *Programmi, Indicazioni, Curricolo*, Dirigenti Scuola, vol. 28, n. 2, pp. 17 – 23.

Fiorin I.（2007—2008c）, *La strutturazione del curricolo*, Dirigenti Scuola, vol. 28, n. 2, pp. 24 – 31.

Fioroni G.（29 giugno 2006）, *Audizione del Ministro dell'Istruzione*

Giuseppe Fioroni. Ⅵ Ⅰ *Commissione Cultura*, *Scienza e Istruzione*. *Camera dei Deputati*, Roma.

Floris G. (2008), *La fabbrica degli ignoranti. La disfatta della scuola italiana*, Milano, Rizzoli.

Forma-Associazione Nazionale Enti di Formazione Professionale (21. 07. 2011), *Istruzione e Formazione Professionale (IeFP)*. Paper, Roma.

Fracchia R. (2008), *Il sistema educativo di istruzione e di formazione*, Torino, Giappichelli.

Gelmini M. S. (10 giugno 2008), *Relazione alla Commissione Cultura della Camera*, Roma.

Gobber G. , *Il tirocinio*, *momento della verità*, Nuova Secondaria, vol. 28, n. 7, pp. 21 – 23.

Govi S. (2009), *Riforma del primo ciclo*, Notiziario Fidae, n. 249, pp. 42 – 49.

Govi S. (2009), *Riforma del secondo ciclo*, Notiziario Fidae, n. 249, pp. 50 – 54.

Isfol (2007), *Rapporto ISFOL 2007*, Roma, Giunti.

Illiano L. (8 marzo 2010), *La sfida per una istruzione al passo con il resto d'Europa*, in F. Deponti (a cura di), *La nuova scuola. Norme e tributi. La riforma delle superiori*. Inserto, Il Sole 24 ORE, p. 3.

Istruzione tecnica (2009), TuttoscuolaFocus, 2009, n. 289/395, pp. 1 – 3.

Il nuovo liceo (2009), TuttoscuolaFocus. , 2009, n. 291/398, pp. 1 – 8.

La riforma allunga di altri sei mesi il percorso di attuazione (27 marzo 2011), Il Sole 24 ore, vol. 147, n. 83, pp. 2 – 3.

Luzzatto G. (2011), *C'è ancora da attendere*, Nuova Secondaria, vol. 28, n. 7, pp. 17 – 19.

Malizia G. (2007), *Osservazioni sugli assi culturali*, paper, Roma.

Malizia G. , M. Becciu, A. R. Colasanti, R. Mion e V. Pieroni (a cura di), *Stili di vita di allievi/e dei percorsi formativi del diritto-dovere*, Roma, CNOS-FAP e CIOFS/FP, 2007.

Malizia G. e C. Nanni (2002), *La riforma del sistema italiano di istruzione e di formazione: da Berlinguer alla Moratti*, in CIOFS/FP - CNOS-FAP (a cura di.), *Dall'obbligo scolastico al diritto di tutti alla formazione; i nuovi traguardi della Formazione Professionale*, Roma, pp. 43 – 65.

Malizia G. e C. Nanni (2003), *Dalla delega ai decreti attuativi : il difficile percorso della* 53/2003, Orientamenti Pedagogici, vol. 50, n. 5, pp. 873 – 904.

Malizia G. e C. Nanni (2008), *Dalle riforme globali a innovazioni graduali e concertate. La politica del Cacciavite del Ministro Fioroni*, Orientamenti Pedagogici, vol. 55, n. 2, pp. 339 – 359.

Malizia G. e C. Nanni (2010a), *Il sistema educativo italiano di istruzione e di formazione*, Roma, LAS.

Malizia G. e C. Nanni (2010b), *La riforma delle superiori va a regime*, Orientamenti Pedagogici, vol. 57, n. 6, pp. 1047 – 1067.

Ministero della Pubblica Istruzione (22 settembre 2007), *Indicazioni per il curricolo* per la scuola dell'infanzia e per il primo ciclo d'istruzione, Roma.

Moscato M. T. (2007a), *Le* competenze chiave *per l'Europa*, Nuova Secondaria, vol. 24, n. 5, pp. 22 – 24.

Moscato M. T. (2007b), *Il biennio e il suo disegno normativo*, Nuova Secondaria, vol. 25, n. 1, pp. 7 – 11.

Nicoli D. (2006), *Diritto-dovere di istruzione e formazione o obbligo scolastico?*, 《Presenza Confap》, vol. 21, n. 1 – 2, pp. 53 – 59.

Nicoli D. (2 ottobre 2007), *Un approfondimento sull'istruzione obbligatoria*, paper, Roma.

Nicoli D. (2010), *L'istruzione secondaria nell'Unione Europea*, Autonomia e Dirigenza, vol. 19, n. 1 – 2 – 3, pp. 43 – 47.

Niceforo O. (2009), *Il processo di Riforma della scuola italiana da Berlinguer alla Gelmini tra continuità e discontinuità guardano l'Europa*, Notiziario Fidae, n. 249, pp. 55 – 63.

Nuove indicazioni per il curricolo della scuola dell'infanzia e del primo ciclo di istruzione. Presentazione (4 settembre, 2007), Roma, Ministero della Pubblica Istruzione.

Le nuove Indicazioni alla prova (2007—2008), Dirigenti Scuola, vol. 28, n. 2, pp. 17 – 76.

Il nuovo biennio. 2 (2007), Nuova Secondaria, vol. 25, n. 2, pp. 22 – 27.

Pellerey M. (2006), *Competenze di base, competenze chiave e standard formativi*, Rassegna CNOS, vol. 22, n. 2, pp. 67 – 89.

Pellerey M. (2007), *Assi culturali*, *un contributo*, paper, Roma.

Petrolino A. (2007), *Il nuovo obbligo*, Autonomia e Dirigenza, vol. 16, n. 7 -8 - 9, pp. 8 - 17.

Petrolino A. (2010), *Il dirigente come il motore del cambiamento*, Autonomia e Dirigenza, vol. 19, n. 1 - 2 - 3, pp. 31 - 35.

Poggi A. (2009), *La legge delega sul federalismo fiscale*, in http: // www. adiscuola. it (07. 03. 2011).

Politiche sussidiarie nel settore dell'istruzione: il caso del buono scuola in Lombardia (2008), Milano, Giuffrè.

Rembado G. (2007a), *Riforma e controriforma a viale Trastevere*, Autonomia e Dirigenza, vol. 16, n. 1 - 2 - 3, pp. 2 - 5.

Rembado G. (2007b), *Squarci e nuvole sullo scenario in... lento divenire*, Autonomia e Dirigenza, vol. 16, n. 7 - 8 - 9, pp. 2 - 3.

Rembado G. (2010), *La vigilia*, Autonomia e Dirigenza, vol. 19, n. 1 - 2 - 3, pp. 2 - 3.

Ribolzi L. (2006), *Work in progress?*, Nuova Secondaria, vol. 24, n. 3, pp. 9 - 10.

Rimandati ad agosto (2007), Nuova Secondaria, vol. 25, n. 3, pp. 17 - 23.

Ronchi S. (2007), *Le capacità del prestigiatore*, Nuova Secondaria, vol. 24, n. 9, pp. 21 - 23.

Rubinacci C. (2007), *Indicazioni nazionali*, Autonomia e Dirigenza, vol. 16, n. 7 - 8 - 9, pp. 4 - 7.

Salerno G. M. (2010), *Dalla spesa storica ai costi standard della Istruzione e Formazione professionale iniziale*, Rassegna CNOS, vol. 26, n. 2, pp. 215 - 224.

Salerno G. M. (2011a), *Federalismo fiscale e costi standard nel sistema dell'Istruzione e della Formazione professionale: linee ricostruttive e proposte operative*, Rassegna CNOS, vol. 27, n. 2, pp. 125 - 137.

Salerno G. M. (2011b), *Federalismo fiscale: uno sguardo complessivo*, Rassegna CNOS, vol. 27, n. 1, pp. 123 - 135.

Scagliotti M. (2007), *L'esame di Stato nella scuola italiana*, Cultura oggi, vol. 25, n. 2, pp. 40 - 50.

Scipioni E. (2008), *La scuola e le sue leggi*, Roma, Armando.

Scurati C. (2007—2008), *Capire la scuola*, Dirigenti Scuola, vol. 28, n. 2, pp. 31 - 36.

Sugamiele D. （2006）, *Dati utili per l'attuazione del sistema educativo di istruzione e formazione*, Presenza Confap, vol. 21, n. 1 - 2, pp. 7 - 52.

Sugamiele D. （2007a）, *Il mito della cultura generale tra gerarchizzazione sociale e culturale*, Nuova Secondaria, vol. 24, n. 4, pp. 9 - 11.

Sugamiele D. （2007b）, *L'istruzione tecnica e professionale: quale futuro*, Nuova Secondaria, vol. 24, n. 10, pp. 39 - 40.

Tonini M. (2006a), *Editoriale*, Rassegna CNOS, vol. 22, n. 3, pp. 3 - 16.

Tonini M. （2006b）, *Quale biennio dopo la finanziaria?*, Nuova Secondaria, vol. 24, n. 4, pp. 8 - 10.

Tonini M. (2007a), *Editoriale*, Rassegna CNOS, vol. 23, n. 1, pp. 3 - 20.

Tonini M. (2007b), *Editoriale*, Rassegna CNOS, vol. 23, n. 2, pp. 3 - 16.

Tonini M. e G. Malizia （2010）, *Editoriale*, Rassegna CNOS, vol. 26, n. 2, pp. 3 - 18.

Tutor e portfolio tra esigenze educative e disapplicazione contrattuale (2006), Nuova Secondaria, 24, n. 2, pp. 24 - 29.

Tutor e portfolio tra esigenze educative e disapplicazione contrattuale. 2 (2006), Nuova Secondaria, 24, n. 3, pp. 17 - 24.

Xodo C. (2011a), *Il futuro alle spalle*, Nuova Secondaria, vol. 28, n. 7, p. 18.

Xodo C. (2011b), *Professione senza professionalità?*, Nuova Secondaria, vol. 28, n. 7, pp. 19 - 21.

Vicentini D. (2007), *Indicazioni per il curricolo per la scuola dell'infanzia e per il primo ciclo d'istruzione*, Prima i bambini, vol. 32, n. 179, pp. 9 - 11.

Vigato E. (2009a), *Il federalismo fiscale ed i lavori parlamentari. La corsa ad ostacoli di un progetto condiviso*, Federalismi, n. 13, pp. 1 - 18.

Vigato E. （2009b）, *Il ruolo del Copaff nel sistema di governance del federalismo fiscale*, Federalismi, n. 21, pp. 1 - 29.

第六章

Ainis M. （1 novembre 2008）, *Atenei in tilt sen'anima e senza soldi*, La Stampa, pp. 10 - 11.

Associazione Treellle (2003), *Università italiana, università europea*. Dati, proposte e questioni aperte, Quaderno n. 3, pp. 8 - 182.

Azzone G. e B. Dente (2004), *Dall'autonomia alla* governance. Il caso del Politecnico di Milano, il Mulino, n. 3, pp. 479 - 488.

Balloni A. et alii (a cura di) (2005), *La riforma universitari nella società globale*, Milano, FrancoAngeli.

Benadusi L. e G. Pompili (2010), *La riforma dell'università. Intervista ad Enrico Decleva*, Scuola Democratica, n. 1, pp. 192 - 216.

Bonetta G. et alii (2002), *Università e formazione degli insegnanti*: non si parte da zero, Udine, Forum.

Beccarla G. L. (a cura di) (2004), *Tre più due uguale a zero*, Milano, Garzanti.

The Bologna Declaration on the European space for higher education (29 February 2000), sl, Confederation of the EU Rectors' Conferences and the Association of European Universities (CRE).

Cammelli A. (a cura di) (2005a), *La qualità del capitale umano dell'università in Europa e in Italia*, Bologna, Il Mulino.

Cammelli A. (a cura di) (2005b), *La transizione dall'università al lavoro in Europa e in Italia*, Bologna, Il Mulino.

Cammelli A. e M. La Rosa (a cura di) (2004), *I laureati in Italia*. Le indagini di AlmaLaurea su scelte formative, orientamento al lavoro e occupabilità, Milano, FrancoAngeli.

Camozzi A. (2005), *La riforma universitaria*, in A. Balloni et alii (a cura di), *La riforma universitari nella società globale*, Milano, FrancoAngeli, pp. 45 - 78.

Casadio G. (4 novembre 2008), *Ecco il decreto che la Gelmini ha bloccato* 《*Ora mi prenderò tempo per riflettere*》, la Repubblica, p. 15.

Chizzoniti A. G. (2006), *Organizzazioni di tendenza e formazione universitaria*. Esperienze europee e mediterranee a confronto, Bologna, Il Mulino.

Censis (2006), 40° *Rapporto sulla situazione sociale del paese* 2006, Milano, FrancoAngeli.

Censis (2007), 41° *Rapporto sulla situazione sociale del paese* 2007, Milano,

FrancoAngeli.

Censis (2008), 42° *Rapporto sulla situazione sociale del paese* 2008, Milano, FrancoAngeli.

Comitato nazionale per la valutazione del sistema universitario del Miur. Cnvsu (29 luglio 2004), *Alcune informazioni del quinto rapporto sullo stato del sistema universitario*. Cartella stampa. In http: www. cnvsu. it/_ library/downloadfile. asp? id=11207, 01.10.04.

Comité Directeur de l'Enseignement Supérieur et la Recherche (CDESR) (21 – 22 septembre 2004), *L'espace européen de l'enseignement supérieur: de Berlin à Bergen*. Document de synthèse du Secrétariat, Strasbourg, Conseil de l'Europe.

Conferenza dei Rettori delle Università Italiane (Crui) (13 maggio 2004), *Osservazioni sullo schema di decreto del Ministro dell'istruzione, dell'università e della ricerca concernente "Modifiche al regolamento recante norme concernenti l'autonomia didattica degli atenei, approvato con decreto del Ministro dell'università e della ricerca scientifica e tecnologica 3 novembre 1999, n. 509"*, in http: // www. crui. it, 22.01.05.

Consorzio Interuniversitario ALMA LAUREA (a cura di) (2006), *L'università in transizione: laureati vecchi e nuovi alla luce della riforma*, Bologna, Il Mulino.

Elevati C. e F. Lanzoni, 3 + 2 = *La nuova università*, Milano, Alpha Test, 2004.

De Maio A. (2002), *Una svolta per l'università*, Milano, Il sole-24 ore.

Fassari L. (2004). *L'autonomia universitaria tra testi e contesti*. Dinamiche di cambiamento dell'università, Milano, FrancoAngeli.

Frey L. e E. Ghignoni (a cura di) (2002), *L'importanza della riforma universitaria in corso in Italia*, Milano, FrancoAngeli.

Galesi D. (2005), *L'università di fronte all'autonomia*, in A. Balloni et alii (a cura di), *La riforma universitari nella società globale*, Milano, FrancoAngeli, pp. 11 – 44.

Giannessi F. (2006), *La riforma universitaria: evoluzioni e effetti*, in http: //www. crui. it/ (31.12.06).

Giannini M. et alii（2006）, *L'Università è di genere femminile?* Ruoli e carriere nell'Ateneo di Bari, Bari, Progredit.

Giavazzi F. （3 novembre 2008）, *Università. Tre segnali da dare in una settimana*, Corriere della Sera, pp. 1 e 28.

Lombardi Vallauri E. （2004）, *Riforma e（rovina）dell'università. Una verifica "in itinere"*. il Mulino, n. 3, pp. 458 – 470.

Malizia G. （1999）, *Società cognitiva e politiche della formazione nell'Unione Europea.* ISRE, vol. VI, n. 1, pp. 28 – 50.

Malizia G. （2005）, *Le sollecitazioni della Riforma universitaria alla riconfigurazione delle Facoltà e degli Istituti teologici. Quali apporti significativi e utili?*, Itinerarium, vol. 13, n. 30, pp. 205 – 224.

Malizia G. （2007）, *La riforma universitaria in Italia: problemi e prospettive*,《Educación y Futuro》, n. 16, pp. 59 – 84.

Malizia G. （2011）, *La riforma "Gelmini" dell'università italiana. Ecco cosa dovrebbe cambiare.* Notizie UPS, vol. 28, n. 10, pp. 38 – 39.

Malizia G. （a cura di）（2004）, *Pedagogia e didattica universitaria dopo la riforma*, Orientamenti Pedagogici, vol. 51, n. 5, pp. 749 – 956.

Malizia G. e C. Nanni（2004）, *Una riforma in cammino. Quali prospettive per le scienze dell'educazione*, in: Orientamenti Pedagogici, vol. 51, n. 5, pp. 925 – 948.

Malizia G. e C. Nanni（2010a）, *Il sistema educativo italiano di istruzione e di formazione*, Roma, LAS.

Malizia G. e C. Nanni（2010b）, *La riforma delle superiori va a regime*, Orientamenti Pedagogici, vol. 57, n. 6, pp. 1047 – 1067.

Mastropasqua S. e R. Tigre （2006）, *Compendio di legislazione universitaria*, Roma, Aracne, 2006.

Midiri F. （2004）, *L'istruzione universitaria tra servizio pubblico ed autonomia funzionale*, Torino, Giappichelli.

Monti A. e A. Briganti （a cura di）（2002）, *Rapporto sull'istruzione universitaria in Italia*, Milano, Franco Angeli.

Moscati R. （2004）, *Insegnare dopo la riforma*, il Mulino, 2004, n. 3, pp. 471 – 478.

Moscati R. （2010）, *Le trasformazioni dell'università italiana*, Scuola

Democratica, n. 1, pp. 80—101.

Nanni C. (2000), *L'educazione alle soglie del ⅩⅪ secolo*, Salesianum, vol. 62, pp. 667 - 682.

Palomba D. e A. R. Paolone (a cura di) (2006), *From Clerici Vagantes to Internet*. A comparative perspective on Universities, Roma, Aracne.

Papasso M. (2006), *Esami, crediti, concorsi, precari. L'Università che vuole l'Ulivo*, in http://www. repubblica. it, 21 - 02 - 07.

Pellerey M. (2011), *Il sistema universitario italiano nel contesto europeo*, Roma, LAS.

Perla L. (2004), *Valutazione e qualità in università*, Roma, Carocci.

Quindici anni di riforme nell'università italiana. Quali prospettive (2005), Pisa, Edizioni ETS.

Realising the European higher education area. Communiqué of the Conference of Ministers responsible for Higher Education [Berlin Communiqué] (2003), Berlin.

Semeraro D. (2006), *Ecco le priorità del Ministro Mussi. "Ricerca e atenei, servono più fondi"*, in http://www. repubblica. it, 21. 02. 07.

Semeraro R. (2006), *La valutazione della didattica universitaria*, Milano, FrancoAngeli,

Towards the European higher education area. Communiqué of the meeting of the European Ministers in charge of higher education [Prague Communiqué] (2001), Prague.

Zgaga P. (2003), Bologna process: *Berlin communiqué*; *Report to the ministers of education on the signatory countries*, Strasbourg, Steering Committee for Higher Education and Research/Council of Europe.

第七章

Cresson E. e P. Flynn (1995), *Insegnare e apprendere. Verso la società conoscitiva*, Bruxelles, Commissione Europea.

Delors J. et alii (1996), *L'éducation*. Un trésor est caché dedans, Paris, Editions Unesco/Editions Odile Jacob.

Malizia G. e C. Nanni (2002), *Istruzione e formazione: gli scenari europei*, in Ciofs/Fp e Cnos-Fap (a cura di), *Dall'obbligo scolastico al diritto di tutti alla formazione: i nuovi traguardi della Formazione Professionale*, Roma, pp. 15 – 42.

Malizia G., S. Cicatelli, C. Fedeli e V. Pieroni (2007), *Conclusioni generali*, in Cssc-Centro Studi per la Scuola Cattolica, *In ascolto degli studenti. Scuola Cattolica in Italia. Nono Rapporto*, Brescia, La Scuola, 2007, pp. 341 – 377.

Nanni C. (2000), *L'educazione alle soglie del* X XI *secolo*, 《Salesianum》, vol. 62, pp. 667 – 682.

Nanni C. (2007), *Quale proposta educativa della scuola cattolica per i giovani d'oggi*, in Cssc-Centro Studi per la Scuola Cattolica, *In ascolto degli studenti. Scuola Cattolica in Italia. Nono Rapporto*, Brescia, La Scuola, 2007, pp. 222 – 245.